ŒUVRES COMPLÈTES
DE
EUGÈNE SCRIBE
DE L'ACADÉMIE FRANÇAISE

COMÉDIES

VAUDEVILLES

CAMILLA
LE VOYAGE DANS L'APPARTEMENT
LES MALHEURS D'UN AMANT HEUREUX
LE GARDIEN. — LE MOULIN DE JAVELLE

PARIS
E. DENTU, LIBRAIRE-ÉDITEUR
PALAIS-ROYAL, 15-17-19, GALERIE D'ORLÉANS

1883

Paris. Soc. d'imp. PAUL DUPONT, 41, rue J.-J.-Rousseau (Cl.) 103 9 82.

ŒUVRES COMPLÈTES

DE

EUGÈNE SCRIBE

DE L'ACADÉMIE FRANÇAISE

RÉSERVE DE TOUS DROITS

DE PROPRIÉTÉ LITTÉRAIRE

En France et à l'Étranger

CAMILLA,

ou

LA SOEUR ET LE FRÈRE

COMÉDIE-VAUDEVILLE EN UN ACTE

EN SOCIÉTÉ AVEC M. BAYARD.

Théatre du Gymnase. — 12 Décembre 1832.

PERSONNAGES. ACTEURS.

EDGARD MANDLEBERT, frère de Pretty. MM. Paul.
LIONEL, frère de Camilla . . . . , Allan.
LUDWORTH, gentilhomme campagnard . . Davesne.
WILLIAM, domestique . . . . Bordier.

MISTRESS CARINGTON. . . . . . . Mmes Julienne.
INDIANA, sa fille . . . . Habeneck.
PRETTY, sa nièce . . . . E. Forgeot.
CAMILLA, sa pupille. . . . . Allan-Despréaux.

En Angleterre, dans le château de mistress Carington.

CAMILLA,

ou

LA SOEUR ET LE FRÈRE

Un grand salon. Porte au fond et portes latérales. Sur le devant, à gauche de l'acteur, une table; à droite, un petit guéridon.

SCÈNE PREMIÈRE.

Mistress CARINGTON, lisant un journal; PRETTY et INDIANA, occupées à travailler auprès de la table à gauche; CAMILLA, près du guéridon, à droite, dessinant.

PRETTY.

Je te préviens, Camilla, que si tu ne commences pas à t'occuper de ta toilette, tu ne seras jamais prête pour le bal.

CAMILLA.

Peu m'importe! je n'irai pas.

MISTRESS CARINGTON.

Comment! vous n'irez pas au bal?...

INDIANA.

Une réunion où sera la plus belle société du comté!

PRETTY.

Et pour quelle raison?

MISTRESS CARINGTON.

Ou plutôt, quel caprice?

CAMILLA.

Je ne me porte pas bien, je resterai...

MISTRESS CARINGTON.

Comme vous voudrez, mademoiselle, c'est déjà bien assez d'y conduire ma fille et ma nièce, sans avoir encore ma pupille à surveiller... Je me rappelle le dernier *raout* où nous avons assisté... quatre femmes ensemble !

PRETTY.

Vous aviez l'air d'une maîtresse de pension...

MISTRESS CARINGTON.

Vous, Pretty, on ne vous demande pas votre avis. Mais il est de fait que, pour être assise, en vue, sur la première banquette, c'est difficile de trouver quatre places...

PRETTY, à demi voix.

Surtout quand on en tient cinq !

MISTRESS CARINGTON.

Qu'est-ce que c'est ?

PRETTY.

Rien, ma tante... j'achevais ma garniture... je suis de votre avis... au bal comme ailleurs, il faut toujours être au premier rang.

INDIANA.

C'est le seul moyen de trouver des danseurs.

PRETTY.

Et par suite, des maris.

INDIANA.

On pense bien à cela !

PRETTY.

C'est-à-dire qu'elle y pense toujours.

INDIANA.

Pas tant que vous, mademoiselle...

PRETTY, se levant.

Moi!... cela m'est bien égal!... j'attends tranquillement le retour d'Edgard, mon frère et mon tuteur; alors je verrai à me décider... mais, d'ici là, rien ne presse.

INDIANA.

Tu dis cela, parce que tu es riche, et que je ne le suis pas; mais n'importe, on verra qui de nous deux sera mariée la première.

MISTRESS CARINGTON.

Indiana!...

INDIANA.

Oui, ma mère, ma cousine est d'une présomption... on n'y tient plus.

(Elle se lève, et vient auprès de Pretty.)

AIR : Il n'est pas temps de nous quitter. (*Voltaire chez Ninon.*)

Voyez quel orgueil est le sien!
Qui peut donc la rendre si fière?
Sa dot, ses terres?... j'en convien,
C'est beau d'être riche héritière.
On peut n'avoir ni beauté, ni talent,
Lorsque l'on a de la fortune.

PRETTY.

Alors on doit, c'est plus prudent,
Vous conseiller d'en avoir une.

MISTRESS CARINGTON.

Mesdemoiselles!...

INDIANA.

Certainement nous ne sommes pas aussi riches que vous; il s'en faut... mais il n'y a pas encore dans le comté beaucoup de maisons plus à leur aise que la nôtre.

MISTRESS CARINGTON.

Non, certes.

INDIANA.

Et parce que nous n'avons que cinq cents livres sterling de rente, nous n'en sommes pas plus fières avec Camilla, qui n'en a que cinquante.

CAMILLA, continuant à dessiner.

Vous êtes bien bonne...

MISTRESS CARINGTON, se levant.

Vous avez raison, ma fille; parce que ce n'est pas sa faute si elle est orpheline, si elle n'a rien, et si son frère Lionel est un petit fat et un mauvais sujet.

CAMILLA.

Eh ! mais, madame, vous avez une manière de nous défendre...

PRETTY.

Tout à fait injuste; moi, je prends parti pour Lionel, que je trouve fort aimable et de très bon goût.

INDIANA.

Parce qu'il vous fait la cour.

PRETTY.

Et qu'il ne vous la fait pas.

INDIANA.

Parce que je n'en ai pas voulu.

PRETTY.

Et quand vous le voudriez...

INDIANA.

Eh bien! par exemple, c'est ce que nous verrons.

MISTRESS CARINGTON, passant entre Pretty et Indiana.

Silence, mesdemoiselles, silence! qu'est-ce que c'est qu'une discussion pareille?

INDIANA.

Parce qu'elle a de la fortune, elle se croit le droit de faire de l'esprit.

PRETTY.

Parce qu'elle a de l'esprit, elle se croit le droit de ne dire que des bêtises.

MISTRESS INDIANA, outrée.

C'est trop fort!

MISTRESS CARINGTON.

Encore!... silence! vous dis-je, on vient.

SCÈNE II.

Les Mêmes; LIONEL, puis LUDWORTH; Un Domestique à la fin.

LIONEL.

Du bruit! du tapage! à merveille! c'est ce que j'aime!

MISTRESS CARINGTON.

C'est Lionel!...

LIONEL.

On discute ici quelque bill de réforme, et si la question n'est pas assez embrouillée... nous voilà. (A Camilla.) Bonjour, ma petite sœur. (A Ludworth, qui vient lentement.) Arrivez donc, sir Ludworth... et vous, vénérable mistress Carington, voulez-vous me permettre de vous présenter un de mes bons amis, de l'université d'Oxford... (Les dames saluent.) Sir Ludworth, baronnet, gentilhomme campagnard, qui vient se fixer dans ce comté, où il a fait un héritage considérable... à la charge imposée par le testateur, son grand-oncle, de se marier dans l'année, ce qui le rend dans ce moment un sujet précieux auprès des mères et des tantes.

MISTRESS CARINGTON.

Monsieur n'a besoin d'aucun antécédent, et se recommande assez par lui-même.

LUDWORTH.

Vous êtes bien bonne, madame...

LIONEL.

De plus, il est très timide; et c'est moi qui me suis chargé de le lancer, de le produire, et même de le marier; j'ai sa procuration.

LUDWORTH.

Y penses-tu?

LIONEL, passant auprès de Pretty.

AIR du vaudeville de la Petite Sœur.

A moi, si vous le trouvez bon,
Il faut ici, mesdemoiselles,
Faire la cour, paraître belles...
Et moi, je promets, en son nom,
D'être un mari des plus fidèles!
Je promets de suivre vos goûts,
D'être un modèle de sagesse!...

PRETTY.

Et par bonheur ce n'est pas vous
Qui devez tenir la promesse.

LIONEL.

Ah! Pretty... mais il n'y a pas de mal; nous sommes en famille, et l'on peut parler franchement... Mon cher baronnet (Montrant Camilla.), je vous présente d'abord ma sœur Camilla, qui possède toutes les qualités que le ciel m'a refusées; c'est vous dire assez que c'est un ange; mais je ne peux pas faire son éloge, j'y ai trop d'intérêt, c'est ma sœur, et à ce titre, je me récuse, et l'exclus du concours... (Lui présentant Indiana.) Miss Indiana, la fille de la maison, la reine des bals, la Terpsichore de cette résidence. On ne peut danser avec elle sans en être épris; aussi je vous conseille de ne pas l'inviter, cela dérangerait des combinaisons déjà établies, et la mettrait dans l'embarras du choix.

MISTRESS CARINGTON.

Que voulez-vous dire, Lionel?

LIONEL.

Qu'on a toujours eu des vues sur notre ami Edgard qui voyage en ce moment sur le continent. (Présentant Ludworth à Pretty.) En revanche, je vous présente sa sœur, miss Pretty, la plus piquante, la plus maligne de toutes nos jeunes héritières; mais je ne vous engage pas à vous mettre sur les rangs, attendu qu'il faudrait d'abord, mon cher ami, vous couper la gorge avec moi.

MISTRESS CARINGTON, passant auprès de Lionel.

Eh bien! par exemple!

LIONEL.

Il ne reste donc de toutes ces beautés qu'une seule à qui vous puissiez, sans rivalité, offrir vos hommages... c'est mistress Carington...

MISTRESS CARINGTON.

Monsieur Lionel!...

LIONEL.

Pourquoi pas?... Son grand-oncle ne lui interdit pas les veuves...

CAMILLA.

Mon frère... une telle plaisanterie...

INDIANA.

Est comme toutes les vôtres, d'une inconvenance...

(Ludworth et mistress Carington vont causer dans le fond.)

LIONEL.

C'est cela! vous voilà toutes contre moi... vous voulez qu'un jeune militaire ait des plaisanteries à l'essence de rose comme les dandys et les fashionables de Londres... Mais, calmez-vous, je sais un moyen de faire ma paix et de me réconcilier avec vous toutes : j'apporte une nouvelle.

TOUTES.

Et laquelle?

1.

LIONEL.

L'arrivée d'Edgard !

CAMILLA, vivement.

Edgard !

PRETTY.

Mon frère !

INDIANA.

Mon cousin !

MISTRESS CARINGTON.

Mon neveu !... en êtes-vous bien sûr ?

LIONEL.

Nouvelle officielle, à laquelle vous pouvez croire, car elle n'est ni dans le *Times*, ni dans le *Morning Chronicle*; mais là, dans ma poche, une lettre que j'ai reçue de lui...

MISTRESS CARINGTON et INDIANA.

Eh ! lisez donc vite !

LIONEL.

Quand je disais qu'on avait des intentions...

PRETTY.

Il n'en finira pas !

LIONEL.

Patience... m'y voilà... (A Ludworth.) Vous permettez, baronnet ?... (Ludworth s'éloigne. Lisant.) « Mon cher Lionel, quoi-
« que tu m'aies un peu négligé depuis les trois années que
« je voyage sur le continent... » C'est vrai !... je n'ai jamais le temps d'écrire... « Je n'ai pas oublié et n'oublierai jamais
« que nous sommes presque frères, que nous avons été, ainsi
« que ta sœur Camilla, élevés sous les yeux et par les soins
« de l'honorable William Tyrold, votre père et mon tuteur.
« Je dois à son courage et à ses talents la fortune que je
« possède aujourd'hui, et que nous disputait une famille
« ambitieuse et puissante... » Je le crois bien ; mon père avait tant de mérite ! un des premiers avocats de Londres,

qui n'avait qu'un défaut, celui d'être trop honnête homme...

PRETTY.

Eh bien ! achevez donc !...

LIONEL.

C'est juste... Je vous passe la première page... ce sont des éloges de mon père... de moi... ça nous mènerait trop loin !

MISTRESS CARINGTON.

De vous ?... il plaisante !...

LIONEL.

Edgard ne plaisante jamais ; il est toujours grave, sérieux, raisonnable... ce qui fait que nous sommes si bien ensemble...

PRETTY, riant.

L'amitié vit de contrastes.

LIONEL, la regardant tendrement.

Et l'amour de sympathie... heureusement pour moi...

PRETTY.

Je ne sais pas ce que vous voulez dire...

LIONEL.

Je vais peut-être vous l'expliquer... (Parcourant la lettre.) « Je serai à Clèves, chez ma tante mistress Carington, lundi « prochain, 10 mai. »

TOUTES.

Aujourd'hui !

LIONEL, à Pretty.

Attendez !... ce n'est pas tout. (Lisant en appuyant.) « Et « quant à ce qui fait le sujet de ta dernière lettre, nous en « parlerons. Je ne mets que deux conditions à mon consen- « tement : d'abord celui de ma sœur, et ensuite la certitude « pour moi que tu la rendras heureuse ; car, tuteur et frère « de Pretty, je suis responsable de son avenir et de son « bonheur, etc. » Il me semble que c'est clair !

PRETTY.

Pas trop; et voilà deux conditions...

LIONEL.

Répondez-moi de la première, je vous réponds de la seconde...

PRETTY.

Nous verrons; je ne suis pas du tout décidée... si cela m'arrivait jamais, ce serait seulement à cause d'Indiana, qui prétend être mariée avant moi.

LIONEL.

Ah! chère Indiana, que je vous remercie!... je vous devrai mon bonheur!

INDIANA, piquée.

Pas encore, monsieur.

PRETTY.

En attendant, je vous permets toujours pour aujourd'hui, au bal, d'être mon cavalier.

LIONEL.

Nous allons donc au bal?

MISTRESS CARINGTON.

Nous y allons toutes.

LUDWORTH, à Camilla.

Miss Camilla me permettra-t-elle d'être son partner?...

LIONEL, à part.

C'est bien!...

CAMILLA.

Je vous rends grâce, monsieur, je ne compte pas y aller...

LIONEL.

Et pourquoi donc? c'est absurde!

CAMILLA.

C'est possible, mais cela est ainsi.

LUDWORTH, troublé.

Mille pardons, mademoiselle, de mon indiscrétion... (A Indiana.) Oserais-je alors...

INDIANA, sèchement.

Je ne puis, monsieur; je suis engagée...

MISTRESS CARINGTON.

Y pensez-vous?... on accepte toujours.

INDIANA.

Est-ce ma faute, à moi, si j'ai d'avance vingt invitations? je ne suis pas comme ces demoiselles, qui n'ont jamais que celles du moment.

PRETTY.

Est-elle fière... pour quelques invitations qu'elle doit à sa maîtresse de danse!...

INDIANA.

Et aux cavaliers qui me voient; tous ceux qui dansent m'invitent toujours pour la première.

PRETTY.

Et ceux qui causent ne l'invitent jamais pour la seconde.

INDIANA.

Encore!... c'est trop fort.

UN DOMESTIQUE.

Le thé est servi.

MISTRESS CARINGTON.

AIR: Venez, mon père, ah! vous serez ravi.

Vite, courons, car à peine aurons-nous
Une heure pour notre toilette.
(Passant auprès de Ludworth.)
Monsieur, pour le thé qu'on apprête,
Dans le salon passe-t-il avec nous?

LUDWORTH, lui offrant la main.

C'est trop d'honneur, trop de bonté.

LIONEL, bas à Pretty.

Voilà, dès la première épreuve,
Je l'avais dit, il n'est resté
Pour lui que la main de la veuve.

Ensemble.

MISTRESS CARINGTON, PRETTY, INDIANA.

Vite, courons, car à peine avons-nous
Une heure pour notre toilette,
Et ce soir, au bal qui s'apprête,
Tous les plaisirs se donnent rendez-vous.

LIONEL, à Ludworth.

Adieu, mon cher, quelle gloire pour vous !
Car vraiment c'est une conquête ;
Je prévois qu'au bal qui s'apprête,
Votre bonheur vous fera des jaloux.

LUDWORTH.

Adieu, mon cher, ne soyez point jaloux,
Je ne tiens pas au tête-à-tête ;
Et ce soir, au bal qui s'apprête,
J'espère bien en avoir un plus doux.

(Ludworth donne la main à mistress Carington ; ils sortent, ainsi que Pretty et Indiana, par la porte à droite.)

SCÈNE III.

CAMILLA, LIONEL.

LIONEL.

Maintenant que nous sommes seuls, dis-moi, je te prie, pourquoi tu refuses d'aller au bal...

CAMILLA.

J'en suis bien fâchée, mon ami, mais je ne puis te l'apprendre.

LIONEL.

A moi, ton frère !... Tu as des secrets pour moi ?

CAMILLA.

Plus tard tu les connaîtras.

LIONEL.

Eh! mon Dieu! tu me dis cela d'un air sombre et triste...

CAMILLA.

C'est que je le suis en effet; quand je pense à tes folies, à tes extravagances...

LIONEL.

Tu vas sermonner, je m'en vais!

CAMILLA.

Reste, je me tairai! que je te voie au moins... car maintenant, à peine si je t'aperçois; tu ne m'aimes donc plus, Lionel?...

LIONEL.

Moi, ne pas t'aimer! mais je n'ai que toi au monde; depuis la perte de nos parents, tu es ma seule amie, ma seule compagne... et même avant, dès ma plus tendre enfance, tes jeux, tes plaisirs, tu sacrifiais tout pour moi... Tu es la meilleure des sœurs, tu es si bonne, si généreuse... mais par malheur, et quoique plus jeune que moi, tu es d'une raison trop... trop raisonnable, et qui me gêne, qui m'embarrasse quelquefois...

CAMILLA.

Est-il possible!

LIONEL.

Oui, tu as pris sur moi un ascendant presque maternel... et, s'il faut te l'avouer, quand il y a quelque folie, quelque étourderie, quand j'ai des reproches à me faire, je n'ose pas... je crains ta présence...

CAMILLA, effrayée.

Ah! mon Dieu!... voilà quinze jours que je ne t'ai vu!

LIONEL.

C'est vrai!...

CAMILLA.

Il y a donc quelque nouveau malheur?...

LIONEL.

Est-ce ma faute, à moi, si notre père était un homme de talent qui ne nous a pas laissé de fortune? Si tu savais comme c'est terrible, comme c'est humiliant... surtout auprès de ces jeunes gens avec qui j'ai été élevé au collège d'Oxford, ou que depuis j'ai rencontrés dans le monde! on ne veut pas avoir l'air d'un homme de rien... on veut marcher de pair avec eux...

CAMILLA.

Et pourquoi ne pas avouer franchement que ta fortune ne te permet pas...

LIONEL.

Je n'osais pas, je n'aurais jamais osé avouer que j'avais cinquante livres sterling de revenu; mais, grâce au ciel, je ne les ai plus.

CAMILLA.

Que dis-tu?...

LIONEL, gaiement.

J'ai tout vendu, tout engagé à M. Dubster, tu sais, ce négociant?... cela m'a fait un capital d'un millier de livres sterling, avec lequel depuis deux mois je fais figure, comme un lord, comme un grand seigneur. Quel bonheur! quel plaisir!... j'étais né pour cela... mais tout a une fin; je n'ai plus rien; je suis ruiné...

CAMILLA.

O ciel! que dira-t-on?

LIONEL.

On ne dira rien... au contraire, cela me fera du bien dans le monde... Dans le grand monde, parmi les jeunes seigneurs que je fréquente, on dit : je suis ruiné... c'est bon genre!... cela vous donne un air comme il faut... un air de jeune dissipateur.

AIR du vaudeville du *Piège*.

C'est presque un titre à toutes les faveurs,
　　Et l'on a tout en perspective,
Car, à présent, aux places, aux honneurs,
　　C'est en courant que l'on arrive.
Aussi, je dois faire un chemin brillant,
　　Car, grâce à l'état de ma bourse,
Je suis léger, et je n'ai maintenant
　　Rien qui m'arrête dans ma course !

Et la preuve, c'est que depuis ce temps-là, j'ai fait une passion... une passion millionnaire, une duchesse douairière, qui m'adore, et veut m'épouser... N'en parle pas à Pretty, au moins, elle se moquerait de moi...

CAMILLA.

Et qui donc ?

LIONEL.

La duchesse Margland...

CAMILLA.

Une femme de soixante ans, qui a déjà eu deux maris...

LIONEL.

Je ferais le troisième. Tu vois la jolie belle-sœur que je te donnerais là !...

CAMILLA.

Peux-tu rire dans un moment pareil !...

LIONEL.

C'est vrai ! je n'en ai pas envie, car je ne t'ai pas tout dit, et aujourd'hui même, si j'y pensais, je serais dans un fier embarras : aussi je n'y songe pas...

CAMILLA.

Et qu'est-ce donc ?

LIONEL.

L'autre jour, le fils de lord Melmoud, un des grands seigneurs parmi lesquels je suis lancé, un ami intime, un jeune dissipateur comme moi, avait besoin de deux cents guinées pour trois jours, il me les demande, sans façon, en ami, et devant tous ces messieurs. Comment refuser?... moi surtout qui tiens à avoir bon genre! Aussi je lui dis d'un air dégagé, qui fit très bon effet : « Ce soir, mon cher, vous les aurez. » Mais c'est que le soir, je ne les avais pas!... J'avais promis, je ne voulais point passer pour un hâbleur, et comme je suis chargé en ce moment des comptes du régiment, j'ai disposé en sa faveur...

CAMILLA.

De deux cents guinées!...

LIONEL.

Pour trois jours... trois jours seulement; mais ce troisième jour, nous y voici; je n'ai pas encore entendu parler de lui, et d'un instant à l'autre l'officier payeur peut venir me demander des fonds... (Prenant son parti.) Bah! bah! j'ai encore d'ici à ce soir; et lord Melmoud, qui est riche, et homme d'honneur... C'est égal, ça me tourmente, ça m'inquiète... et nous avons ce matin un déjeuner de vin de Champagne, un repas de garçons, où j'irai...

CAMILLA.

Tu iras?...

LIONEL.

Certainement; j'y boirai même... mais de mauvaise grâce, j'en suis sûr.

CAMILLA.

Est-il concevable, Lionel, que de gaieté de cœur tu t'exposes ainsi à la ruine, au déshonneur! Car, enfin, si ce soir lord Melmoud ne t'a pas remboursé...

LIONEL.

Ce n'est pas possible...

CAMILLA.

Mais si cela était?

LIONEL, embarrassé.

Si cela était... ne me parle pas de cela! si cela était,

alors, on trouverait... ma foi! je ne sais pas trop quel moyen... Ah! en voilà un. Edgard! notre ami Edgard qui arrive aujourd'hui! il est immensément riche, et ne dépense rien, celui-là; car c'est de la raison, de la sagesse... dans ton genre; il a été le pupille de mon père... nous avons été élevés ensemble; il t'aime comme une sœur, raconte-lui mon aventure, et demande-lui pour moi...

CAMILLA.

Y penses-tu? lui avouer tes fautes, une faute pareille!... lui apprendre qu'à peine majeur tu as déjà mangé l'héritage de notre père... Comment veux-tu après cela qu'il t'estime encore, qu'il te confie la fortune et le bonheur de sa sœur?

LIONEL.

O ciel! je n'y pensais plus.

CAMILLA.

Je connais Edgard, c'est l'honneur, la probité même, c'est l'ami le plus généreux... au premier mot que je lui dirai, toutes tes dettes seront payées, et au delà; mais dès ce moment il faudra que tu renonces à Pretty : aucune puissance au monde ne le fera consentir à ton mariage avec sa sœur.

LIONEL, vivement.

Tu as raison, ne lui dis rien! tâche, au contraire, qu'il ne puisse soupçonner, qu'il ne se doute jamais...

AIR du Verre.

Car, tu le sais, j'aime Pretty,
Et je ne puis vivre sans elle!
Si je la perds, mon seul parti
C'est de me brûler la cervelle!

CAMILLA.

Grand Dieu!

LIONEL.

Pour sortir d'embarras,
Ce moyen est souvent le nôtre...

Et je serais, en pareil cas,
Bien sûr d'y perdre moins qu'un autre.

CAMILLA.

Y penses-tu?...

LIONEL.

J'en serais peut-être fâché après, mais je commencerais par là, sois-en sûre, tandis qu'en cachant bien ce secret à Edgard, j'espère réparer...

CAMILLA.

Oh! si tu le veux, il en est temps encore; mais pour cela ne prends conseil que de ton cœur, qui est bon et généreux...

LIONEL.

Oui, ma petite sœur.

CAMILLA.

N'écoute plus la vanité, le désir de briller...

LIONEL, avec un peu d'impatience.

Oui, ma sœur.

CAMILLA.

Évite surtout ces mauvaises sociétés qui te perdraient...

LIONEL, avec une impatience plus marquée.

Oui, ma sœur.

CAMILLA, souriant.

Mes sermons t'impatientent déjà; mais c'est égal, promets-moi de t'éloigner de tous ces jeunes gens du grand monde, et ce matin déjà...

LIONEL.

Sois tranquille, je jouerai petit jeu; et je te promets de ne pas perdre plus de deux ou trois guinées.

(Il fait quelques pas pour sortir.)

CAMILLA.

A la bonne heure!

LIONEL, revenant.

Mais, pour cela, il faut que tu me les prêtes...

CAMILLA, étonnée.

Comment?

LIONEL.

Quand je t'ai dit que j'étais à sec, je ne t'ai pas trompée, je ne trompe jamais : je n'ai pas un schelling, et toi qui fais toujours des économies...

CAMILLA.

Mais au contraire, et je ne sais comment te le dire, je suis moi-même fort mal dans mes finances.

LIONEL.

Et comment cela, de grâce?...

CAMILLA.

Mon Dieu! Lionel, tu ne voudras donc jamais raisonner, ni calculer... songe donc que je n'ai, comme toi, que cinquante livres sterling de revenu, et dernièrement j'en ai donné trente pour toi à M. Dubster, cet usurier.

LIONEL.

C'est vrai, je n'y pensais plus.

CAMILLA.

Une ou deux fois encore, tu as eu recours à ma bourse.

LIONEL.

C'est vrai, c'est bien mal à moi.

CAMILLA.

Oh! non, je suis si heureuse quand je peux venir à ton aide! mais pour cela je dois me restreindre sur toutes mes dépenses, et puisqu'il faut te l'avouer, si je ne vais pas aujourd'hui à cette fête, où peut-être je me serais amusée, c'est que je n'ai pas de robe de bal; je n'ai pas voulu m'en donner une...

LIONEL.

Est-il possible !... ta couturière ne t'aurait pas fait crédit ?

CAMILLA.

Je ne le veux pas ; je ne veux rien devoir à personne, et j'avais là mes trois dernières guinées, destinées à payer ce matin le mémoire de ma marchande de modes : eh bien ! et pour la première fois de ma vie, je dérogerai à mes principes, je la prierai d'attendre ; tiens, frère...

LIONEL.

Jamais... plutôt mourir que de te dépouiller ainsi !

CAMILLA.

Et moi, je le veux, je l'exige, ou nous nous fâcherons. Si tu refuses, c'est que tu ne m'aimes plus. Songe donc, dans quelques jours je toucherai un quartier ; et d'ici-là, je n'ai besoin de rien, tandis que toi, un homme, tu ne peux pas rester sans argent... et puis tu n'es pas obligé de jouer.

LIONEL, hésitant.

Tu as raison... (Vivement.) qui sait même... je peux gagner. (Il prend la bourse.) Adieu, adieu, ma petite sœur. J'entends une voiture qui roule dans la cour : sans doute, quelque visite. (Il fait quelques pas pour sortir, puis il revient, et se trouve à la droite de Camilla.) A tantôt, je reviendrai, je l'espère, avec de bonnes nouvelles.

AIR : Amis, voici la riante semaine. (*Le Carnaval.*)

Ah ! quel plaisir, quelle douce espérance
De te payer au centuple !... Oui, crois-moi,
Robes de bal, chapeaux, modes de France,
Rien de trop cher, rien de trop beau pour toi !
Je veux gagner ; je gagnerai, j'espère,
Mais c'est pour toi, toi seule, que j'y tien,
Et mon bonheur, je le prendrai, ma chère,
   Comme un à-compte sur le tien !

(Il sort en courant par la droite.)

SCÈNE IV.

CAMILLA, puis EDGARD.

CAMILLA.

Quelle tête! mais il a un si bon cœur!... et pourvu qu'il soit heureux... Qui vient là?

EDGARD, à la cantonade.

Qu'on prévienne seulement ma tante, mais ne dérangez pas ces dames.

CAMILLA, avec trouble.

Oh! mon Dieu! (Avec joie.) Edgard!...

EDGARD, s'élançant vers elle.

Camilla!... ma chère Camilla! je vous revois donc enfin! On m'assurait que ma tante... que toutes ces demoiselles étaient à leur toilette, et je rends grâce au ciel... Eh mais! qu'avez-vous?...

CAMILLA.

Moi, rien...

EDGARD.

Vous souffrez?...

CAMILLA.

Oh! non... non, je ne le pense pas.

EDGARD.

C'est ma faute!... et vous surprendre ainsi...

CAMILLA.

Non pas!... nous vous attendions, mon frère nous avait prévenues de votre retour.

EDGARD.

Et ce retour, Camilla, puis-je croire qu'il a été quelquefois désiré par vous?

CAMILLA.

Ah! si vous pouviez en douter, vous mériteriez que ce ne

fût pas! Vous qui parlez, vous n'avez donc jamais pensé aux amis que vous laissiez en Angleterre?...

EDGARD.

Leur souvenir ne m'a jamais quitté, et lui seul me consolait de l'absence... car ce n'est pas moi, c'est votre père, mon tuteur, qui avait exigé ce voyage, qui le regardait comme le complément nécessaire à mon éducation...

CAMILLA.

Il est de fait que ces trois années passées sur le continent doivent bien vous instruire et vous apprendre bien des choses...

EDGARD.

Je ne le pense pas, et je cherche encore ce que j'ai gagné à parcourir l'Europe : quelques impressions fugitives, effacées chaque jour par celles qui leur succédaient, et qui ne m'ont laissé dans la mémoire que des noms de villes et d'auberges. Pour les coutumes, pour les mœurs, pour la société, croyez-vous qu'on les connaisse en courant la poste? et quelle solitude! quel vide affreux vous environne, au milieu de ces cités populeuses, où vous ne rencontrez que des regards inconnus, indifférents!... c'est alors que, par la pensée, vous revenez à votre patrie, à vos parents, à vos amis, qui vous oublient peut-être.

CAMILLA.

Ah! Edgard!...

EDGARD.

Combien l'on désire les revoir! que l'on payerait cher l'aspect du toit paternel et le sourire d'une sœur!... Aussi, mon exil terminé, comme je me suis empressé d'accourir! comme le cœur m'a battu en apercevant de loin les côtes de la vieille Angleterre et, plus tard, cette humble habitation où nous avons été élevés, et où demeurait votre père!

CAMILLA.

Quoi! vous y avez été?...

EDGARD.

C'est là, d'abord, que se sont tournés mes pas; et que de souvenirs m'ont environné! c'est là que commencèrent nos premiers jeux, nos études, nos plaisirs; c'est là que, sous les yeux de votre père... Hélas! je ne devais plus l'y revoir, et les soins, les bienfaits qu'il m'a prodigués... je ne devais plus l'en remercier que sur son tombeau... Je l'ai fait du moins, je lui ai juré de payer à ses enfants l'amitié que je lui devais... Et vous, Camilla, daignerez-vous, en son nom, accepter mes serments?

CAMILLA, essuyant ses yeux.

Ah! toujours, toujours, vous le savez bien...

EDGARD.

Ma Camilla! ma sœur! et Lionel, où est-il donc?

CAMILLA.

Absent, dans ce moment, et bien inquiet de votre décision...

EDGARD.

Qui ne doit pas beaucoup l'effrayer, et si, par sa conduite, comme je l'espère, comme j'en suis sûr, il a toujours été digne de ma sœur, je ne vois pas ce qui pourrait s'opposer à ce mariage...

CAMILLA, timidement.

Peut-être son manque de fortune.

EDGARD.

Au contraire, c'est pour cela que j'y tiens...

CAMILLA, lui prenant la main.

Ah! je vous reconnais là...

EDGARD.

Et en quoi cela peut-il vous étonner?... Est-ce qu'à la place de ma sœur, ou à la mienne, vous songeriez à vous marier pour augmenter vos richesses?...

CAMILLA.

Mais, sans les rechercher, on peut les rencontrer, et sous ce rapport, vos projets, Edgard, me paraissent fort convenables.

EDGARD.

Quoi?... que voulez-vous dire?...

CAMILLA.

Ai-je commis une indiscrétion? ici on n'en fait pas mystère, et mistress Carington, votre tante, ne nous a pas laissé ignorer que bientôt Indiana, sa fille...

EDGARD.

Oui, ce sont ses intentions... j'ai cru depuis longtemps les deviner; mais jusqu'ici rien de ma part n'a pu lui faire penser que ces idées fussent les miennes.

CAMILLA, à part.

O ciel!

EDGARD.

Et vous, Camilla, qui connaissez le caractère de ma cousine, et qui surtout connaissez le mien... croyez-vous qu'un tel mariage soit possible? croyez-vous que ce soit là la femme qui puisse me rendre heureux? enfin, vous qui êtes mon amie, est-ce là la compagne que vous auriez choisie pour moi?...

CAMILLA, vivement.

Oh! non... (Se reprenant.) Mais peut-être aurais-je choisi plus mal...

EDGARD.

Eh bien! moi, en venant ici, j'avais une autre idée... un mariage qui a été le rêve de toute ma vie, et sur lequel je veux vous demander vos conseils.

CAMILLA, vivement.

Moi! je n'y entends rien!...

EDGARD.

Vous êtes cependant la seule que je veuille consulter; et si, dans une affaire aussi importante pour moi, vous refusez de m'entendre, c'est que vous n'êtes pas mon amie.

CAMILLA.

Oh! parlez!... parlez; je vous écoute.

EDGARD.

Eh bien! c'est assez difficile à expliquer.

CAMILLA.

C'est égal, je tâcherai de comprendre.

EDGARD.

Vous vous doutez bien que c'est quelqu'un que j'aime; mais cet amour-là n'est rien encore auprès de la confiance que j'ai en elle, auprès de l'estime que m'inspirent sa raison, sa prudence...

CAMILLA.

Peut-être vous abusez-vous?

EDGARD.

Non, non, j'en suis certain, et s'il faut vous dire... Dieu! c'est ma tante!...

SCÈNE V.

Les Mêmes; Mistress CARINGTON.

MISTRESS CARINGTON.

Mon cher Edgard! mon cher neveu! j'apprends votre arrivée, et me voilà.

CAMILLA, à part.

Déjà! elle qui d'ordinaire est si longue à sa toilette...

MISTRESS CARINGTON.

J'étais si désolée qu'il n'y eût personne pour vous recevoir...

EDGARD.

Camilla était là...

MISTRESS CARINGTON.

Oh! oui, certainement... mais je voulais dire quelqu'un de la famille. (A Camilla.) Ma chère Camilla, allez, de grâce, dire à Pretty, à Indiana, que leur frère... que leur cousin est ici, au salon... (A Edgard.) Il faut les excuser, voyez-vous, parce que ces demoiselles s'apprêtent pour aller au bal...

EDGARD, avec joie.

Il y a un bal! ce matin!... c'est vrai, en Angleterre on danse le matin; je n'y pensais plus... A merveille! (A Camilla.) Je suis votre cavalier... je vous invite.

CAMILLA, souriant.

Un instant...

MISTRESS CARINGTON.

Mais, mon neveu...

EDGARD, vivement.

Elle accepte... me voilà engagé, et il le faut bien, car nous avons à achever une conversation qui m'intéresse beaucoup.

MISTRESS CARINGTON.

Qu'est-ce que c'est?...

EDGARD.

Un conseil que je lui demandais... Que cela ne vous inquiète pas, c'est entre nous...

MISTRESS CARINGTON.

Mais allez donc, mademoiselle, allez donc!...

CAMILLA.

Oui, madame... (A part.) Quel dommage!... C'est égal, je crois que je connais la personne.

(Elle sort par la droite.)

SCÈNE VI.

Mistress CARINGTON, EDGARD.

MISTRESS CARINGTON.

Quoi! à peine arrivé, et déjà des secrets, des mystères...

EDGARD.

Non, ma tante, je n'en aurai jamais pour vous. Entre parents, entre amis, il faut de la franchise, et si j'ai par hasard quelque bonne qualité, à coup sûr, c'est celle-là, car je dis toujours tout haut ce que je pense et ce que je veux faire. Voici donc mes intentions : j'aime Camilla et je compte l'épouser, si elle y consent...

MISTRESS CARINGTON.

Et vous me faites là, sur-le-champ, un pareil aveu, à moi?...

EDGARD.

C'est à vous que je le devais d'abord, ma tante, comme chef de la famille.

MISTRESS CARINGTON.

Et séduit par son adresse, par sa coquetterie, c'est après l'avoir vue un instant... c'est après un seul entretien avec elle, que vous vous décidez à prendre une résolution pareille!...

EDGARD.

S'il en était ainsi, quelle idée auriez-vous de moi?... Élevé auprès d'elle, je l'avais toujours aimée; arrivé à ma majorité, je la demandai en mariage à son père, qui venait d'être mon tuteur, et qui bravement me refusa.

MISTRESS CARINGTON.

Lui!...

EDGARD.

Oui, ma chère tante... « Vous êtes très riche, me dit-il,

et ma fille n'a rien; on croira que j'ai usé de mon influence sur mon pupille pour l'amener à ce mariage, cela fera du tort à mon honneur, et à moi, pauvre avocat, mon honneur est ma seule fortune. » C'était vrai. Il n'en avait pas d'autre, mais de ce côté-là, il pouvait se vanter d'être riche.

MISTRESS CARINGTON.

Je ne dis pas non !

EDGARD.

Vous jugez de mes réclamations, de mon désespoir ! Il n'en fut pas touché. « Eh bien ! me dit-il, quittez-nous, allez pendant trois ans sur le continent pour voyager, pour achever votre éducation... Si au retour vous n'avez pas changé d'idée, si vous voulez encore épouser ma fille, cela ne me regarde plus, vous lui demanderez, à elle, si elle vous aime »... et alors...

MISTRESS CARINGTON.

Alors... eh bien?...

EDGARD.

Eh bien ! c'est ce que j'allais lui demander quand vous êtes venue nous interrompre.

MISTRESS CARINGTON, d'un ton grave.

Mon neveu, vous êtes maître de votre main et de votre fortune; je n'ai point de conseils à vous donner, ils vous paraîtraient suspects dans ma bouche, car vous n'ignorez pas quelles étaient mes espérances. Vous avez d'autres vues; il n'est donc plus question de nous, mais de votre seul bonheur, et, à vous parler franchement, je ne sais pas si dans un pareil mariage vous serez bien sûr de le trouver.

EDGARD.

Que voulez-vous dire ?

MISTRESS CARINGTON.

Que depuis la mort de M. Tyrold, miss Camilla, sa fille, a été confiée à ma garde, à ma tutelle, et j'ai cru voir... j'ai cru observer dans son caractère, tantôt une raideur et une fierté, tantôt une sécheresse de cœur, et dans sa conduite un défaut d'ordre et d'économie, surtout une dissimulation qui irait mal avec votre franchise habituelle...

EDGARD.

C'est impossible ! vous vous êtes abusée !...

MISTRESS CARINGTON.

Attendez, monsieur, attendez quelque temps encore, et vous déciderez alors si c'était de mon côté ou du vôtre qu'il y avait prévention... Voici ces demoiselles.

SCÈNE VII.

Mistress CARINGTON, INDIANA, PRETTY, EDGARD, CAMILLA.

TOUTES.

AIR de danse de la Bayadère.

Ah ! quel plaisir ! ah ! quel beau jour !
Ah ! pour nous quelle ivresse !
Ah ! quel plaisir ! ah ! quel beau jour !
Le voilà de retour !

PRETTY.

Un voyageur
Pense à sa sœur,
Aussi, par toi,
Je le prévoi,
Quelque présent m'est annoncé.

EDGARD.

A tout le monde j'ai pensé.

TOUTES.

Ah ! quel plaisir ! ah ! quel beau jour ! etc.

EDGARD.

Ma chère sœur, ma chère Pretty... il y avait si longtemps que je ne t'avais embrassée !

PRETTY.

Tu me trouves grandie et embellie, n'est-il pas vrai?

EDGARD.

Grandie!... pas beaucoup!... mais embellie... oui.

PRETTY.

C'est aussi ce que me disait tout à l'heure...

EDGARD, souriant.

Lionel?...

PRETTY.

Non! mon miroir que je regardais... et tu ne pouvais pas venir plus à propos, d'abord pour me faire des compliments, ce qui est toujours bien de la part d'un frère, ensuite pour me mener au bal, et puis, enfin, pour une souscription qui nous arrive... une pauvre vieille femme...

CAMILLA, vivement.

La veuve de l'invalide, que nous avons rencontrée hier...

PRETTY.

Et à qui Camilla a dit de revenir ce matin.

EDGARD, avec satisfaction.

Ah!... c'est Camilla!...

PRETTY.

Et tu vas venir au secours de nos bourses de demoiselles; car moi qui compte sur toi, je ne me suis mise en frais que d'une demi-guinée... la voilà.

EDGARD, souriant.

En voici dix.

PRETTY.

C'est beau! Te voilà comme les frères ou les oncles qui arrivent d'Amérique... dix guinées! (Tendant la main à mistress Carington.) Et vous, ma tante?...

MISTRESS CARINGTON.

J'en donne deux.

PRETTY.

C'est moins beau!... il est vrai que vous n'arrivez que de Londres... Toi, Indiana?

INDIANA.

J'en donne une.

PRETTY, allant à Camilla.

Et toi, Camilla?

CAMILLA, embarrassée.

Moi... je ne puis pas encore... je ne dis pas que plus tard... Il faut que je revoie cette pauvre femme, que je prenne sur elle des informations...

MISTRESS CARINGTON.

Pour faire une bonne action!... on donne d'abord, et puis on réfléchit après, c'est du moins ainsi que j'ai élevé Indiana.

SCÈNE VIII.

Les Mêmes; WILLIAM.

WILLIAM.

Mistress Mittin, la marchande de modes, demande à parler à ces dames.

MISTRESS CARINGTON.

Nous n'avons besoin de rien.

PRETTY.

A moins que mon frère n'ait besoin de me donner un chapeau?...

EDGARD, avec un peu d'humeur et regardant toujours Camilla.

Moi!

PRETTY.

Est-ce que cela te fâche?

EDGARD.

Du tout; prends-en deux, trois, si tu veux.

PRETTY, à William.

Vous direz à mistress Mittin que nous passerons demain chez elle. Qu'est-ce que c'est que ce papier que tu tiens là?
(Edgard passe auprès de la table, à la gauche de Camilla.)

WILLIAM.

Le mémoire de mistress Mittin.

MISTRESS CARINGTON, le prenant.

Un mémoire?...mais j'ai tout payé dernièrement pour moi et pour ces demoiselles, car je leur ai toujours répété qu'il ne fallait jamais avoir de dettes... (Déployant le mémoire.) et que quand on avait de l'ordre, on acquittait toujours sur-le-champ, et sans remettre au lendemain... Ah! ah!... c'est pour Camilla, c'est différent... (Lisant.) « Restant de compte... trois gui-
« nées... »

INDIANA.

Tiens!... la voilà comme les demoiselles du grand monde : elle doit à la marchande de modes.

(Pretty passe à la droite d'Indiana.)

CAMILLA, avec embarras.

Oui... sans doute... (A William.) Dites à mistress Mittin... que je la verrai... que je lui parlerai demain...

MISTRESS CARINGTON.

Pourquoi pas tout de suite?

CAMILLA.

Il est inutile en ce moment et devant vous... de régler... de pareils comptes...

MISTRESS CARINGTON.

Est-ce que par hasard ils seraient plus considérables que nous ne pensons?... S'il en était ainsi, ma chère enfant, il faudrait me le dire bien franchement; il n'y a pas grand mal, et je vous avancerai tout ce que vous voudrez...

CAMILLA.

Vous êtes bien bonne, madame; je n'ai besoin de rien, et

c'est nous occuper trop longtemps de misères semblables, qui, si nous n'y prenons garde, vont vous faire oublier l'heure du bal.

INDIANA et PRETTY.

C'est vrai, voilà le moment de partir.

(Elles remontent la scène, ainsi que mistress Carington, et parlent bas entre elles.)

CAMILLA, bas à William.

Renvoie mistress Mittin, et va-t'en.

WILLIAM, de même.

Oui, mademoiselle ; mais j'ai de la part de M. Lionel une lettre importante à remettre à vous seule.

CAMILLA, de même.

Reste alors.

MISTRESS CARINGTON.

Eh mais ! qu'avez-vous donc à parler bas avec William ?...

CAMILLA.

Rien... je lui donnais, pour mon frère, pour Lionel, des ordres...

EDGARD, à Camilla.

AIR : Elle a trahi ses serments et sa foi.

Qui peut ainsi vous troubler ?... quel secret ?
Expliquez-vous... ne puis-je le connaître ?

CAMILLA.

Ah ! c'est pour vous sans aucun intérêt.
N'insistez pas.

EDGARD.

J'en ai le droit peut-être.
Est-ce un bonheur ?... je peux le partager...
Est-ce un chagrin ? je veux seul m'en charger !
Votre bonheur, je peux le partager ;
Tous vos chagrins, je veux seul m'en charger.

Mais vous m'expliquerez tout cela... dans un autre moment... à ce bal, où je suis votre cavalier...

INDIANA.

Au bal!... mais elle n'y va pas.

PRETTY.

Elle nous l'a dit ce matin.

MISTRESS CARINGTON.

Et la preuve, c'est qu'elle n'est pas seulement habillée.

EDGARD.

Serait-il vrai?...

CAMILLA.

Oui; il m'est impossible... je ne puis.

EDGARD.

Il me semble cependant que tout à l'heure et devant ma tante vous aviez presque accepté mon invitation.

CAMILLA.

Ah! dans ce moment-là, je n'avais pensé qu'au plaisir de danser avec vous.

EDGARD.

Et maintenant ce n'en est plus un?...

CAMILLA, troublée et hors d'elle-même.

Si vraiment... mais c'est que... voyez-vous... je ne sais comment vous dire... (Presque pleurant.) Ah! Edgard!... je vous en prie, ne m'en veuillez pas... mais je ne puis!...

EDGARD.

Je respecte vos secrets, mademoiselle...

CAMILLA.

Des secrets... vous pourriez croire?...

MISTRESS CARINGTON, à Camilla.

Eh! non, vraiment!... il n'aura pas cette idée... (A Edgard.) Un caprice, et voilà tout; cela arrive si souvent que maintenant nous y sommes faites; dans une heure elle l'aura **oublié...**

EDGARD.

Tant mieux!... je le désire; je suis seulement fâché qu'elle oublie de même, et aussi promptement, les promesses qu'elle fait à ses amis. Allons, Pretty, allons, ma tante... Miss Indiana voudra-t-elle me permettre de lui offrir la main?...

INDIANA.

Oui, mon cousin... (D'un air triomphant.) Adieu, Camilla.

PRETTY.

Adieu, Camilla.

MISTRESS CARINGTON.

Adieu, Camilla.

(Ils sortent tous par la droite, excepté Camilla, qui est seule au bord du théâtre, William est resté au fond.)

SCÈNE IX.

CAMILLA, WILLIAM.

CAMILLA.

Ah! que je souffre!... que je suis malheureuse!... il s'éloigne, et sans moi... et fâché contre moi... (Allant regarder à la porte, à droite.) Ils sont partis!... (A William.) Donne vite, et attends la réponse. (William sort. Redescendant au bord du théâtre, et lisant la lettre.) « Ma chère sœur... je suis perdu. Lord
« Melmoud ne peut plus me rendre mes deux cents guinées,
« vu que ce matin, en sortant du jeu, ce pauvre garçon a
« eu le peu de délicatesse de se brûler la cervelle. » Ah!
mon Dieu! « D'un autre côté, je reçois à l'instant une lettre
« de l'officier-payeur, qui, ce soir, viendra prendre les
« fonds que je devais avoir en caisse. Tu sens bien que s'il
« ne les y trouve pas, je n'ai plus qu'un parti... c'est de
« suivre l'exemple de Melmoud!... » Ah! le malheureux!...
« Ou d'épouser la duchesse douairière qui m'adore; mais
« le premier parti serait encore plus agréable. En tous cas,
« je t'écris à la hâte, avant de me mettre à table; car je ne

« peux manquer ni à mes amis, ni au déjeuner qu'ils me don-
« nent; et après... mais sois tranquille, je ne partirai pas
« sans t'embrasser... Ton frère LIONEL. » J'en suis toute
tremblante; car il le fera comme il le dit... et comment le sauver?... comment lui trouver à l'instant deux cents guinées?...
(Avec résolution.) Je dirai tout à Edgard! (S'arrêtant.) Mais son
avenir, son mariage, tout sera perdu; et s'il y avait quelque
autre moyen... Malheureusement Lionel n'a plus rien, tout
son patrimoine a été vendu, engagé à cet usurier, à ce
M. Dubster... et mon pauvre frère est tout à fait ruiné...
(Avec joie.) Mais moi je ne le suis pas... et si ce M. Dubster
voulait aussi, aux mêmes conditions, me prêter... me prendre tout mon bien... Oh! non!... à moi, une demoiselle, il ne
voudra pas... il ne ruine que les jeunes gens... N'importe,
essayons. Je sais son adresse, puisque dernièrement encore,
je lui ai envoyé pour Lionel ces trente livres sterling.

WILLIAM, rentrant.

Eh bien! mademoiselle?

CAMILLA.

Attends, William... attends un instant...

WILLIAM, qui s'est assis au fond dans un fauteuil.

Oui, mademoiselle, tant que vous voudrez.

CAMILLA, à la table, écrivant.

« Mon bon monsieur Dubster, j'ai besoin à l'instant...
« mais je dis à l'instant même, de deux cents guinées... je
« ne sais pas comment il faut faire... car je vous réponds
« bien que c'est la première fois que cela m'arrive. Mais je
« vous donnerai pour garantie ma parole à laquelle je n'ai
« jamais manqué, et puis, si vous voulez bien le permettre,
« un petit domaine de mille livres sterling, qui est ma seule
« fortune, et que je vous prie de vouloir prendre. Je vous
« le demande au nom de mon frère Lionel, votre ancien
« ami, à qui vous avez déjà rendu ce service-là. Daignez
« en faire autant pour moi, et croyez, mon bon monsieur
« Dubster, à l'éternelle reconnaissance de toute la famille.

« Votre, etc., CAMILLA. » (A William.) Tiens, William, porte à l'instant ce billet à son adresse, et dis bien que j'attends la réponse sur-le-champ, et avec impatience.

WILLIAM.

Oui, mademoiselle, j'y vais.

(Il sort par le fond.)

SCÈNE X.

CAMILLA, puis LIONEL.

CAMILLA.

Oh!... il ne voudra jamais, il ne voudra pas, j'en suis sûre... je ne suis pas assez heureuse pour cela; aussi, et de peur de lui faire une fausse joie, n'en disons rien à ce pauvre Lionel, qui, dans ce moment, se désole, se désespère... pauvre garçon !

LIONEL, entrant en riant et en chantant.

AIR Anglais.

Tra, la, la, la, la,
Il faut chanter et rire.
Tra, la, la, la,
Je suis content, je suis heureux,
Tout semble me sourire,
Et, grâce à ce banquet joyeux,
J'ai du bonheur pour deux.
Tra, la, la, la.

(Camilla veut lui parler ; il continue toujours sans 'écouter.)

Oui, j'avais un pressentiment,
Tra, la, la, la, la,
J'en étais sûr, le bien, vraiment,
Arrive en déjeunant.
Tra, la, la, la, la.

CAMILLA.

Il a perdu la tête.

LIONEL.

Si tu savais ce qui est arrivé !

CAMILLA.

Tu as joué... tu as gagné ?

LIONEL.

Du tout ; il s'agit bien d'autre bonheur que celui-là ! D'abord, le premier de tous, il y avait un vin de Champagne... mousseux, pétillant... de ce vin, tu sais ?...

CAMILLA, avec impatience.

De grâce, ne parlons pas de cela.

LIONEL.

Au contraire, parlons-en, ne fût-ce que par reconnaissance ; car c'est lui qui est cause de tout. Tu te rappelles sir Ludworth, ce baronnet, ce jeune homme gauche, timide, que je vous ai présenté ce matin... il était à côté de moi, muet, un peu sombre ; mais cela ne prouve rien.

AIR : Un homme pour faire un tableau. (*Les Hasards de la Guerre.*)

Il est fort aimable... à part lui...
Il faut qu'alors il se trahisse...
D'abord il est, comme aujourd'hui,
Taciturne au premier service ;
Au second il est plus ouvert
Et, lorsque la gaieté nous gagne,
Son esprit s'échauffe au dessert
Et s'échappe avec le champagne !

C'est là qu'il est sorti de ses habitudes... il est devenu aimable, jovial, éloquent ; et, en sortant de table, il s'est jeté dans mes bras, en me disant qu'il t'adorait, qu'il te demandait en mariage !

CAMILLA.

O ciel !

LIONEL.

Le plus riche parti du comté... rien que cela... et un vieux château fort agréable, dont tu seras la dame châtelaine...

CAMILLA.

Mais, Lionel...

LIONEL.

Et dont tu feras tous les honneurs; je te mènerai tous mes amis à dîner... Je leur dirai : c'est ma sœur, c'est milady Ludworth...

CAMILLA.

Un mot, de grâce !

LIONEL.

C'est moi qui l'ai mariée, qui suis cause de son bonheur.

CAMILLA, lui prenant le bras.

Veux-tu m'écouter ?

LIONEL, gravement.

Qu'est-ce que c'est, milady, qu'y a-t-il?

CAMILLA, impatientée.

Il n'est pas question de moi, ni de milady, ni de mariage; Edgard vient d'arriver, il peut tout découvrir, et ces deux cents guinées auxquelles tu ne penses plus...

LIONEL.

A quoi bon?... au point où nous en sommes avec sir Ludworth, on ne se gêne pas, et tu sais bien que pour lui une pareille somme...

CAMILLA.

J'espère bien que tu ne lui en parleras pas.

LIONEL.

C'est déjà fait.

CAMILLA.

Tu lui as demandé ?...

LIONEL.

Il m'a offert, j'ai accepté... entre beaux-frères...

CAMILLA.

Ah ! mon Dieu !...

LIONEL.

Oui, ma petite sœur, cinq mille livres sterling de revenu que je te donne ; tout est convenu, arrangé, il va venir te faire sa visite, sa déclaration, je le lui ai permis...

CAMILLA.

Et de quel droit ?...

LIONEL.

D'abord il y tenait ; et puis un galant homme, si généreux... loyal... qui, d'ici à quelques heures, m'a promis de m'avancer la somme dont j'ai besoin.

CAMILLA.

Mais moi, je n'ai pas promis de le recevoir, de l'écouter... je ne l'aime pas.

LIONEL, vivement.

Et pourquoi ne l'aimes-tu pas ?

CAMILLA, embarrassée, et avec dépit.

Parce que... parce que je n'aime personne...

LIONEL.

Alors, qu'est-ce que ça te fait ? autant lui qu'un autre ; non pas que je veuille forcer ton inclination, m'en préserve le ciel !... je ne suis pas de ces frères exigeants, qui veulent rendre leur sœur heureuse malgré elle ; tu es la maîtresse de refuser ses hommages, mais pas aujourd'hui, attends à demain.

CAMILLA.

Demain, je ne l'aimerai pas davantage.

LIONEL.

Qu'en sais-tu ?... cela peut venir !... d'ici là, je suis sauvé ; et pour cela, qu'est-ce que je te demande ?... de ne pas le réduire au désespoir.

CAMILLA.

Mais c'est très mal, c'est de la coquetterie...

LIONEL.

Laisse-moi donc ! tu n'oses pas être coquette pour moi,

quand je vois toutes ces demoiselles qui le sont pour rien, et pour leur agrément particulier...

CAMILLA.

Tu as beau dire, ce n'est pas bien, ce n'est pas loyal. J'ai un autre moyen, que je préfère, auquel j'ai songé... et s'il peut réussir...

LIONEL.

Et s'il ne réussit pas!...

CAMILLA, effrayée.

O ciel! (A Lionel.) Écoute-moi, seulement...

LIONEL, vivement.

Eh! je n'ai pas le temps : ce bal que j'oubliais... ma contredanse avec Pretty, car ton mariage me fait négliger toutes mes affaires. Ma petite sœur, je t'en prie, consens à être heureuse, à devenir milady... ou du moins, examine, réfléchis, ne décide rien... ce n'est pas difficile... c'est ce que font tous les hommes d'État qui sont embarrassés. Adieu! adieu!... je vais danser.

(Il sort par le fond en chantant et en dansant.)

CAMILLA.

Mais, Lionel... Il s'en va, il ne m'écoute pas... Mon frère... Dieu! sir Ludworth!

SCÈNE XI.

CAMILLA, LUDWORTH, entrant par la droite

LUDWORTH, à part.

C'est elle!... elle est seule!...

CAMILLA, de même.

Le voilà!

LUDWORTH, de même.

Si elle pouvait m'adresser la parole la première...

CAMILLA, de même.

Il se tait!... à la bonne heure!... et tant qu'il lui plaira... car ce n'est pas moi qui lui parlerai...

LUDWORTH, après un instant de silence, et timidement.

Mademoiselle... vous venez de voir M. Lionel?

CAMILLA.

Oui, monsieur!.

LUDWORTH, avec embarras.

Je l'avais vu aussi ce matin...

CAMILLA.

Oui, monsieur!.

LUDWORTH, timidement.

J'ai été assez heureux... pour qu'il me permit de lui offrir mes services, et celui-là, et tous ceux qu'il pourra attendre de moi... certainement... il n'a qu'à parler...

CAMILLA.

Vous êtes bien bon... mon frère vous en remercie bien...

LUDWORTH, avec feu.

Oh! mademoiselle!... (S'arrêtant.) Et puis-je croire que vous aussi vous m'en saurez quelque gré?...

CAMILLA, avec embarras.

Sans doute... et soyez sûr, monsieur, que tout ce qu'on fait pour mon frère...

LUDWORTH, vivement.

Je comprends...

CAMILLA, avec embarras.

Non, vous pourriez vous tromper... je veux dire seulement que votre franchise... votre loyauté...

LUDWORTH, de même.

Je comprends bien...

CAMILLA, avec impatience.

Mais, du tout, vous ne comprenez pas...

LUDWORTH.

C'est égal, dites toujours; je ne demande pas des discours, des phrases, je ne suis pas exigeant...

CAMILLA.

Eh bien! tant mieux!... car je ne peux vous donner que mon estime et ma reconnaissance.

LUDWORTH.

Ah! c'est tout ce que je demande, et je vous en remercie à genoux...

(Il tombe à ses genoux.)

CAMILLA.

Mais, monsieur!

LUDWORTH.

C'est tout ce que je veux, cela me suffit; je suis le plus heureux des hommes.

CAMILLA, voulant le faire relever.

Mais de grâce!... (Elle aperçoit Edgard, qui paraît dans le jardin à la porte du fond. Elle pousse un cri.) Ah!...

(Edgard jette sur elle un regard de colère, et s'éloigne.)

LUDWORTH, toujours à genoux.

Qu'avez-vous donc?...

CAMILLA.

Il vous a vu là, à mes pieds...

LUDWORTH.

Qui? ce monsieur qui s'éloigne?...

CAMILLA.

Eh! oui, monsieur; et que voulez-vous maintenant qu'il pense de moi?...

LUDWORTH.

C'est bien simple; et je m'en vais lui expliquer... (Il se lève, et court vers le fond en criant :) Monsieur, monsieur...

3.

CAMILLA, l'arrêtant.

Eh! non, vraiment... laissez-moi, partez... je vous en conjure...

LUDWORTH.

Mais, d'où vient ce trouble, cet effroi? et que peut-on dire puisque je vous aime?...

CAMILLA, effrayée et voulant le faire taire.

Au nom du ciel!

LUDWORTH, à haute voix.

Je le dirai tout haut : je vous aime...

CAMILLA, de même.

Eh bien! monsieur, si vous m'aimez, je n'en demande qu'une preuve... partez... partez à l'instant.

LUDWORTH.

Avec plaisir; je croyais que ce serait quelque chose de plus difficile... (Il s'en va, et au moment de sortir, il s'arrête et revient auprès de Camilla lui dire :) Mais cependant, ce que j'avais promis à votre frère...

CAMILLA, avec impatience.

Eh bien! encore ici!...

LUDWORTH.

Je m'en vais, je m'en vais... (Il s'éloigne et s'arrête encore en disant :) C'est à vous que je l'adresserai, que je l'enverrai.

(Camilla le presse de sortir; il sort.)

SCÈNE XII.

CAMILLA, seule.

O mon Dieu! quelle idée aura-t-il de moi?... il va m'accuser... et comment me justifier?... N'importe... courons...

SCÈNE XIII.

CAMILLA, WILLIAM, entrant par la porte à gauche.

WILLIAM, mystérieusement.

Mademoiselle ?...

CAMILLA.

Ah ! c'est toi, William ; eh bien ! ma lettre ?...

WILLIAM.

Je l'ai remise à la personne elle-même ; et il paraît que le billet était bien pressant, car ce monsieur m'a suivi, il est venu avec moi.

CAMILLA.

Est-il possible ?...

WILLIAM.

Il est là, au salon, et il m'a dit de dire à mademoiselle qu'il lui apportait ce qu'elle avait demandé.

CAMILLA, à part.

Ah ! quel bonheur !... je respire !... je pourrai donc, sans nuire à mon pauvre frère, refuser les offres du baronnet, le renvoyer, lui dire que je ne l'aime pas. (Haut.) Viens, mène-moi vers lui !...

WILLIAM.

Oui, mademoiselle ; car il prétend qu'il a beaucoup d'affaires, qu'il est pressé, et qu'il n'a pas le temps d'attendre.

CAMILLA.

Ah! mon Dieu! s'il allait s'impatienter! dépêchons-nous... Ciel! Edgard!

SCÈNE XIV.

LES MÊMES ; EDGARD, entrant par le fond.

EDGARD.

Je vois, mademoiselle, que ma présence vous trouble...

CAMILLA.

Mais, nullement... j'allais sortir...

EDGARD.

Que je ne vous gêne pas, que je ne vous dérange pas... (Camilla fait un pas pour sortir.) J'aurais bien voulu cependant vous parler un instant!...

CAMILLA, revenant vivement près de lui.

Me voilà, Edgard!

WILLIAM, à Camilla.

Et ce monsieur, que vous alliez trouver...

EDGARD.

Quoi?... Quel monsieur?...

CAMILLA, à William.

C'est bien; prie-le d'attendre un instant, rien qu'un instant.

SCÈNE XV.

EDGARD, CAMILLA.

EDGARD, froidement et avec ironie.

Il est fâcheux que vos occupations ou vos visites soient si nombreuses, qu'un ancien ami soit obligé de vous demander une audience, qu'il n'obtient encore qu'avec peine!

CAMILLA.

Ah! vous ne m'avez jamais parlé ainsi.

EDGARD, avec chaleur.

Devez-vous en être étonnée?... et n'ai-je pas le droit d'être offensé, moi dont la confiance, peut-être, eût dû mériter la vôtre? mais loin de là, vous n'avez répondu à ma franchise que par la dissimulation.

CAMILLA.

Monsieur!...

EDGARD.

Je n'accuse point sans preuve, les faits parlent d'eux-mêmes. Pourquoi ne pas m'avoir avoué que vous refusiez d'aller au bal pour attendre ici, pour recevoir le baronnet?... J'aurais pu vous dire ce que je pensais d'une telle démarche, mais je n'en aurais pas été blessé... Maîtresse de votre cœur et de votre main, peu m'importe qui vous préférez, votre choix m'est indifférent; mais votre réputation, votre honneur ne me le sont pas : ils appartiennent aussi à vos amis, vous l'avez oublié un instant; et voilà ce dont je me plains.

CAMILLA.

Ah! Edgard!... tant de douceur, tant de bontés, quand vous croyez avoir à me blâmer...

EDGARD.

Quand je crois!... n'ai-je pas vu le baronnet ici, à vos pieds?...

CAMILLA.

Et si c'était malgré moi, sans mon consentement?... si je n'avais pu l'empêcher?...

EDGARD.

Que dites-vous?...

CAMILLA.

Que je ne l'attendais pas, que je ne savais pas qu'il viendrait, je vous le jure.

EDGARD.

Et comment alors se fait-il?

CAMILLA.

Écoutez, Edgard : je suis bien malheureuse, car je voudrais et ne puis vous dire ce que je souffre; je puis être coupable de légéreté, d'imprudence, mais jamais de fausseté; s'il en était ainsi, punissez-moi par le plus terrible des châtiments, par la perte de votre amitié, j'y consens; mais d'ici là ne m'accusez pas, et plaignez-moi... d'avoir un secret pour vous... (Avec tendresse.) pour vous, à qui je voudrais confier tous les miens...

EDGARD.

Je ne puis vous comprendre...

CAMILLA.

Je le sais, et c'est ce qui me désole...

EDGARD.

N'importe, je ferai tout ce que vous me demandez, j'attendrai encore pour vous juger ; un mot seulement...

CAMILLA.

Lequel ?

EDGARD.

Aimez-vous quelqu'un ?

CAMILLA, embarrassée.

Pourquoi me demandez-vous cela ?

EDGARD.

Vous m'avez promis de la franchise...

CAMILLA, le regardant tendrement.

Eh bien ! Edgard, je vous jure que je n'aime point le baronnet... que je ne lui ai rien promis, et que maintenant... (Avec joie.) Oh ! oui, maintenant... je n'aurai plus avec lui aucune relation... Me croyez-vous ?

EDGARD, vivement.

Oui, je vous crois, plus encore que ma raison... je vous crois, parce que vous le dites, et ne veux point d'autre témoignage : on est trop malheureux de se défier de ce qu'on aime. Aussi je ne vous demande plus rien... Êtes-vous contente, Camilla ?...

CAMILLA.

Ah !... plus que je ne peux dire, et, si vous saviez ce qui se passe... là... dans mon cœur...

EDGARD, lui prenant la main.

Mon amie!... ma sœur! mais désormais, et excepté cette affaire qui a rapport au baronnet, plus de secret, plus de mystère : confiance tout entière...

CAMILLA, solennellement.

Je vous le promets... (Se reprenant.) Oh! non... avec vous je n'ai plus besoin de serment. Vous me croyez, n'est-ce pas?...

SCÈNE XVI.

Les Mêmes; Mistress CARINGTON, entrant par la porte à gauche.

MISTRESS CARINGTON.

Ah bien! par exemple... voilà une audace! chez moi, dans ma maison!...

EDGARD.

Qu'est-ce donc, ma tante?...

MISTRESS CARINGTON.

Un étranger, un inconnu, d'assez mauvaise tournure, que je trouve établi dans mon salon, et qui, me saluant à peine, se plaint fort impertinemment qu'on le fasse attendre...

CAMILLA, à part.

O ciel! j'étais si heureuse, que je l'avais oublié...

EDGARD.

Et que veut-il?... que demande-t-il?...

MISTRESS CARINGTON.

Miss Camilla.

EDGARD.

Et pour quelles raisons?

MISTRESS CARINGTON.

Pour quelles raisons?... elle va sans doute nous l'apprendre, car cet homme n'est autre que M. Dubster, l'usurier...

EDGARD.

Un usurier...

MISTRESS CARINGTON.

Qui est en relations d'affaires avec elle.

EDGARD.

Ce n'est pas possible!...

MISTRESS CARINGTON.

C'est ce que j'ai dit, mais vu qu'il s'agit de sommes considérables, d'effets à souscrire, que tous ses biens sont engagés...

EDGARD.

Ses biens engagés!...

MISTRESS CARINGTON.

Et sans prévenir sa famille, sans consulter personne, une demoiselle mineure!... aussi vous vous doutez bien que j'ai traité un tel fripon comme il le méritait.

CAMILLA.

O ciel!... que dites-vous?

MISTRESS CARINGTON.

Que je l'ai fait chasser par mes gens... et qu'il est parti furieux...

CAMILLA.

Parti!... parti!... Qu'avez-vous fait?... que devenir?...

EDGARD.

Mais vous le connaissez donc?...

CAMILLA, à part.

O mon Dieu!...

EDGARD.

Tout ce qu'on dit là est donc vrai? vous convenez?...

CAMILLA.

Oui, monsieur.

EDGARD.

Je ne puis le croire encore!... Et quels rapports peuvent exister entre vous et un pareil homme?... pourquoi le faire venir?... pourquoi avoir recours à lui?... répondez... répondez, de grâce!...

CAMILLA, à part.

Ah!... quels tourments!... (Haut.) Edgard!... Edgard! ne m'en veuillez pas, ne vous fâchez pas, mais je ne le puis...

EDGARD.

Encore!... c'en est trop!...

SCÈNE XVII.

LES MÊMES; PRETTY, entrant par la porte à gauche.

PRETTY, accourant.

Camilla!... Camilla!... une bonne nouvelle. Tu ne sais pas, un message du baronnet...

EDGARD.

Du baronnet?...

PRETTY.

Oui... c'est John, son domestique, qui vient de l'apporter, et en demandant miss Camilla, il avait un air si galant et si mystérieux, que nous avons gagé que c'était une déclaration...

MISTRESS CARINGTON.

Vous croyez?...

PRETTY.

Nous allons voir si j'ai gagné, car j'ai parié pour... Veux-tu que je lise?...

CAMILLA, effrayée.

Pretty!...

EDGARD, la retenant.

Y penses-tu?...

PRETTY.

Pourquoi pas?... cela nous divertira.

EDGARD, prenant la lettre.

Cette lettre appartient à Camilla... (Avec intention.) Et quoiqu'elle n'ait plus aucune relation avec le baronnet, c'est bien à elle... qu'elle est adressée... (Lisant.) « A miss Camilla. » (La lui remettant.) La voici!...

CAMILLA, troublée.

Je vous remercie, monsieur. Je ne sais... j'ignore ce que contient ce billet.

PRETTY.

Il n'y a qu'un moyen de le savoir, c'est de lire...

(Elle passe à la droite de Camilla.)

EDGARD.

Que nous ne vous gênions pas... sinon, je me retire...

MISTRESS CARINGTON.

Sans doute, mon enfant, voyez, lisez; d'ailleurs, il y a peut-être une réponse...

CAMILLA, s'avançant au bord du théâtre et à demi-voix.

« Vous m'avez dit de m'éloigner... j'ai obéi et vous en-
« voie ce que vous savez, un billet de trois cents livres
« sterling sur mon banquier... heureux si, lorsque je tiens
« mes promesses, vous daignez vous rappeler celles qu'on
« m'a faites en votre nom, et que vous n'avez point désa-
« vouées... » O ciel!...

(Elle laisse tomber un papier qui était renfermé dans la lettre.)

PRETTY.

Eh bien! ce billet? (Ramassant le papier qui vient de tomber.) Tiens! il y en avait deux.

CAMILLA, le reprenant.

Il ne contient que des choses fort indifférentes.

PRETTY.

Vraiment, pas la plus petite déclaration? allons, voyons.

CAMILLA.

Eh ! à quoi bon ?...

PRETTY.

Pour voir si j'ai perdu ; je ne suis pas obligée de m'en rapporter à toi et à ta modestie, n'est-ce pas, mon frère ?

EDGARD.

Pourquoi donc ?... tu aurais grand tort de ne pas croire à sa franchise... quant à moi, je n'ai plus de doutes à cet égard, et je me garderais bien de rien demander.

(Il va s'asseoir près du guéridon à droite. Pretty remonte au fond.)

CAMILLA, à part.

O mon Dieu ! mon Dieu ! et Lionel et Pretty... et leur bonheur... (Regardant Edgard.) Mais il me soupçonne, il me méprise ! ah ! tout au monde plutôt que cette idée !... il saura tout. (Passant près d'Edgard, et à demi-voix.) Tenez... tenez... Edgard...

EDGARD, lui prenant la lettre.

Est-il possible ? cette lettre...

CAMILLA, apercevant Lionel qui entre.

Dieu !... mon frère !... (Reprenant la lettre.) Non... non ; je ne peux m'y résoudre, et, même au prix de mon bonheur, je ne le trahirai pas...

EDGARD, à demi-voix.

Que faites-vous... et que dois-je supposer ?... (A Camilla, qui roule la lettre, et la serre dans ses doigts.) Camilla, Camilla... ce billet !... ou tout est fini entre nous.

CAMILLA.

Comme vous voudrez, monsieur... Ah ! sortons, je n'y tiens plus.

(Elle sort par la droite.)

SCÈNE XVIII.

EDGARD, à droite du théâtre, MISTRESS CARINGTON, à gauche, PRETTY, LIONEL, entrant par le fond. Pretty a été au devant de lui, et lui a parlé bas pendant la fin de la scène précédente.

PRETTY, à demi-voix.

Je vous avais recommandé de vous mettre bien avec mon frère, et à peine lui avez-vous parlé.

LIONEL, de même.

Pendant tout le temps du bal.

PRETTY, de même.

Pour lui dire un tas de folies. (Lui montrant Edgard.) Tenez, le voilà !...

LIONEL.

Eh bien ! mon cher Edgard ?...

EDGARD, sortant de sa rêverie.

Ah ! c'est toi, Lionel ?

LIONEL.

Oui, moi, qui trouve, comme ta sœur, que ton voyage a été bien long.

EDGARD.

Oui, pour votre bonheur, que mon absence a retardé. (Toujours préoccupé.) Il est des sacrifices que la raison conseille, et que je ferai. Lionel, ma sœur est à toi, je te la donne.

LIONEL et PRETTY.

Que dis-tu !

EDGARD, allant auprès de mistress Carington.

Quant à nous, ma tante, vous connaissez nos projets.

LIONEL, bas à Pretty.

J'entends, il épouse Indiana.

PRETTY.

Là ! elle sera mariée en même temps que moi.

MISTRESS CARINGTON, avec joie.

Mon cher neveu!...

EDGARD, à mistress Carington.

Je vais vous rejoindre... nous en parlerons; mais laissez-moi : toi aussi, Pretty... j'ai à causer avec Lionel... de choses graves et sérieuses.

LIONEL, bas à Pretty.

Il va me parler voyages.

PRETTY, de même.

Si cela peut vous instruire, cela ne fera pas mal.

LIONEL, lui prenant la main familièrement.

Ah! Pretty!

PRETTY.

Qu'est-ce que c'est, monsieur, que ces manières-là?... (Lionel essayant de l'embrasser.) Mon frère, il veut m'embrasser.

EDGARD, avec impatience.

Eh! laisse-moi, te dis-je, et va-t'en.

PRETTY, en s'en allant, à Lionel.

Dépêchez-vous donc, monsieur, mon frère vous attend.

(Lionel l'embrasse; elle s'enfuit par la droite.)

SCÈNE XIX.

LIONEL, EDGARD.

LIONEL, à part.

Enfin me voilà marié... ce n'est pas sans peine... (Venant auprès d'Edgard.) Eh bien! ami, tu disais donc?...

EDGARD.

Nous sommes seuls; c'est de ta sœur que je veux te parler.

LIONEL.

De Camilla?...

EDGARD.

Oui... Grâce à l'amitié qui nous unit dès l'enfance, je suis presque de la famille, et ma démarche ne doit pas t'étonner. Si, ce matin encore, tu avais appris sur ma sœur quelque chose... qui ne fût pas bien, qui te fît de la peine, tu n'aurais pas hésité à m'en avertir, à m'en faire part?...

LIONEL.

Non, sans doute...

EDGARD.

Eh bien! j'userai de la même franchise, et je te dirai que dans ce moment... la conduite de Camilla... n'est pas ce qu'elle devrait être...

LIONEL.

Que dis-tu?...

EDGARD.

C'est entre nous! D'abord je l'ai trouvée ici en tête-à-tête avec le baronnet sir Ludworth...

LIONEL, vivement.

Je le sais, le baronnet en est épris; mais Camilla m'a dit qu'elle ne l'aimait pas!...

EDGARD, avec ironie.

Et à moi aussi! et cependant je l'ai trouvé ici à ses pieds, et journellement ils sont en correspondance... et en fait d lettres, j'en ai vu qu'il lui envoyait, qu'elle recevait...

LIONEL.

Est-il possible!... et pourquoi donc ne pas me l'avouer?...

EDGARD.

Apprends donc ce que le hasard seul m'a fait découvrir... apprends que Camilla est ruinée!...

LIONEL.

Camilla... ma sœur!...

EDGARD.

Oui, le peu de fortune, le faible héritage qu'elle a reçu de son père... tout a été dissipé... engagé en secret...

LIONEL, à haute voix.

Ce n'est pas possible...

EDGARD.

Silence, te dis-je!...

LIONEL.

Et elle qui me faisait toujours des sermons sur mes folies...

EDGARD.

A toi?...

LIONEL.

Non, je veux dire sur ma légèreté, et il se trouve que c'est elle, au contraire, et sans m'en prévenir... Voilà le mal, car moi je lui disais...

EDGARD.

Quoi donc?...

LIONEL, vivement.

Rien, rien du tout. Mais réponds-moi... es-tu bien sûr que cela soit? de qui le tiens-tu?...

EDGARD.

D'elle-même, qui en est convenue... et des personnes... des gens d'affaires à qui elle s'est adressée... un M. Dubster...

LIONEL, poussant un cri.

Dubster!... elle est perdue!... c'est bien l'Anglais le plus arabe, un homme qui prête à deux cents pour cent, qui ne donne ni grâce ni délai, et j'ai eu, moi qui te parle, une lettre de change...

EDGARD.

Toi!...

LIONEL.

D'un de mes amis, un ami intime, qu'il m'a fallu acquitter. Je sais ce qu'il en coûte, et c'est ce qui explique comment, en si peu de temps, ma pauvre sœur aura vu tout son patrimoine dissipé... (A part.) Et elle aussi!...

EDGARD, vivement, et regardant autour de lui.

Tu sens bien que personne au monde ne doit pénétrer un tel secret, et qu'il faut s'arranger pour qu'il n'en reste aucune trace... c'est nous que cela regarde.

LIONEL.

Certainement, cela nous regarde.

EDGARD.

Non pas toi, dont la modeste fortune ne doit pas souffrir d'une faute qui n'est pas la tienne. Mais moi... élevé avec Camilla, et son ancien ami...

LIONEL.

Que dis-tu ?...

EDGARD.

Je n'aurais osé lui faire des offres de service... qu'elle refuserait... qu'elle doit refuser... mais toi, son frère... c'est bien... c'est convenable... (Lui donnant un portefeuille.) Tiens, charge-toi de tout arranger... de tout liquider, et surtout qu'elle ignore à jamais que j'y suis pour rien ; mais songe que, dépouillant un instant l'indulgence d'un frère, il est convenable que tu lui parles un peu sévèrement sur le passé !...

LIONEL.

Sois tranquille !...

AIR : Tenez, moi je suis un bon homme.

Moi, vois-tu, je suis peu sévère...
Pour les autres moins que pour moi ;
Mais elle me met en colère !
Nous tromper ainsi !

EDGARD.

Calme-toi !

LIONEL.

Non, en ces lieux je vais l'attendre !
Mes sermons seront entendus !...
(A part.)

Car je suis en fonds pour lui rendre
Tous ceux que d'elle j'ai reçus.

EDGARD.

C'est elle !... Adieu !... adieu... je te laisse... mets-y cependant des égards et des ménagements.

LIONEL.

Je ne promets rien, nous verrons. Adieu, Edgard, adieu, mon frère. En fait de raison, des gens tels que nous sont faits pour s'apprécier et se comprendre.

(Edgard sort par le fond.)

SCÈNE XX.

CAMILLA, LIONEL.

LIONEL.

La voilà !...

CAMILLA, rentrant par la droite.

Ah !... c'est toi, Lionel ! je te cherchais... il faut que je te parle.

LIONEL.

Et moi aussi; je ne suis pas content; je suis fâché contre toi.

CAMILLA, vivement.

Et de quoi donc, mon Dieu?

LIONEL.

De ce que tu as fait.

CAMILLA.

Quoi ! tu saurais?...

LIONEL.

Je sais tout, et ce n'est pas bien, ma sœur; car, enfin, à mon insu, sans m'en prévenir, cela pouvait me compromettre... me faire du tort pour mon mariage...

CAMILLA.

Et comment cela?...

LIONEL.

Mon Dieu! c'est inutile d'entrer dans des détails; je connais ces positions-là, et quoique j'aie promis de te gronder, je n'en ai pas la force, et j'arrive tout de suite au but; n'aie pas peur, ma petite sœur, je ne t'en veux pas, je te pardonne, et je fais mieux que cela... (Lui donnant le portefeuille.) Tiens, prends...

CAMILLA.

Qu'est-ce que c'est que cela?...

LIONEL.

De quoi payer tes dettes!...

CAMILLA, lui présentant un autre portefeuille.

Je t'apportais de quoi payer les tiennes.

LIONEL.

Et d'où cela vient-il?

CAMILLA.

Que t'importe, pourvu que cela ne vienne pas du baronnet, que je ne lui doive rien, que je ne le revoie plus; car, maintenant, ce n'est plus de l'indifférence... je le hais, je l'abhorre...

LIONEL.

Laisse-moi donc tranquille! je ne te crois plus!... Edgard, qui en a des preuves, m'a assuré que vous vous adoriez.

CAMILLA.

Quoi! c'est Edgard!... c'est lui qui l'a dit... Edgard est un ingrat; c'est l'homme du monde le plus injuste : il m'est aussi odieux que le baronnet, et je le déteste maintenant autant que je l'aimais.

LIONEL, vivement.

Quoi! tu l'aimais?...

CAMILLA, pleurant.

Eh! mon Dieu!... ai-je jamais fait autre chose?... (Avec passion.) Depuis mon enfance, depuis que je me connais, c'est lui... Projets, avenir, espérances, tous mes rêves étaient là.

Le bonheur avec un autre n'eût pas valu pour moi le malheur avec lui... (S'arrêtant.) Je ne sais ce que je dis... je suis folle; je m'égare... j'oublie tout... et tu me demandes encore si je l'aime!

LIONEL.

Tu l'aimes!... ma pauvre sœur! ma Camilla!... et il en aime une autre!...

CAMILLA.

Que dis-tu?

LIONEL.

Il épouse Indiana; il l'a déclaré à moi, à sa tante, à toute la famille.

CAMILLA, se soutenant à peine.

C'est fait de moi, j'en mourrai... (Vivement.) Mon frère, je t'en supplie, oublie ce que je t'ai dit... ce n'est pas vrai au moins, ce n'est pas vrai! je ne l'aime pas, je l'oublierai, je n'y penserai plus. (Fondant en larmes.) Ah! toujours!... toujours!... c'est plus fort que moi... pourquoi aussi, ce matin, a-t-il fait naître en moi des idées qui en étaient si éloignées?... pourquoi tantôt, ici même, me parlait-il comme à son amie... à sa compagne?...

LIONEL.

Eh! oui, sans doute; j'en suis sûr maintenant, c'était son intention; il t'aime, ou du moins il t'aimait; je n'en doute plus quand je me rappelle ce que tout à l'heure... Mais tu conviendras aussi qu'il y a de ta faute. D'abord tu ne me dis rien, à moi qui ai de l'influence sur lui, qui aurais tout arrangé... Au lieu de cela, tu vas te compromettre à ses yeux, entretenir, sans m'en parler, une correspondance suivie avec le baronnet...

CAMILLA, étonnée.

Moi, je n'ai reçu en ma vie qu'une lettre de lui... et c'était pour toi...

LIONEL.

Pour moi?

CAMILLA.

La voici ; un billet sur son banquier, pour cette somme...

LIONEL, vivement, et prenant la lettre.

Ça, je te le pardonne ; mais tes étourderies, tes dissipations... moi qui te croyais si économe, si rangée...

CAMILLA, étonnée.

Comment ?

LIONEL.

Je ne te gronde pas, mais tu avoueras que tes relations avec Dubster, ces sommes que tu lui as empruntées...

CAMILLA.

Qui te l'a dit ?... Eh bien ! oui, on l'avait chassé de cette maison, j'ai couru chez lui, et je l'ai tant prié, supplié, que, moyennant un billet de quatre cents guinées, qu'il m'a fait signer, il a consenti à m'en prêter deux cents.

LIONEL.

Que dis-tu ?

CAMILLA.

Pour toi seul, les voilà, je te les apporte.

LIONEL, poussant un cri.

Ah ! je suis un malheureux ! un misérable !

AIR : Du partage de la richesse. (*Fanchon la vielleuse.*)

De mes fautes, de mes folies
Je t'accusais... Que tu dois me haïr !
Modèle des sœurs, des amies,
Tu te perdais pour ne pas me trahir,
Sans te plaindre, sans te défendre,
A ton malheur te résigner !
Et c'est pour moi..

CAMILLA.

Pouvais-je te l'apprendre ?

LIONEL.

Moi, j'aurais dû le deviner.

Aussi...

CAMILLA.

Que veux-tu faire?

LIONEL, prenant le billet de Camilla.

Donne, donne, je sais quel est mon devoir.

CAMILLA.

Mais, Lionel...

LIONEL.

Il ne sera pas dit que toi seule te seras toujours sacrifiée pour moi, et je veux... Adieu... adieu, ma sœur.

(Il sort en courant par la droite.)

SCÈNE XXI.

CAMILLA, seule.

Que veut-il faire?... à quoi bon maintenant? il ne m'aime plus!... il en épouse une autre, tout est fini pour moi... C'est lui!...

SCÈNE XXII.

CAMILLA, EDGARD, MISTRESS CARINGTON.

MISTRESS CARINGTON, causant avec Edgard. Ils entrent par le fond.

Oui, dans un instant le notaire sera au salon, et l'on viendra nous avertir.

CAMILLA.

Le notaire!...

MISTRESS CARINGTON.

Oui, ma chère enfant, mon neveu Edgard épouse sa cousine Indiana, à qui vous pouvez faire vos compliments.

EDGARD.

Elle ne sera pas la seule à en recevoir, et j'ai voulu que ce jour, heureux pour nous, le fût aussi pour vous, Camilla.

4.

Je viens de voir le baronnet, que je n'ai pas eu de peine à décider à une alliance qu'il désire ardemment...

CAMILLA.

J'ignore, monsieur, qui vous avait prié de vous charger d'une telle démarche.

EDGARD.

Votre frère m'y avait autorisé.

CAMILLA, à part.

Encore lui!...

EDGARD.

Et notre ancienne amitié m'en donnait peut-être le droit.

SCÈNE XXIII.

Les Mêmes; LUDWORTH, PRETTY, entrant par la droite avec le baronnet.

PRETTY.

Par ici, monsieur le baronnet.

EDGARD.

Voilà sir Ludworth qui se présente lui-même.

PRETTY, à Ludworth.

Voilà ma tante... et puisque vous voulez lui parler...

LUDWORTH, avec embarras.

Oui, sans doute. (Il passe devant Camilla et Edgard, et va auprès de mistress Carington. A mistress Carington.) Pour une demande que de moi-même je n'aurais osé faire, et si je m'y hasarde, c'est encouragé par mon ami Lionel et par sir Edgard.

CAMILLA, à part.

Edgard!... ah! je crois maintenant que je le hais tout à fait!

LUDWORTH.

Vous savez, madame, que je suis obligé de me marier

dans l'année, et si j'ose solliciter la main d'une autre que miss Indiana, votre fille...

PRETTY, à part.

A-t-il du mal à s'en tirer !

LUDWORTH.

J'espère que vous ne m'en voudrez pas, et daignerez m'accorder vos bons offices auprès de miss Camilla, votre pupille...

MISTRESS CARINGTON.

Certainement, monsieur, elle doit se trouver fort honorée d'une telle recherche.

CAMILLA.

Honorée, sans doute ; mais comme je ne puis y répondre, je refuse.

TOUS.

O ciel !...

LUDWORTH.

Comment ! mademoiselle... cependant on m'avait dit... et qu'est-ce que cela signifie ?...

CAMILLA.

Que ce serait bien mal reconnaître et votre amitié pour mon frère, et vos sentiments pour moi, que d'unir votre sort à celui d'une femme qui ne peut faire votre bonheur, et qui ne vous aime pas.

EDGARD, avec joie.

Serait-il vrai ?...

SCÈNE XXIV.

Les Mêmes ; INDIANA.

INDIANA.

Eh bien !... le notaire est là, qui vous attend, et vous restez dans ce salon ?...

MISTRESS CARINGTON.

C'est juste !... Allons, mon neveu !... allons, Pretty !...

EDGARD.

Oui, ma tante, je vous suis.

PRETTY.

Et où est donc Lionel ?...

EDGARD, qui s'est approché de Camilla, et à demi-voix.

Camilla, de grâce, daignez m'expliquer !... un mot, un seul mot, et je puis encore...

CAMILLA, avec émotion.

Je n'ai rien à vous dire, monsieur ; votre prétendue vous attend... soyez heureux... oubliez-moi... comme je vous oublie... (A part.) Ah! j'en mourrai, mais c'est égal...

EDGARD.

Eh bien !... vous le voulez donc ?

CAMILLA, avec effroi.

Oui... je le veux !...

AIR : C'en est fait, mon honneur. (*Philippe.*)

Ensemble.

CAMILLA.

C'en est fait, de mon cœur
Bannissons son image,
Cachons-lui ma douleur,
N'écoutons que l'honneur.

EDGARD.

C'en est fait, de ce cœur
Qui me brave et m'outrage
Punissons la froideur,
N'écoutons que l'honneur.

MISTRESS CARINGTON.

Oui, pour ce mariage
Qu'il parte, je le veux ;
Oui, l'hymen qui l'engage
Va combler tous leurs vœux.

INDIANA et PRETTY.

Puisque ce mariage
Va combler tous mes vœux,
Que l'hymen nous engage,
Oui, partons, je le veux.

LUDWORTH.

L'hymen qui les engage
Va combler tous leurs vœux ;
Et pour ce mariage
Partons, quittons ces lieux.

(Edgard prend la main d'Indiana ; mistress Carington et Pretty le suivent ; Camilla est au bord du théâtre, à droite ; Ludworth à gauche. Le groupe principal va pour sortir, lorsque Lionel paraît à la porte du fond.)

SCÈNE XXV.

Les Mêmes ; LIONEL.

LIONEL, avec chaleur.

Arrêtez !... où courez-vous ?...

PRETTY.

Nous marier ; on n'attend que vous pour cela.

LIONEL.

Cela ne se peut, ces mariages-là ne peuvent avoir lieu ; je ne le souffrirai pas.

TOUS.

Et pourquoi ?...

LIONEL.

Parce que Edgard n'aime pas Indiana...

MISTRESS CARINGTON.

Qu'osez-vous dire ?...

LIONEL.

Il aime ma sœur et il en est aimé !...

EDGARD, courant à lui avec joie.

Est-il possible?...

CAMILLA, voulant lui fermer la bouche.

Mon frère!...

LIONEL.

Ah! je n'ai plus rien à ménager!... l'on saura tout! l'on doit la vérité à sa dernière heure, et je n'en suis pas loin, ou c'est tout comme...

EDGARD.

Que dis-tu?

LIONEL.

Que ma sœur a reçu du baronnet non une lettre d'amour, mais une lettre de change, destinée à payer des dettes... cette lettre était pour moi, ces dettes étaient les miennes... Ma sœur vient d'engager sa fortune à M. Dubster, un usurier... pour qui? pour Lionel! elle a compromis son patrimoine... pour qui? pour Lionel, qui avait mangé le sien... Et ce n'était pas encore assez... (A Camilla, qui veut l'interrompre.) Laisse-moi donc tranquille; je dirai tout: elle s'est laissé soupçonner, accuser, humilier, pour qui?... toujours pour Lionel, dont elle ne voulait pas faire manquer le mariage... Mais ça ne pouvait pas durer ainsi... Lionel est un mauvais sujet, je le veux bien; mais il n'est pas un ingrat, un faux ami, un mauvais frère... Tiens, Edgard, voilà ton argent; tiens, Camilla, voilà ta lettre de change... acquittée... déchirée... et quant à mes dettes à moi... tout est payé!...

TOUS.

Et comment cela?...

LIONEL.

Je pouvais me brûler la cervelle, c'était un moyen, j'en ai d'abord eu l'idée; mais cela ne remédiait à rien, ne payait rien; alors, et puisque, de toutes les manières, il fallait toujours renoncer à Pretty... il m'a pris un accès de délire, de désespoir... la tête n'y était plus, il ne me restait, pour toute valeur patrimoniale et mobilière, que moi à mettre en gage... et je me suis engagé.

TOUS.

Et comment ?

LIONEL.

A une personne riche, aimable, généreuse, qui malheureusement a autant d'années que de mille livres sterling, et j'épouse...

TOUS.

Qui donc ?

LIONEL.

La duchesse de Margland.

TOUS.

O ciel !

EDGARD.

Une duchesse douairière !

LIONEL.

Ne m'en parle pas, mon ami, et n'ébranle pas mon courage ; j'ai mesuré toute l'étendue du sacrifice !... elle a soixante ans ; mais c'est bien fait, je voudrais qu'elle en eût soixante-dix.

EDGARD.

Et tu l'épouseras ?...

LIONEL.

Il faut que je sois puni, je l'ai mérité... Pretty... Pretty... je n'étais plus digne de vous, ni de votre frère... Il n'y a plus d'espoir, plus de bonheur pour moi... (Pleurant.) Je quitterai le monde... je me retirerai dans ma terre... vous viendrez me voir... nous chasserons... des meutes... des chiens... des chevaux... (A Edgard.) Ah ! mon cher ami, je suis bien malheureux !... (A Ludworth.) Et vous, qui devez m'en vouloir, à cause de ma sœur, si vous vouliez vous battre avec moi, et me tuer, ça me rendrait un grand service.

LUDWORTH.

Du tout, je vous en ai assez rendu comme cela.

LIONEL.

Ce serait le dernier!...

PRETTY.

C'est une indignité!... être trahie pour une douairière!...

(Ludworth passe à la gauche d'Indiana.)

EDGARD.

Allons, calmez-vous; vous avez tous perdu la tête, à commencer par Lionel... que je me charge, moi, de corriger.

LIONEL.

Et comment, s'il vous plaît?... de quel droit?...

EDGARD.

D'un droit que je ne mérite pas non plus, et que cependant je viens réclamer... du droit de beau-frère.

(Lionel passe auprès de Pretty.)

MISTRESS CARINGTON.

Comment?

EDGARD.

Oui, ma tante, daignez me pardonner, je l'aime trop pour porter ailleurs un cœur qui ne m'appartient plus... Et vous, Camilla, refuseriez-vous un coupable, un repentant?... Vous détournez la tête, il vous en coûte trop de m'accorder ma grâce... eh bien! que ce ne soit pas pour moi, mais pour votre frère, mais pour le sauver; il s'immolait pour vous, ferez-vous moins pour lui?

CAMILLA, baissant les yeux, et lentement.

Ah! j'ai tant fait pour lui... que ce dernier sacrifice...

EDGARD.

Eh bien?...

CAMILLA, tendrement.

Sera la récompense de tous les autres... Oui, Edgard...

oui, je vous aime... je serai bien heureuse de vous le dire... mais puis-je l'être sans mon frère ?...

EDGARD.

Ce soin-là me regarde ; je rendrai à la duchesse le capital qu'elle lui a avancé... Quant aux intérêts, je tâcherai de la décider à ne pas les faire payer aussi cher ; et puis, pour nos idées de mariage, nous y reviendrons, non pas maintenant, mais plus tard... (Regardant Lionel.) quand il sera corrigé!... quand il sera sage!...

PRETTY, regardant Indiana.

Allons ! je serai mariée la dernière.

AIR de danse de *la Bayadère*.

TOUS.

Ah! quel plaisir ! ah ! quel beau jour !
Ah! pour nous quelle ivresse !
Oui, le bonheur est, en ce jour,
Avec lui de retour.

LE
VOYAGE DANS L'APPARTEMENT
ou
L'INFLUENCE DES LOCALITÉS

COMÉDIE-VAUDEVILLE EN CINQ TABLEAUX

EN SOCIÉTÉ AVEC M. PAUL DUPORT

Théatre des Variétés. — 18 Janvier 1833.

PERSONNAGES.	ACTEURS.
GUILLOIS, secrétaire général d'un ministère.	MM. Lhérie.
DUGRAVIER, riche marchand de bois.	Bosquier-Gavaudan.
ALFRED, cousin de Guillois.	Hippolyte.
LA GIRANDOLE.	Vernet.
LORMOY, député.	Alexis.
DUPRÉ, valet de Guillois.	Charlet.
Mme DUGRAVIER.	Mlle Pauline.

Solliciteurs et Solliciteuses. — Convives de Guillois.

A Paris, dans l'appartement de Guillois.

LE
VOYAGE DANS L'APPARTEMENT
ou
L'INFLUENCE DES LOCALITÉS

Premier tableau.

Une antichambre garnie de banquettes.

SCÈNE PREMIÈRE.

LA GIRANDOLE, DUPRÉ, Gens qui attendent en lisant les journaux.

TOUS.

AIR du *Siège de Corinthe* (3e Chœur).

Avons-nous assez fait antichambre !
Quel ennui d'être solliciteur !
Il faudrait de janvier en décembre
Tenir ferme à ce poste d'honneur.

LA GIRANDOLE, à Dupré, d'un air humble.

Monsieur, ce n'est pas que je sois pressé, mais, est-ce que je ne pourrais pas entrer tout de suite?... si vous vouliez annoncer monsieur de la Girandole... voilà déjà cinq grands quarts d'heure que j'attends.

DUPRÉ, à part.

J'aime beaucoup ça, il se plaint d'attendre et il a un habit râpé... un homme qui ne connaît pas les usages... (Haut.) Monsieur, désolé, chacun son tour.

LA GIRANDOLE.

Mais, ce monsieur qui était derrière moi, qui a passé avant.

DUPRÉ.

Ah! c'est différent, un député ça se permet tout.

LORMOY, sortant de la chambre.

Comment! c'est une horreur, j'arrive jusqu'à sa chambre ; impossible d'entrer, vérouillé en dedans... est-ce que monsieur le secrétaire général ne serait pas seul ?... est-ce qu'il donne des audiences à... patience, je l'arrangerai bien auprès de son ministre...

(Il s'en va en marchant sur le pied de la Girandole.)

LA GIRANDOLE, en colère.

Aïe!... prenez donc garde... ah! c'est le député... monsieur je vous demande bien pardon.

SCÈNE II.

Les Mêmes ; DUGRAVIER et Mme DUGRAVIER.

DUGRAVIER.

Monsieur Guillois ?

DUPRÉ.

Monsieur... (On sonne dans l'appartement.) Pardon, si monsieur et madame veulent s'asseoir...

(Il entre dans la chambre de Guillois.)

DUGRAVIER, à sa femme.

Nous asseoir !... ah ! çà, c'est-à-dire qu'il faut faire antichambre ; eh ! bien, voyez-vous, madame Dugravier, rien qu'une telle impertinence...

AIR du Vaudeville de *Turenne*.

Veut-il par là singer nos ministères?
Qu'il prenne garde, on tombe et sans retour.

Mme DUGRAVIER.

Mon cher ami, dans les affaires,
Ce doit être comme en amour ;
Soit qu'une belle, ou qu'un ministre donne,
Les faveurs n'ont de prix que par le choix;
Car écouter tout le monde à la fois,
Ce serait n'écouter personne.

DUGRAVIER.

C'est donc pendant mon voyage que vous avez fait sa connaissance?

Mme DUGRAVIER.

Oui, mon ami, dans une soirée où j'avais mené Élisa, votre fille... car, quoique belle-mère, vous savez que je la regarde comme ma sœur.

DUGRAVIER.

Oui, vous aimez le bal autant qu'elle, c'est tout simple... vous êtes plus jeune que moi, et puis, en mon absence, il fallait bien vous égayer...

Mme DUGRAVIER.

M'égayer! quelle injustice!... apprenez, monsieur, que, quand je vais au bal, c'est par devoir, oui, pour votre fille... c'est par tendresse maternelle que je danse... afin de favoriser son établissement. Elle a dix-huit ans, il lui faut un mari; et comme vous êtes un des plus riches marchands de bois de la capitale...

DUGRAVIER.

Mais, ce monsieur Guillois, est-ce un parti convenable? pourra-t-il lui plaire?

Mme DUGRAVIER.

Nous l'avons vu dans les plus brillants salons... on disait : « C'est M. Guillois, secrétaire général d'un de nos premiers ministères, qui a des chances pour devenir peut-être un jour ministre. » Je m'attendais à de la morgue, de la hauteur... pas du tout... un homme charmant... la complaisance, la bonté même.

DUGRAVIER.

Je crois bien, tout le monde est charmant dans un salon... mais qu'est-ce que cela dit? qu'on a réservé son amabilité pour ce moment-là, et la dépense qu'on en fait le soir prouve souvent les économies du matin... Oui, nous vivons dans un siècle caméléon, où l'on prend une physionomie nouvelle, non pas chaque jour, mais à chaque instant de la journée, selon l'heure et surtout selon les lieux où l'on se trouve... Cet homme qui, le matin en se levant, faisait dans sa chambre à coucher des projets de sagesse ou de bienfaisance, quelques heures après vous le verrez dans son cabinet, avide, cruel, intéressé... plus tard, ce sera un épicurien dans sa salle à manger... un libertin dans son boudoir... C'est donc chez lui que je veux juger mon gendre.

Mme DUGRAVIER.

Aussi, hier soir, à votre arrivée, je vous ai dit: allons demain chez lui... vous y voilà, vous allez faire connaissance.

DUGRAVIER.

Oui, avec son antichambre !

Mme DUGRAVIER, prenant un journal.

Tiens... le journal des modes!

LA GIRANDOLE.

Voilà le huitième quart d'heure, je crois que je ferai bien de marcher un peu pour me dégourdir.

DUGRAVIER, l'abordant.

Monsieur est fatigué?

LA GIRANDOLE.

Oui, monsieur, d'être assis.

DUGRAVIER.

Monsieur sollicite un emploi ?

LA GIRANDOLE.

Tout ce qu'on voudra, monsieur, je ne tiens qu'à avoir de quoi vivre... c'est pour ça que je voudrais changer de position ; d'ailleurs, j'ai fait tous les métiers... dans ce moment-ci, n'ayant plus rien à faire, je fais des projets, et, comme M. Guillois dispose, par sa place, des fonds secrets... comme il y en a maintenant dans tous les ministères, depuis le système de la publicité, je viens lui proposer un moyen sûr de gagner des millions, afin qu'il m'avance dessus la bagatelle de cent écus.

DUPRÉ, sortant de la chambre.

Messieurs, mon maître me charge de vous faire des excuses et de vous inviter à revenir demain.

TOUS.

Ah ! ah !

LA GIRANDOLE.

Oui, monsieur... mais, moi, je ne puis pas attendre...

DUPRÉ.

Est-ce que vous venez de la part de M. Thouvenel ?

DUGRAVIER.

Thouvenel, l'agent de change ?

DUPRÉ.

Oui, il doit envoyer à monsieur un secrétaire que nous attendons.

DUGRAVIER, à part.

Ah ! il attend un secrétaire recommandé par Thouvenel, mon agent de change... (Haut.) Venez, ma chère amie, venez.

Mme DUGRAVIER.

Et votre visite ?

DUGRAVIER.

J'ai changé d'idée... un moyen plus sûr, je vous ferai part... c'est-à-dire, non... parce que vous trahiriez mon secret.

(Dugravier et sa femme sortant.)

SCÈNE III.

LES MÊMES, excepté M. et Mme Dugravier.

LA GIRANDOLE.

Allons ! en voilà qui se découragent, ils s'en vont déjà... tant mieux, il en restera moins à passer... Moi, inébranlable à mon poste... c'est avec une noble persévérance d'antichambre qu'on parvient, comme je le dis chapitre deux, page quatorze, de mon livre sur l'art de faire fortune, ainsi donc je ne bouge pas.

DUPRÉ.

Monsieur, est-ce que je ne vous ai pas dit ?...

LA GIRANDOLE.

Oui, monsieur... mais je réclame une exception... ne fût-ce que par droit d'ancienneté.

TOUS.

C'est moi... j'étais avant lui !

DUPRÉ.

Messieurs... une insurrection, une émeute d'antichambre !... Il n'y a plus moyen d'administrer... allons, messieurs, retirez-vous.

LA GIRANDOLE, reculant.

Me retirer !... non... j'attendrai en bas... votre maître sortira peut-être et, alors, je le prends au passage... quand la persévérance d'antichambre ne réussit pas, persévérance de porte cochère !... je ne sors pas de là.

AIR de *Fernand Cortez.*

Ensemble.

DUPRÉ.

Votre humble serviteur !
Sans bruit descendez dans la rue ;
Messieurs, je vous salue,
Et surtout point d'humeur.

TOUS.

En bon solliciteur
Ai-je assez fait le pied de grue !
M'envoyer dans la rue,
C'est vraiment une horreur !

(Ils sortent tous.)

Deuxième tableau.

Une chambre à coucher en désordre, les rideaux du lit sont fermés... les habits de Guillois et tous les accessoires de la toilette épars sur les meubles ; un gant long est étendu sur le dos du fauteuil.

SCÈNE PREMIÈRE.

GUILLOIS, en négligé du matin, assis nonchalamment, les jambes sur les bras du fauteuil, il tient un pot de fleurs qu'il respire.

AIR : Une robe légère.

Ces fleurs que je cultive
Délassent mes esprits,
Avant que l'heure arrive
Du trouble et des soucis,
Des champs, de leur verdure
Je crois me rapprocher ;
Et j'aime la nature
Dans ma chambre à coucher.

Il faut avouer que je suis un gaillard bien heureux... tout me sourit, tout m'arrive à souhait, excepté les visites et les épîtres du matin... (Il prend une lettre sur la table.) Ah! c'est de la petite femme de mon avocat... « Mon mari va plaider à « Rouen, ce soir... » soit! peut-être bien... elle est assez piquante, c'est comme ça qu'elle a fait des clients à son mari... et il a une nombreuse clientèle... (Il prend une autre lettre.) Qu'est-ce que c'est que ça?... « Un père de famille... « pour élever mes enfants... ma détresse... » pauvre diable!... ça fend le cœur... pourquoi ne s'est-il pas adressé à moi plus tôt? je lui aurais conseillé de rester garçon... Enfin donc, me voilà considéré, on me recherche, j'attire tous les yeux.

(Il se lève.)

AIR : Dans ma chaumière obscure. (*Toberne*.)

J'ai de l'esprit; on cite
Mes bons mots que je prends
A des gens de mérite,
Qui sont de pauvres gens.
Leur chétive tournure
Enterre un joli trait,
Cette saillie obscure
Qu'un homme à pied risquait,
Je la lance en voiture,
Et ça fait de l'effet,
Voilà, voilà tout le secret.

(On frappe à la porte.

Que diable!... qui vient m'interrompre?... on ne peut pas être un instant seul avec soi-même... Qui est-là?

ALFRED, en dehors.

Ouvre donc... c'est moi!

GUILLOIS.

Ah! c'est toi, Alfred?... attends...

(Il va ouvrir.)

SCÈNE II.

GUILLOIS, ALFRED.

GUILLOIS.

Bonjour, cousin. (Il se rejette dans sa bergère.) Qu'est-ce qu'on dit de nouveau dans Paris?

ALFRED.

Rien... et toi, comment cela va-t-il?

GUILLOIS.

Comme ça... fatigué, ennuyé.

ALFRED.

Et tes affaires?

GUILLOIS.

Ah! je ne sais pas, c'est bien assez de m'en occuper toute la journée... je n'ai que ma matinée à moi et j'en profite.

ALFRED, montrant le gant long.

Il y paraît.

GUILLOIS.

Ah! voilà de tes idées... tu ne penses qu'à cela.
(Il fredonne.)
    Oui j'aime la nature
    Dans ma chambre à coucher.

ALFRED.

Ah çà! écoute-moi... (Guillois s'étend et bâille.) je suis majeur, mon tuteur m'a rendu ses comptes... j'ai là cent mille francs en portefeuille... je viens te les confier!

GUILLOIS.

A moi, cousin?

ALFRED.

Oui, sans doute.

AIR du vaudeville de *la Petite sœur*.

Enrichi par ton seul talent,
Tu peux me dire avec franchise,
Dis-moi, mon cher, avec franchise,
Ce que l'on fait de son argent,
Et comment on l'économise;
Je l'ai toujours mal employé,
Car je ne m'entends qu'aux dépenses.

GUILLOIS.

C'est déjà plus de la moitié
Du système de nos finances.
Vois nos finances...

Allons, par amitié pour toi je prendrai ton argent... je t'associerai à mes opérations de Bourse.

ALFRED.

Tu joues à la Bourse, toi?

GUILLOIS.

Sans doute... quand on a, par sa place, les nouvelles avant tout le monde, ce n'est plus un jeu.

ALFRED, à part.

Non, c'est mieux que cela.

GUILLOIS.

Autrefois on se servait de sa fortune pour arriver aux places; maintenant il faut employer les places à faire sa fortune; et puis, j'ai en projet un grand mariage... une riche dot, parce que la place s'en va et la dot reste.

ALFRED.

Ta confidence amène celle que j'ai encore à te faire.

GUILLOIS.

Comment?

ALFRED.

Oui, une jeune personne charmante que je voyais souvent à la pension de ma sœur... et dont je suis amoureux, c'est Mlle Élisa, la fille de M. Dugravier.

GUILLOIS, à part.

Dugravier! ah! mon Dieu! (Haut.) Mais n'est-ce pas un marchand de bois de l'île Saint-Louis, et il me semble, cousin, qu'une pareille alliance...

ALFRED.

Conviendrait à tout le monde... un marchand de bois millionnaire!... mais ce n'est pas là ce qui me décide, j'épouserais la fille sans dot... et voilà ce que je voudrais faire entendre à la famille. M. Dugravier le père, qui était allé acheter deux ou trois forêts, vient de revenir à Paris... je ne l'ai jamais vu.

GUILLOIS.

De ce côté-là, je ne puis pas te rendre service, je ne le connais pas non plus.

ALFRED.

Oui, mais en l'absence du mari, tu étais reçu dans la maison... on dit même que sa femme, qui est jeune et jolie, a pour toi beaucoup d'estime.

GUILLOIS.

Moi!... quelle idée!... nous n'avons, je te jure, aucune espèce de relation.

SCÈNE III.

Les Mêmes; DUPRÉ.

DUPRÉ.

Monsieur une lettre pour vous.
(Comme il est près d'Alfred, il lui donne la lettre que celui-ci remet à Guillois, et il sort.)

GUILLOIS.

Donne!...

ALFRED.

Tiens, cousin... je m'en vais, parce qu'il faut être discret... mais j'ai reconnu l'écriture... une main de femme.

GUILLOIS, d'un air d'amour-propre.

Bah !...

ALFRED.

Non ?... j'ai reçu de cette main deux ou trois billets d'invitation... c'est de la jolie dame dont nous parlions tout à l'heure (A voix basse.) Mme Dugravier.

GUILLOIS, avec une feinte incrédulité.

Allons donc...

ALFRED.

AIR du Pot de fleurs.

Dis-moi, la main qui traça cette adresse
(Il montre le gant long qui est sur le fauteuil.)
Avait-elle porté ce gant?

GUILLOIS.

Mauvais sujet !

ALFRED.

De la délicatesse,
Mais un billet si matin !... c'est charmant.
(A demi-voix et se penchant avec familiarité sur la bergère de Guillois.)
Si j'épousais, un jour, la belle fille,
Je t'avertis, et sans rien soupçonner,
Qu'il ne faudrait pas te donner
Les gants de toute la famille.

GUILLOIS, souriant.

Ah ! çà, finiras-tu ? a-t-on idée d'un libertin comme ça ?... ah !

(Il lui pousse la tête en badinant.)

ALFRED, avec abandon dans la même attitude.

Mon Dieu ! on ne te demande pas ton secret... on te prie seulement de faire agir ton crédit auprès de la belle-mère.

(Se redressant.) Adieu, je compte sur toi... et quand à mes fonds, je te les laisse.

GUILLOIS.

Sois tranquille... je te ferai faire des reports.

ALFRED.

Je ne comprends pas.

GUILLOIS.

Ce n'est pas nécessaire, tu feras comme tant d'autres... une fortune incompréhensible.

ALFRED.

Ça te regarde... enrichis-moi... je vais déjeuner au Café Anglais.

(Il sort.)

SCÈNE IV.

GUILLOIS, seul.

Une confidence fort embarrassante, et que je ne lui demandais pas... aimer la femme sur laquelle j'ai jeté mes vues... moi, je me la suis promise avant lui... et je tiens toujours mes promesses, heureusement la belle-mère est pour moi.

SCÈNE V.

GUILLOIS, DUPRÉ.

DUPRÉ.

Monsieur, on attend la réponse.

GUILLOIS, le regarde fixement, Dupré baisse les yeux et s'éloigne.

Sans doute, c'est pour les fonds qu'elle m'a chargé de faire valoir à la Bourse avec les miens; c'est amusant d'être le courtier marron d'une jolie femme. Voyons... « Mon mari

« est de retour... il doit vous éprouver ce matin... j'ignore
« par quel moyen, sous quel déguisement... tenez-vous sur
« vos gardes... » Allons, encore une épreuve! c'est bien
usé... même au théâtre... n'importe... une fois prévenu je
devine bien à peu près... (Appelant.) Dupré!...

DUPRÉ.

Monsieur?

GUILLOIS.

Parmi les gens qui sont venus me demander ce matin, n'y
avait-il pas quelqu'un en costume ridicule, pauvre?

DUPRÉ.

Oui, monsieur... et même il n'a jamais voulu s'en aller...
il est encore en bas... il dit qu'il faut absolument qu'il vous
voie.

GUILLOIS, à part.

C'est ça même. (Haut.) Eh! bien, faites-le entrer.

DUPRÉ.

Quoi, monsieur?

GUILLOIS.

Amenez-le sur-le-champ, et ayez pour lui les plus grands
égards...

(Dupré sort.)

SCÈNE VI.

GUILLOIS, seul.

Ce brave homme! il faut qu'il me trouve à travailler...
des livres, du papier autour de moi... j'aurai passé la nuit...
Ah! diable, ôtons ce gant-là... voici le beau-père.

(Il se place dans l'attitude d'un homme qui travaille.)

SCÈNE VII.

GUILLOIS, LA GIRANDOLE et DUPRÉ.

LA GIRANDOLE, à part.

Ah! enfin! voilà ce que c'est que d'avoir tenu bon à la porte cochère.

DUPRÉ, s'approchant de son maître avec précaution.

Monsieur... c'est M. de la Girandole.

GUILLOIS, riant en secret.

La Girandole! un nom bizarre! c'est ça... (Haut, en se levant.) Monsieur, mille pardons de vous recevoir dans ma chambre à coucher... on vient de me dire à l'instant que vous étiez ici... désespéré que vous ayez attendu...

LA GIRANDOLE.

Monsieur, rien que treize quarts d'heure... ce qui revient à trois heures un quart.

GUILLOIS, à Dupré.

Comment, Dupré, il serait possible...

DUPRÉ.

Dame! monsieur s'avise de venir avant huit heures.

GUILLOIS.

Sortez... et à l'avenir quand monsieur...

LA GIRANDOLE.

La Girandole.

GUILLOIS.

Viendra, j'y serai toujours pour lui. (Dupré sort, Guillois avance un fauteuil.) Monsieur, prenez donc la peine...

LA GIRANDOLE.

Trop bon... je n'ai qu'un mot à vous dire.

(Ils s'asseyent.)

GUILLOIS.

Je vous écoute. (A part.) Supérieurement déguisé... il n'a pas plus l'air d'un homme comme il faut... moi, si je l'avais vu, je ne le reconnaîtrais pas.

LA GIRANDOLE.

Monsieur, j'ai remarqué que dans notre siècle, la mode était de mettre tout en théorie... l'un compose l'art d'être heureux... l'autre, l'art de payer ses dettes... celui-ci nous donne l'art de ne pas monter sa garde... celui-là, l'art de fixer les femmes... moi, monsieur, j'ai réuni tous ces secrets-là en un... j'ai composé l'art de faire fortune.

GUILLOIS.

Comment donc, monsieur, un livre très intéressant. (A part.) Le beau-père est un original.

LA GIRANDOLE.

Monsieur, mon livre est encore en manuscrit; tous les libraires m'ont conseillé de mettre la théorie en pratique ; et, pour cela, d'ouvrir une souscription, parce que, si j'ai seulement pour souscripteurs tous ceux qui désirent faire leur fortune, me voilà déjà sûr de la mienne.

GUILLOIS.

Bravo! bien calculé... et dans ce siècle un homme qui calcule doit arriver à tout!

LA GIRANDOLE, à part, avec enthousiasme.

Voilà un homme aimable... un homme qui ne me met pas à la porte!

DUPRÉ, entrant.

Quelqu'un qui demande à parler à monsieur.

GUILLOIS.

Faites entrer... je ne dois faire attendre personne.

(Dupré sort, ils se lèvent.)

LA GIRANDOLE.

Un excellent principe, monsieur.

GUILLOIS.

Monsieur, c'est le devoir des hommes en place.

LA GIRANDOLE.

Pourquoi tous les hommes en place ne font-ils pas leur devoir !

GUILLOIS.

Je reçois tout le monde... je suis poli avec tout le monde... c'est mon idée... c'est ma manie, c'est une maladie si vous voulez.

LA GIRANDOLE.

Plût au ciel qu'elle devînt contagieuse, quelle agréable épidémie ! ça vaudrait mieux que le choléra ; j'en ris à présent, parce que le fléau est passé.

SCÈNE VIII.

Les Mêmes ; DUGRAVIER et DUPRÉ.

DUPRÉ.

Monsieur Noirot.

DUGRAVIER, à Guillois.

Monsieur, c'est de la part de M. Thouvenel. (A part, apercevant La Girandole.) Ah ! cet imbécile de tantôt.

LA GIRANDOLE, à part.

Voilà un homme qui a causé avec moi.

GUILLOIS, à la Girandole.

Vous voyez ma situation, assailli de tous côtés... écrasé d'affaires... et pourtant personne n'a jamais été moins ambitieux, mon seul but serait de me créer une existence tranquille... de me marier le plus tôt possible, de rendre ma femme heureuse, d'établir mes enfants... de leur donner à chacun vingt-cinq ou trente mille livres de rente... comme au temps du patriarche !

LA GIRANDOLE.

Ah ! monsieur !... Les femmes, les enfants... le bonheur ! je parle de tout cela dans mon dernier chapitre intitulé : « *de l'art de jeter l'ancre dans le fleuve de la vie.* »

GUILLOIS.

Dieu ! comme c'est touchant ! revenez tantôt et nous dînerons ensemble.

LA GIRANDOLE.

Oh ! monsieur ! (A part.) Voilà un homme qui mérite bien tout ce que je veux faire pour nous deux.

GUILLOIS, le reconduisant.

AIR de un jour à Paris.

Permettez qu'avec vous je sorte,
Car vous pourriez faire un faux pas.

LA GIRANDOLE.

Je sais le chemin de la porte,
C'est un chemin facile, hélas !
(A part.)
Tous les gens riches de la ville
Ont toujours su me le montrer ;
Et pour moi le plus difficile
N'est pas de sortir, mais d'entrer.

Ensemble.

GUILLOIS.

Permettez, monsieur, il n'importe,
Car vous pourriez faire un faux pas ;
Sans vous avoir mis à la porte,
Monsieur, je ne vous quitte pas.

LA GIRANDOLE.

Votre politesse est trop forte,
Que n'est-elle moins rare, hélas !
Je sais le chemin de la porte,
Et je ne m'y tromperai pas.

DUGRAVIER.

Pour un homme de cette sorte,

Tant d'égards, de soins délicats!
Quoi!... le reconduire à la porte?
Non, d'honneur! je n'en reviens pas.

DUGRAVIER, à part.

Moi qui accusais d'impertinence mon gendre en perspective... Reconduire un pauvre diable qui n'a pas le sou!... c'est le luxe de la politesse.

GUILLOIS, à part revenant.

J'ai séduit le beau-père... Ouf!... Ça fatigue d'avoir à tromper dès le matin... Quand on dérange ses heures... (Haut à Dugravier.) Ah! à nous deux.

DUGRAVIER.

Mon nom est Noirot, et je viens...

GUILLOIS.

Je sais bien... pour être mon secrétaire particulier... C'est une affaire convenue. Vous pouvez vous faire installer dans mon cabinet... Ah! un mot... ne dites jamais ici que c'est à la recommandation de M. Thouvenel, mon agent de change, je ne veux pas que l'on sache que j'ai des relations...

DUGRAVIER, à part.

Pourquoi donc ça?

GUILLOIS.

D'autant que je vais me marier.

DUGRAVIER.

Ah! monsieur va...

GUILLOIS.

Oui, je dois commencer à mener une vie plus sérieuse, à avoir des pensées plus graves... (A Dupré.) Vous passerez chez Maurice Schelsinger prendre les contredanses de Nathalie pour mon bal de ce soir. (A Dugravier.) Cette agitation perpétuelle, ce tumulte, ce fracas, tout cela ne me convient plus. (A Dupré.) N'oubliez pas, demain, ma stalle aux Bouffes, si Rubini chante. (Dupré sort. Guillois s'assied avec mollesse et pendant que l'orchestre joue à la sourdine l'air du *Muletier*, il continue nonchalamment :) Eh! mon pauvre Noirot, on est bien heureux de pouvoir se retirer à la campagne... (Il bâille.) l'ombre d'un arbre au bord d'un ruisseau... (Il étend les bras.) simplicité... repos de la vie champêtre... (Il ferme les yeux.) doux charme de mes matinées... Si l'on me demande, vous direz que je travaille à un rapport pour faire arriver les employés deux heures plus tôt.

DUGRAVIER, qui l'a observé.

Allons, c'est un fou... mais il a l'air d'un bon enfant.

(Il sort.)

GUILLOIS, rêvant sur les dernières mesures de l'air du *Muletier*.

Soixante-neuf... trente mille francs en ma faveur... Tu es gentille comme ça, va... que tu es bête d'être jalouse! je te dis que je t'adore.

(Il se retourne dans sa bergère.)

Troisième tableau.

Le cabinet de Guillois.

SCÈNE PREMIÈRE.

DUGRAVIER, seul.

Il est à la Bourse, et j'ai eu le temps de passer chez moi, et de tout raconter à ma femme... Elle était enchantée de me voir satisfait... Elle affectionne beaucoup ce monsieur Guillois, et quant à ma fille... elle est triste, mélancolique... Ou je me trompe fort, ou il y a là-dessous quelque inclination... Au fait, son caractère gai... ouvert... c'est tout en ménage.

AIR de *Préville et Taconnet*.

Par le douaire qu'on stipule,
De la future on croit fixer le sort ;]

Que le mari soit brutal, ridicule,
Il la rendra très heureuse à sa mort,
Car le douaire efface plus d'un tort ;
En attendant que ce douaire vienne
D'un sot époux faire un défunt charmant,
Ne pourrait-on stipuler prudemment
Que, quelquefois monsieur prendra la peine
    D'être aimable de son vivant?
Oui, stipulons qu'il doit prendre la peine
    D'être aimable de son vivant.

Si mon gendre futur a été un peu étourdi, un peu dissipé avant son mariage, il n'en sera que plus sage après... du moins, quand il rentrera dans sa maison, il rapportera toujours un visage riant et de bonne humeur... Ah! mon Dieu! c'est lui, quelle physionomie!

SCÈNE II.

DUGRAVIER, GUILLOIS.

GUILLOIS, l'air sombre, le chapeau sur la tête, se promenant sans voir Dugravier.

Mauvaise nouvelle... Je jouais à la hausse !... tout d'un coup une baisse effroyable... cent mille francs de différences à payer... et quand je veux changer de système... mon agent de change qui ne veut plus opérer pour moi, qu'au comptant... Heureusement j'avais l'argent d'Alfred... je l'ai donné... je vais regagner, et au delà, tout ce que j'ai perdu.

DUGRAVIER, à part.

Comme il a l'air agité. (S'avançant.) Monsieur ?...

GUILLOIS, brusquement.

Qu'y a-t-il? que me voulez-vous ? laissez-moi tranquille... quand je suis dans mon cabinet, il ne faut pas qu'on m'interrompe.

DUGRAVIER.

Je voulais seulement vous demander...

GUILLOIS, avec emportement.

Quoi ?... ça ne vous regarde pas... Je vous ai pris pour écrire et non pas pour parler... copiez-moi cette circulaire et taisez-vous.

DUGRAVIER, à part.

Je n'en reviens pas ! quel changement ! ce ne sont plus les mêmes traits, ce n'est plus le même homme.

GUILLOIS, continuant à se promener.

Serrons ce portefeuille... les fonds secrets que je viens de toucher au Trésor, pour le mois... ma foi, si je n'avais pas eu l'argent d'Alfred, c'était environ la même somme et j'aurais pu... Oh ! non, non ! pas d'imprudence... surtout quand on a des ennemis, et j'en ai... ce Lormoy ! il n'y a pas d'ennemis plus dangereux que les anciens protecteurs.

SCÈNE III.

Les Mêmes; DUPRÉ.

DUPRÉ.

M. Alfred Guillois.

GUILLOIS.

Encore lui... je n'y suis pas.

DUPRÉ.

Dame ! monsieur, comme c'était votre cousin...

GUILLOIS.

Raison de plus... quand je suis en affaires, il n'y a plus de parents. (A part.) Comme si un homme en place avait le temps d'avoir de la famille !

DUPRÉ.

Dame ! monsieur, le voici !

GUILLOIS.

Comment, imbécile ! tu laisses la porte ouverte ! C'est bon, laissez-nous.

(Dupré sort, Alfred entre.)

SCÈNE IV.

LES MÊMES, excepté Dupré, ALFRED.

ALFRED.

Monsieur, il faut absolument que je vous parle.

GUILLOIS.

Qu'y a-t-il, cousin?

ALFRED, à demi-voix.

Il y a, monsieur, que vous êtes un fourbe.

GUILLOIS.

Qu'est-ce à dire ?

ALFRED.

Moi, votre cousin, qui vous regardais comme mon ami, qui étais venu vous confier mon amour pour Mlle Dugravier...

DUGRAVIER, à part, devant un bureau.

Que dit-il ?

ALFRED.

Être capable d'une si abominable trahison, d'une noirceur comme celle-là !...

GUILLOIS.

Ah çà ! ne viens pas faire de sentiment dans mon cabinet... je n'ai pas le temps de rire.

ALFRED.

Comme, ce matin, je me présente dans la maison... par hasard, Mlle Élisa était seule au salon... « Partez, me dit-elle en pleurant, mon père a vu votre cousin... il en est enchanté, il veut que je l'épouse... c'est vous seul que j'aime... mais il ne faut plus nous voir... car jamais je ne désobéirai à mon père. » .

DUGRAVIER, à part.

Ma pauvre fille !... il se pourrait !...

GUILLOIS, avec dureté.

Tu vois donc bien, il n'y a pas de ma faute, je ne peux pas empêcher le père de la jeune personne de me trouver aimable.

ALFRED.

Patience... j'irai trouver M. Dugravier, il est bon... il aime sa fille... je lui avouerai mon amour... il verra que ce n'est pas l'intérêt qui me guide... car moi je n'ai pas besoin d'une dot pour spéculer à la Bourse.

GUILLOIS.

Qu'est-ce à dire ? des personnalités... quand je suis chez moi !...

ALFRED, avec sang-froid.

C'est la dernière fois que j'y viens, tout est fini entre nous; vous allez me rendre mes fonds... je ne veux pas vous devoir plus longtemps un service.

GUILLOIS.

Comment, te rendre tes fonds...

ALFRED.

N'avez-vous pas cent mille francs à moi ?

GUILLOIS.

Je les ai.,. je les ai... sans doute... mais je ne peux pas m'occuper de cela dans ce moment-ci... j'ai mes affaires aussi à moi... et on ne peut pas toujours se dévouer pour les autres.

ALFRED.

Il n'y a pas besoin de dévouement... il suffit de me remettre mes billets de banque...

GUILLOIS.

Encore une fois, je te dis que tu me troubles dans mes opérations... c'est positif... reviens plus tard.

ALFRED.

Je ne m'en irai pas sans les avoir.

GUILLOIS.

C'est-à-dire que tu te défies de moi... il n'y a pas d'exemple d'un pareil manque de délicatesse.

(Il se promène à grands pas et avec colère.)

DUGRAVIER, se levant, à part.

S'il ne les rend pas... c'est fini, je sais à quoi m'en tenir.

DUPRÉ, entrant et annonçant.

Monsieur de la Girandole.

(Il sort.)

GUILLOIS, à part, avec inquiétude.

Ciel! le beau-père! (Haut.) Certainement j'ai le droit de me plaindre et de me croire blessé... mais puisque tu le veux absolument. (A part.) Dieu! quel moyen... il n'y en a pas d'autre... les fonds secrets... je n'en dois rendre compte qu'à la fin du mois... nous sommes au premier... et d'ici là, j'aurai regagné à la Bourse.

SCÈNE V.

Les Mêmes; LA GIRANDOLE, entrant.

ALFRED.

Ah ça! finirons-nous?...

GUILLOIS, à la Girandole.

Monsieur, me permettez-vous de terminer avec un cousin qui se fâche contre moi, et me retire des fonds... par suite d'une rivalité d'amour...

LA GIRANDOLE.

D'amour?...

6.

GUILLOIS, d'un air confidentiel.

Oui, monsieur, c'est Mlle Dugravier, une charmante personne que j'adore et qu'il veut m'enlever... mais chut !...

LA GIRANDOLE.

Oui, chut !... je vous comprends.

GUILLOIS, à Alfred.

Je t'avoue que ces fonds... j'en avais déjà disposé... car tu connais mon cœur, mon habitude n'est pas de laisser dormir les capitaux qu'on me confie... mais ce n'est pas moi que cent mille francs peuvent gêner... Tiens... ce portefeuille... (Il donne le portefeuille des fonds secrets.) la somme s'y trouve... et quant à notre rivalité, j'en suis désolé... mais je ne puis pas, non plus, renoncer à une passion aussi forte que la mienne... tout ce que je puis faire est de n'influencer en rien la famille ; et c'est au père de celle que nous aimons, c'est au bon, à l'estimable, à l'excellent M. Dugravier, à choisir entre nous, n'est-il pas vrai ?

DUGRAVIER, à part.

Le voilà retombé dans la sensibilité, à présent.

GUILLOIS.

AIR du Galoubet.

Il jugera. (*Bis.*)

LA GIRANDOLE, d'un grand sang-froid.
Au fait, il doit juger, le père,
Car il n'est là, que pour cela.

GUILLOIS.
Et vous croyez qu'il se rendra,
A ma flamme pure et sincère ?

LA GIRANDOLE, lui serrant la main.
Oui, je juge que s'il est père...

DUGRAVIER, à part.
Il jugera ! (*Bis.*)

ALFRED.

C'est ce que nous verrons... Quoi qu'il en soit, je te déclare que je ne renonce à aucune de mes espérances, et que dès ce moment, nous ne sommes plus ni parents, ni amis.

GUILLOIS.

Et qu'est-ce que ça me fait? laisse-moi tranquille.

ALFRED.

Soit... je te l'ai dit, jamais je ne remettrai les pieds chez toi.

Ensemble.

AIR : Sortez à l'instant, sortez. (*Le Château de mon oncle.*)

GUILLOIS.

Monsieur, c'est assez de bruit,
Vous ébranlez mon crédit ;
En ces lieux désormais
Ne reparaissez jamais ;
Vite emportez votre argent,
Vous n'êtes plus mon parent,
  C'en est fait, mon courroux
  Rompt tout lien entre nous.

ALFRED.

Quand mon bonheur est détruit,
Que me fait votre crédit?
Avec vous désormais,
Je dois rompre pour jamais,
Je remporte mon argent,
Vous n'êtes plus mon parent ;
  C'en est fait, mon courroux
  Rompt tout lien entre nous.

DUGRAVIER, à part.

Son air confus, interdit,
Est suspect à mon esprit,
Et je veux désormais
Voir plus clair dans ses secrets.

(Alfred sort.)

GUILLOIS, à Dugravier.

Noirot, passez dans le bureau, vous y acheverez vos circulaires.

(Dugravier sort.)

SCÈNE VI.

GUILLOIS, LA GIRANDOLE.

LA GIRANDOLE.
Ce jeune homme me paraît d'un mauvais caractère... c'est-à-dire, il ne parviendra pas, parce qu'il dit tout ce qu'il pense... s'il avait lu mon livre, il saurait que la parole n'a été donnée à l'homme que pour l'aider à cacher sa pensée.

GUILLOIS.
Ah! monsieur, quelle maxime! c'est du Tacite.

LA GIRANDOLE.
Non, c'est tout bêtement l'art de faire fortune.

GUILLOIS.
Ah! oui, cette entreprise dont vous m'avez parlé et qui me sourit beaucoup, je pourrai m'y associer... que sait-on?

LA GIRANDOLE.
Moi, votre associé! voilà ce que je n'aurais osé vous proposer.

GUILLOIS.
Pourquoi donc pas? votre seule vue inspire tant de confiance...

LA GIRANDOLE, à part.
Je tiens mon million!... (Haut.) Ah! monsieur, que c'est généreux à vous d'enrichir le génie... vous qui, dans votre position, n'avez besoin de rien.

GUILLOIS, à part.

Diable! qu'est-ce qu'il dit donc là, le beau-père?... (Haut.) Sans doute... sans doute... Mais plus on gagne, et plus... vous savez... l'appétit vient en mangeant.

LA GIRANDOLE, à part.

Hélas! moi... il m'est toujours venu en ne mangeant pas.

GUILLOIS, à part.

Il faut le sonder pour la dot... (Haut.) Entre nous, il est des circonstances avantageuses où quelques centaines de mille francs qu'on aurait tout à coup entre les mains, serviraient à prendre un essor plus rapide.

LA GIRANDOLE.

A qui le dites-vous?... mais soyez tranquille, vous ne connaissez pas encore mes projets, et puisque vous avez parlé d'association... il y en aurait telle...

GUILLOIS, à part.

Il y vient... (Haut.) Oui, association... alliance...

LA GIRANDOLE.

C'est la même chose... et alors, ce ne serait pas des deux ou trois cent mille francs... non, monsieur, ce serait la moitié de ma fortune.

GUILLOIS, à part.

Vivat!... la mienne est faite.

LA GIRANDOLE, à part.

Me voilà lancé, mon livre imprimé, mon système adopté.

GUILLOIS.

Eh bien! mon cher monsieur, puisque nous nous entendons si bien, il ne faut plus de délais, plus de retards... dès aujourd'hui...

LA GIRANDOLE.

Soit! je dîne avec vous comme c'est convenu; en sortant de table, je passe chez moi... (A part.) Je prends mon manuscrit (Haut.) et vous pouvez être sûr que je ne reviendrai pas les mains vides.

GUILLOIS, à part.

A merveille... une avance sur la dot!... quoi qu'il arrive, me voilà hors d'embarras.

(Dupré entre.)

DUPRÉ.

Monsieur, un message du ministre.

GUILLOIS.

Vous permettez... les affaires... Dupré va vous conduire au salon, jusqu'à ce qu'on ait servi.

LA GIRANDOLE.

Je suis à vos ordres.

(Guillois le reconduit; La Girandole et Dupré sortent en se faisant des salutations.)

SCÈNE VII.

GUILLOIS, les regardant sortir.

C'est charmant; il continue son rôle à merveille. Mme Dugravier que j'avais instruite de la perte de ses dix mille francs, se désespère peut-être, je la consolerai... avec l'argent de son mari... Ciel! ce mot du ministre!... relisons encore : « Je vous adresse une demande de M. de Lormoy « pour obtenir quatre-vingt mille francs sur les fonds se- « crets... examinez-la, elle me paraît juste et utile. » Eh! non, non, elle ne l'est pas... elle ne peut pas l'être, je serais perdu... Oh! je veux faire, contre Lormoy, un rapport dans l'intérêt général... on le refusera... mais s'il insiste... Voilà bien les députés; à la Chambre, ils demandent des économies, et de l'argent dans les ministères.

SCÈNE VIII.

GUILLOIS, DUGRAVIER.

DUGRAVIER, entrant.

Monsieur, voici les circulaires.

GUILLOIS.

Des circulaires!... pourquoi?... qui vous en a chargé? de quoi vous mêlez-vous?

DUGRAVIER.

C'est vous qui tout à l'heure...

GUILLOIS.

Allez au diable... ça n'a pas le sens commun.

DUGRAVIER.

Mais, monsieur...

GUILLOIS.

Qu'est-ce que c'est?... je crois que vous vous permettez d'être fier... sortez... non, restez... (A part.) S'il fallait livrer les fonds dès ce soir. (Haut.) Mon cher ami, portez chez M. Derville, mon banquier, cette invitation pour mon bal.

DUGRAVIER.

Ah! une invitation...

GUILLOIS.

Et si l'on vous remet quelque chose, vous me l'apporterez sur-le-champ.

DUGRAVIER.

Ah! je comprends.

(Dupré entre.)

DUPRÉ.

Monsieur, le monde est arrivé au salon... et le dîner est servi...

(Il sort.)

GUILLOIS.

Le dîner!... le dîner... il s'agit bien de cela! (A part.) Je ne sais où donner de la tête... Est-ce qu'on a faim... est-ce qu'on dîne, quand on est dans les affaires?... (A Dugravier.) Eh! bien, vous n'êtes pas encore parti?...

DUGRAVIER.

Si, monsieur. (A part.) C'est étonnant, il n'a pas, dans son cabinet, le même caractère que dans sa chambre à coucher.

(Il sort.)

SCÈNE IX.

GUILLOIS, puis DUPRÉ et LA GIRANDOLE.

GUILLOIS.

Allons, cachons mon trouble à tous les yeux, surtout à ceux du beau-père... redoublons d'attentions auprès de lui, et de galanterie auprès de sa femme.

DUPRÉ.

Monsieur, on vous attend.

GUILLOIS.

(AIR : Me voilà! (La Clochette.)

Me voilà! (Bis.)
Je tremble, je frissonne.

VOIX, au dehors.

Guillois! Guillois!

GUILLOIS.

Me voilà! (Bis.)
Quel péril m'environne?
Comment, comment faire tête à l'orage?
(Très agité.)
Je sens, je sens, que j'étouffe de rage.

LA GIRANDOLE, passant sa tête par la porte.

Monsieur, le dîner refroidit.

GUILLOIS, prenant son air riant.

Me voilà (*Bis.*)

(Il sort avec la Girandole.)

Quatrième tableau.

Une jolie salle à manger.

SCÈNE PREMIÈRE.

GUILLOIS, DUPRÉ, LA GIRANDOLE, Convives, puis DUGRAVIER.

LES CONVIVES.

AIR de la marche des Hébreux.

Gai, gai, gai, quel plaisir entre amis
Bien unis!
Loin, loin, la tristesse!
Douce ivresse (*Bis*),
Gai, gai, tu viens charmer nos sens,
Et tu répands
Dans nos cœurs (*Bis*), ton allégresse!

GUILLOIS, levant son verre.

Allons, messieurs...

DUPRÉ, annonçant.

Monsieur le secrétaire!

GUILLOIS.

Allons, il vient me relancer jusqu'ici!

DUGRAVIER, entrant.

Monsieur, je viens pour un sujet important.

GUILLOIS.

A demain, mon ami, à demain les affaires sérieuses.
« Rien ne doit déranger l'honnête homme qui dîne. »

DUGRAVIER.

Mais l'affaire dont je voulais vous parler...

GUILLOIS, montrant la bouteille de vin de Champagne.

En voici une qu'il faut vider auparavant.

DUGRAVIER, sur le devant de la scène.

Je n'en reviens pas... lui, que j'ai vu, il y a une heure, si sombre dans son cabinet.

GUILLOIS, levant son verre.

Allons, du Champagne!... (A La Girandole.) Le trouvez-vous bon?

LA GIRANDOLE.

C'est le roi des vins.

GUILLOIS.

Vous disiez cela, tout à l'heure, de mon Sauterne.

LA GIRANDOLE.

Celui que je bois est toujours le meilleur.

GUILLOIS.

Vivat! voilà une maxime digne d'Épicure.

(On toit.)

DUGRAVIER, à part.

Comme il sable le Champagne! il ne s'attend peut-être pas à la réponse que je lui rapporte. (A Guillois.) Monsieur, rien qu'un mot, un seul...

GUILLOIS, riant.

Un mot... s'il en [dit deux, son congé est le troisième... voilà comme je suis, moi... ah! ah! ah!

(Il se lève.)

DUGRAVIER.

Monsieur, votre banquier accepte pour ce soir votre invitation (Appuyant), et il a ajouté qu'il avait pour vous tous les sentiments d'amitié et de confiance, mais qu'il n'a pas d'argent.

GUILLOIS.

Tant pis pour lui, une belle affaire qu'il manque... Ce qui m'inquiète le plus, c'est que le plum-pudding m'a semblé détestable... qu'en dites-vous monsieur de La Girandole ? faut-il changer mon cuisinier ?

LA GIRANDOLE.

J'aurais besoin de l'éprouver au moins encore une ou deux fois.

GUILLOIS.

Ah ! voilà de la conscience.

LA GIRANDOLE.

De la conscience !... oui, j'en ai en gastronomie, dans cet art trop calomnié de nos jours.

GUILLOIS.

Je bois à votre santé... Car vous allez étouffer. (Levant son verre.) Allons, messieurs, à l'amitié !

LA GIRANDOLE.

A l'amitié et à la fortune !

GUILLOIS.

Il a raison de ne pas les séparer, l'une ne va pas sans l'autre.

(Ils trinquent, un domestique présente un verre à Dugravier.)

TOUS.

AIR : Chantons, amis. (Wallace.)

Buvons, amis, buvons, buvons !
Du plaisir suivons les leçons,
Et dans notre ivresse unissons
Nos mains, nos verres, nos chansons !

GUILLOIS.

L'allégresse accompagne
Notre vaste appétit ;
La source de l'esprit
Pour nous coule en Champagne.

(Ils trinquent tous.)

TOUS.

Buvons amis, buvons, buvons ! etc.

(On se lève, les domestiques emportent la table.)

DUPRÉ, à Guillois.

Monsieur...

(Il lui parle bas.)

DUGRAVIER, à part.

Décidément il est impossible qu'un homme qui est si gai dans sa salle à manger et qui chante de si bon cœur, ait un mauvais caractère... peut-être que, ce matin, je l'ai jugé sur des apparences trompeuses.

LA GIRANDOLE.

Un joli jardin... c'est charmant.

(Il va au fond.)

GUILLOIS, bas à Dupré.

Comment ? madame Dugravier ?

DUPRÉ, de même.

Oui, monsieur, elle vous attend dans le jardin, pour vous parler en secret.

GUILLOIS.

C'est délicieux ! (Il se retourne et voit La Girandole au fond.) Ciel ! et son mari, qui de là, peut voir... Monsieur de La Girandole, eh bien !... est-ce que vous désertez ?...

(Les domestiques apportent un guéridon sur lequel sont les liqueurs et le café.)

LA GIRANDOLE.

Du tout... j'allais prendre l'air, pour être en état de reboire encore.

GUILLOIS.

Allons donc... et le café et les liqueurs !

AIR : Finale du premier acte du *Mariage de raison*.

GUILLOIS et LES CONVIVES, buvant du café et des liqueurs.

Allons, allons, prenons courage,

Épuisons ces flacons exquis,
De l'amitié qui nous engage
Chaque verre double le prix.

GUILLOIS, à Dugravier.

Mon cher ami, il faut que vous me rendiez un service... une jeune dame m'attend en secret ; chargez-vous d'occuper le mari, pendant que je vais emmener la femme dans mon boudoir.

DUGRAVIER.

Je comprends... le mari qu'il faut occuper, c'est M. de La Girandole !

GUILLOIS.

Précisément... mais la Girandole... n'est pas son vrai nom. (En confidence.) C'est M. Dugravier qui est déguisé.

DUGRAVIER, à part.

Que dit-il ?... (Haut.) Et la dame serait ?...

GUILLOIS.

Madame Dugravier, une femme charmante... c'est drôle, n'est-ce pas ?... et je compte sur toi, sur ton talent... pour que le mari ne se doute de rien.

DUGRAVIER, à part.

Eh bien ! par exemple... qu'est-ce que cela signifie ?...

DUPRÉ, bas à Dugravier.

M. Alfred demande à vous parler, il vous attend en bas.

DUGRAVIER.

C'est bien, j'y vais à l'instant.

Ensemble.

GUILLOIS et LES CONVIVES.

Allons, allons, prenons courage ! etc.

DUGRAVIER.

Ma femme !... elle semblait si sage !

Tromper le meilleur des maris !
Observons tout et point d'orage,
Évitons l'éclat et les bruits.

(Les convives et Guillois trinquent encore.)

Cinquième tableau.

Un boudoir élégant; au fond, une glace transparente donnant sur le jardin.
— Portes latérales.

SCÈNE PREMIÈRE.

DUGRAVIER, ALFRED, ils entrent par la porte à droite.

DUGRAVIER.

Jeune homme, je vous dis que je n'ai pas le temps.

ALFRED.

Mais, monsieur, il y va du salut de votre patron... vous sentez que pour me faire entrer dans cette maison, il fallait un motif de la dernière importance.

DUGRAVIER.

Parlez donc, mais dépêchez-vous, car d'un instant à l'autre... (A part, montrant un cabinet à droite.) Je me cacherai là.

ALFRED.

Pourquoi ne pas descendre par cet escalier que je connais... nous causerons plus librement dans le jardin.

DUGRAVIER.

Non, monsieur, j'ai des raisons pour ne pas quitter ce boudoir, ainsi arrangez-vous.

ALFRED.

Vous êtes le secrétaire de mon cousin, son homme de confiance... vous devez connaître ses affaires...

DUGRAVIER.

Il en est, du moins, que je crains de connaître.

ALFRED.

Alors, vous savez ce que je veux vous dire... Le bruit court que Guillois a perdu cent mille francs à la Bourse, et, ce qui me le ferait croire, c'est que le portefeuille qu'il m'a rendu, n'est pas celui que je lui avais apporté. Un papier, qui se trouvait mêlé parmi les billets de banque, m'apprend que ce sont des fonds secrets dont il a le dépôt... Pour l'honneur de ma famille, dites-lui, monsieur, qu'il s'expose au plus grand danger.

DUGRAVIER.

Quoi! jeune homme... ah! c'est bien... très bien, surtout de la part d'un rival.

ALFRED.

Ah! de ce côté, je n'ai plus d'espoir... tantôt, en sortant d'ici, j'ai couru de nouveau chez madame Dugravier, qui m'a fait un accueil glacial, et qui m'a dit que quand même mon cousin serait refusé par son mari, je n'aurais jamais son consentement.

DUGRAVIER.

Ah! elle vous a dit cela... c'est bon à savoir... Écoutez... quant à votre cousin, je ne sais pas encore si c'est un honnête homme ou...

ALFRED.

Monsieur...

DUGRAVIER.

Mais vous, vous méritez que je vous serve... Retournez, sur-le-champ chez M. Dugravier, et attendez-moi.

ALFRED.

Et si sa femme me renvoie encore de chez elle?...

DUGRAVIER, d'un ton douloureux.

De chez elle? elle n'y est pas...

ALFRED.

AIR : Mon cœur à l'espoir s'abandonne. (*Caroline.*)

Quoi, monsieur! quel mystère étrange!

DUGRAVIER.

Je dois me taire en ce moment,
Mais pour que votre hymen s'arrange,
Il ne faut qu'un événement. (*Bis.*)
Dugravier peut-être votre beau-père,
 (A part.)
Oui, si ma femme m'a trahi!

ALFRED.

Ah! quels vœux au ciel je vais faire
Pour que la chose ait lieu!

DUGRAVIER, à part.

Merci!

Ensemble.

DUGRAVIER.

Partez, sur ce mystère étrange
Je dois me taire en ce moment,
Mais pour que votre hymen s'arrange
Il ne faut qu'un événement.

ALFRED.

Quel est donc ce mystère étrange
Dont ici mon bonheur dépend?
Fasse le ciel que tout s'arrange,
Mais je n'y conçois rien vraiment!

(Alfred sort à droite.)

SCÈNE II.

DUGRAVIER, écoutant près de la porte à gauche qui est ouverte.

Il me semble qu'on ouvre la porte du cabinet, écoutons... je ne me doutais pas, ce matin, qu'en voulant établir ma fille, j'aurais encore ma femme à surveiller... C'est Guillois!...

il donne la main à une dame ! je ne puis croire encore... si vraiment, ils viennent de ce côté, et à sa toilette je la reconnais... c'est ma femme !... ma femme dans un boudoir, avec un autre que moi !... heureusement je suis là ; et quoiqu'il ne soit pas invité, l'hymen se trouvera en tiers dans le tête-à-tête.

(Il se cache dans le cabinet à droite.)

SCÈNE III.

GUILLOIS et Mme DUGRAVIER, entrant par la porte à gauche.

Mme DUGRAVIER.

Où me conduisez-vous ? je suis toute tremblante.

GUILLOIS.

Partout ailleurs nous serions remarqués.

Mme DUGRAVIER.

Je sais bien que vous allez être mon gendre... et pourtant les convenances...

GUILLOIS.

Les convenances... justement... c'est pour cela que je vous amène dans mon boudoir... (A part.) Je ne sais pas si c'est le vin de Champagne qui me fait voir double, mais elle me paraît deux fois plus jolie qu'à l'ordinaire... (Haut.) Allons, belle dame, ne vous tourmentez donc pas ainsi...

Mme DUGRAVIER.

Que je ne me tourmente pas !... fatale spéculation... le montant de ma pension perdu... et ce n'est rien encore, mais dix mille francs que mon mari m'avait confiés.

GUILLOIS.

Laissez donc... nos affaires vont au mieux, votre mari est enchanté de moi... Veuillez prendre la peine de vous asseoir. (Ils s'asseyent sur le divan.) Et d'ailleurs ne sommes-nous pas associés ?... tout ce qui est à moi est à vous... trop heureux si en revanche...

Mme DUGRAVIER.

Vous voudriez?... une pareille générosité...

GUILLOIS.

Du tout, belle dame... je ne suis pas généreux, parole d'honneur!... un sentiment mille fois plus vif...

Mme DUGRAVIER.

Je conçois que votre amour pour Élisa...

GUILLOIS.

Sans doute, elle est fort aimable, mademoiselle Élisa ; oh! je l'épouserai, mais pourquoi, belle dame? pourquoi?... pour me rapprocher de la femme la plus aimable et la plus spirituelle... pour vivre dans son intimité... pour la voir à chaque instant... et que sait-on?... pour la consoler peut-être de bien des ennuis secrets... car enfin, j'ai vu votre mari, et il faut lui rendre justice, quoiqu'il se soit bien déguisé, il n'avait pas besoin de cela pour paraître vieux et ridicule.

Mme DUGRAVIER.

Monsieur!...

GUILLOIS.

M'en voulez-vous de ma franchise?... c'est plus fort que moi... Concevez donc mon bonheur quand j'aurai acquis une fois le droit d'être partout votre cavalier... de vous conduire dans les bals, les fêtes, les plaisirs...

(Il veut lui prendre la main.)

Mme DUGRAVIER.

Laissez ma main... je n'ose vous comprendre.

GUILLOIS.

Osez... osez toujours...

Mme DUGRAVIER.

C'en est trop... je veux sortir.

(Ils se lèvent.)

GUILLOIS.

Me fuir?... ah! cruelle!

Mme DUGRAVIER.

Vous m'effrayez... la manière dont vos yeux se fixent sur moi...

GUILLOIS.

Et que pourriez-vous y lire, que vous ne sachiez déjà !... (Se jetant à ses pieds.) Madame, je vous adore.

Mme DUGRAVIER, fortement.

C'est une indignité !

(La Girandole frappe à la porte de gauche.)

GUILLOIS.

Quelqu'un.

Mme DUGRAVIER.

Grand Dieu ! si l'on me surprend ici, que dira-t-on ? quelle imprudence !

GUILLOIS, allant à la porte.

Qui frappe?... qui va là?... parlez...

LA GIRANDOLE.

C'est moi, monsieur.

GUILLOIS.

Ciel ! M. Dugravier !... (A Mme Dugravier.) C'est votre mari...

Mme DUGRAVIER.

Mon mari !... où me cacher ?...

GUILLOIS, lui indiquant le cabinet où est Dugravier.

Là, là, dans ce cabinet.

(Mme Dugravier entre dans le cabinet, et Guillois va tirer le verrou de la porte où frappe la Girandole.)

SCÈNE IV.

GUILLOIS, LA GIRANDOLE.

LA GIRANDOLE, entrant.

Pardon, monsieur, je vous cherchais... je vous dérange peut-être ?

GUILLOIS.

En effet... une personne qui sollicite, qui tient à ne pas être vue.

LA GIRANDOLE.

Il suffit, je me retire.

GUILLOIS.

Vous me ferez plaisir.

LA GIRANDOLE.

J'avais sur moi ce que vous savez... mais je reviendrai un autre jour.

GUILLOIS, à part.

L'argent... et ne pas oser le retenir...

SCÈNE V.

Les Mêmes; LORMOY.

LORMOY, entrant.

Ah! on le trouve enfin!... Tenez, monsieur Guillois, le ministre est moins récalcitrant que vous, il vient de m'ordonnancer un bon de quatre-vingt mille francs, sur vos fonds secrets... c'est payable à vue.

GUILLOIS, à part.

Que faire?

LORMOY.

Ça vous embarrasse?

GUILLOIS.

Moi? du tout!

LA GIRANDOLE.

Vous êtes en affaire, je vous laisse...

GUILLOIS, à La Girandole.

Ne vous éloignez pas.

LA GIRANDOLE.

Puisqu'il le veut, je reste.

LORMOY.

Eh bien !... j'attends.

GUILLOIS, à Lormoy.

Un instant... je suis à vous.

LORMOY.

Votre hésitation m'étonne... on n'est pas embarrassé pour une semblable bagatelle, quand on en paie davantage en différences sur la Bourse.

GUILLOIS, embarrassé.

Embarrassé... moi !... jamais.

ALFRED, en dehors.

Il faut que je le trouve, que je lui parle.

SCÈNE VI.

LES MÊMES ; ALFRED.

ALFRED, tirant Guillois à part.

Ah ! te voilà... écoute... tu es perdu... tout à l'heure je viens d'apprendre... Un monsieur Lormoy, ton ennemi, qui a su tes pertes à la Bourse, pour se venger de toi, a prévenu le ministre, et bientôt...

GUILLOIS, bas.

Tais-toi... je le sais, va-t'en.

SCÈNE VII.

LES MÊMES ; M. et Mme DUGRAVIER, puis DUPRÉ.

ALFRED, se retournant pour sortir.

Madame Dugravier...

GUILLOIS, à voix basse.

Imprudente!... (A Alfred, regardant La Girandole.) Tu ne vois donc pas son mari?

LA GIRANDOLE, à Guillois.

Monsieur, voilà une bien jolie femme.

GUILLOIS.

Comment, ce n'est pas la vôtre? et qui donc est son mari?

DUGRAVIER, s'avançant.

Moi!...

GUILLOIS, à part.

Qu'ai-je fait?... tous les malheurs à la fois! (Regardant La Girandole.) N'importe, ce capitaliste, quel qu'il soit, il peut venir à mon secours. (A La Girandole.) Monsieur, rappelez-vous votre promesse... je la réclame... donnez-moi...

LA GIRANDOLE, tirant un manuscrit.

Volontiers... voilà.

GUILLOIS.

Quoi donc?

LA GIRANDOLE.

Ce que je vous ai promis.

GUILLOIS, jetant un coup d'œil.

L'art de faire fortune... je suis ruiné!

LORMOY, à Guillois.

Je présume, mon cher, que vous n'avez pas besoin de leçons dans cet art-là... mais mon argent...

GUILLOIS.

Tout à l'heure, mon ancien ami.

LORMOY.

Tout de suite, quatre-vingt mille francs.

GUILLOIS, à part.

C'est fait de moi!

ALFRED, à part.

Il me fait peine (Bas.). Tiens, cousin, prends-les... les voilà... paye et sauve l'honneur de la famille.

(Pendant ce dialogue, La Girandole exprime bas à Lormoy la confiance que mérite Guillois par sa fortune.)

GUILLOIS.

Alfred!... (Haut à Lormoy.) Mon cher Lormoy, votre bon... voilà les fonds en échange. (La Girandole prend les billets et les passe à Lormoy d'un air de triomphe. — Jeu de scène comique. —) Une autre fois, apprenez à ne pas soupçonner légèrement.

LORMOY, à part.

Que dit-il? oui, voilà bien... moi qui le croyais perdu... je n'en reviens pas.

GUILLOIS, se retournant vers Dugravier.

Monsieur, vous avez pu me croire, dans cette journée, un peu changeant, bizarre ; je vous prouverai, du moins, que j'ai dans l'âme une générosité qui est immuable ; mon cousin aime votre fille, je renonce à sa main que je vous demande pour lui.

DUGRAVIER, à part.

Eh! bien, par exemple... a-t-il de l'effronterie!... (Haut.) N'importe, Alfred, j'ai vu votre conduite, vous serez mon gendre... n'est-ce pas, ma femme?

Mme DUGRAVIER.

Vous me pardonnez...

DUGRAVIER.

Votre fidélité... car cette épreuve a servi à m'en convaincre... et il y a si peu de maris qui obtiendraient ce résultat!

DUPRÉ, entrant avec un plateau chargé de gâteaux et de verres de punch, à Guillois.

Monsieur, tout le monde est réuni pour le bal.

GUILLOIS.

Faites circuler le punch, les glaces, les gâteaux.

LA GIRANDOLE, à part.

Vais-je m'en donner!... (A Guillois.) Un superbe coup d'œil.

GUILLOIS, bas à Dupré qui apporte un plateau.

Dupré, quand cet homme reviendra, vous le mettrez à la porte.

(La Girandole qui a déjà mis des gâteaux dans ses poches, va pour prendre une glace et un verre de punch sur le plateau de Dupré qui lui tourne le dos.)

DUGRAVIER.

De l'aplomb, de la suffisance... encore un nouveau masque... celui du salon.

Ensemble.

AIR : Belle au galant mystère. (*Amour et mystère.*)

GUILLOIS.

Le destin m'est propice !
Hâtons-nous d'en jouir,
Prévenons son caprice
En courant au plaisir.

DUGRAVIER, Mme DUGRAVIER, LORMOY.

Par sa gaieté factice
Il croit nous éblouir ;
Pour en avoir justice
Attendons l'avenir.

LA GIRANDOLE.

O jour pour moi propice !
Punch, gâteaux, quel plaisir
Buvons avec délice,
Mangeons jusqu'à mourir.

ALFRED.

Par sa gaieté factice
Il croit nous éblouir,
Mais du sort le caprice
Pour lui me fait frémir.

LES MALHEURS
D'UN AMANT HEUREUX

COMÉDIE-VAUDEVILLE EN DEUX ACTES

Théatre du Gymnase. — 29 Janvier 1833.

PERSONNAGES. ACTEURS.

M. DE THÉMINE . . . . MM. Paul.
BONNEVAL, propriétaire . . . . Numa.
ÉDOUARD, son fils . . . . Allan.
M. DE TORIGNI, général du département . Ferville.
UN DOMESTIQUE de madame de Simiane . Bordier.

HENRIETTE, fille de M. Bonneval. . . . . Mmes E. Forgeot.
HORTENSE, femme de M. de Torigni. . . . Allan-Despréaux.
Mme DE SIMIANE, jeune veuve. . . . . . L. Volnys.

Dans la maison de Bonneval aux environs de Dijon, au premier acte; et dans un château de Mme de Simiane au deuxième acte.

LES MALHEURS D'UN AMANT HEUREUX

ACTE PREMIER

Un grand salon; porte au fond et portes latérales. Sur le devant, à gauche de l'acteur, une table.

SCÈNE PREMIÈRE.

ÉDOUARD, HENRIETTE.

HENRIETTE.

Mon bon Édouard, mon cher frère, je te revois donc enfin pour deux mois !

ÉDOUARD.

Oui, je viens passer toutes mes vacances avec toi, chez mon père, dans cette maison où nous avons été élevés, et qui me rappelle de si doux souvenirs.

HENRIETTE.

Te voilà revenu ! le bonheur aussi ! nous allons recommencer nos promenades, nos lectures; tu verras comme j'ai arrangé ton appartement; tes livres de droit, ton herbier, tes pinceaux, tu retrouveras tout ce que tu aimais.

ÉDOUARD, lui prenant la main.

C'est déjà fait!...

HENRIETTE.

Mon bon frère!... comme je vais te soigner, te donner de bons petits repas!... car, depuis la mort de notre pauvre mère, c'est moi qui suis à la tête de la maison, et mon père dit que je ne m'en tire pas trop mal.

ÉDOUARD.

Tu es bien modeste!... il m'écrit que tu es un ange ; que, grâce à ton ordre, l'économie et l'opulence règnent dans son petit domaine, et qu'avec sa modique fortune il se croit un richard.

HENRIETTE.

En province, il est si aisé d'être riche à peu de frais ; et puis, te voilà avocat, tu ne lui coûtes plus rien ; au contraire, tu commences à plaider, à gagner quelque argent !...

ÉDOUARD.

C'est si peu de chose!... et depuis dix ans que mon père se gêne pour m'élever à Paris...

AIR du vaudeville de *Voltaire chez Ninon*.

Ses bontés, dès mes jeunes ans,
Des succès m'ont ouvert la route !
Ah ! quand rendrai-je à nos parents
L'or et les soins que je leur coûte !
Et lorsqu'avide de renom,
Je rêve honneur, gloire, opulence,
Ce n'est point par ambition,
Ce n'est que par reconnaissance !

HENRIETTE.

Cela viendra, j'en suis sûre ; ce n'est pas cela qui m'inquiète, c'est autre chose...

ÉDOUARD.

Et quoi donc?...

HENRIETTE.

La tristesse qui règne dans tes lettres....

ÉDOUARD.

Quelle idée !...

HENRIETTE.

Non, vraiment ; et la dernière encore que j'ai reçue de toi, et que j'ai là... (Prenant une lettre dans sa poche.) Non, ce n'est pas elle... (Elle la remet.) c'est de madame de Simiane, une ancienne amie, une comtesse !

ÉDOUARD, avec émotion.

Madame de Simiane !... tu es donc toujours bien liée avec elle ?...

HENRIETTE.

Autrefois, à la pension, c'était pour moi une sœur, une sœur aînée ! mais depuis, tant d'événements nous ont séparées... elle a fait un beau mariage ; et puis, elle est devenue veuve ; et puis, elle habite Paris... je ne la vois plus, mais je l'aime toujours.

ÉDOUARD.

Je le crois bien ! elle est si bonne, si aimable... et, je le vois maintenant, c'est à l'amitié qu'elle a pour toi que j'ai dû celle qu'elle m'a témoignée cet hiver à Paris.

HENRIETTE.

Oui, oui, tu cherches à changer la conversation... il ne s'agit pas d'elle, mais de toi. Voyons, regarde-moi ; si je n'ai pas perdu l'habitude de lire dans tes yeux, comme toi dans les miens... quoique tu ne m'aies rien dit, il me semble que tu as un secret.

ÉDOUARD.

C'est vrai !...

HENRIETTE, avec expansion.

Eh bien, alors !... tu dois avoir besoin de me le confier.

ÉDOUARD.

Tu as raison, je suis bien malheureux... malheureux de mon obscurité, car j'aime une personne à qui sa position dans le monde, son rang et sa fortune ne me permettent pas d'aspirer... madame de Simiane, dont tu me parlais tout à l'heure.

HENRIETTE.

Est-ce qu'elle te repousserait?...

ÉDOUARD.

Jamais je ne lui ai dit que je l'aimais... je n'ai pas osé...

HENRIETTE.

Et pourquoi donc?... n'as-tu pas gagné pour elle un procès considérable?... Quand on a du mérite, il faut être hardi ; et si j'étais à ta place...

ÉDOUARD.

Ah! ma pauvre sœur, tu n'as jamais aimé...

HENRIETTE.

Qu'en sais-tu? Nous autres jeunes filles, nous avons toujours, au fond du cœur une pensée, un commencement de tendresse pour quelqu'un, dont les brillantes qualités n'existent souvent que dans notre imagination!... rêves de jeunesse, qui rarement se réalisent! mais qu'importe? ce sont dans la vie quelques semaines, quelques jours de bonheur, c'est toujours cela de sauvé !

AIR du vaudeville du *Colonel.*

Que mon exemple ici te gagne,
Par l'avenir charmons les jours présents !
Lorsqu'on bâtit des châteaux en Espagne,
On ne saurait les faire trop brillants !
Et quand le sort, trompant ma prévoyance,
Vient de renverser mes plus beaux...

ÉDOUARD.

Que te reste-t-il ?

HENRIETTE.
L'espérance,
Pour en élever de nouveaux.

Et voici ceux que je forme pour toi : tu te feras un beau nom au barreau ; tu acquerras de la fortune, tu l'offriras à madame de Simiane.

ÉDOUARD.

Et quand cela ?...

HENRIETTE.

Écoute donc ! il faut le temps ; et, en attendant que mon inconnu, à moi, se présente aussi, ce qui probablement n'arrivera jamais, notre amitié nous aidera à prendre patience, je redoublerai pour toi de soins, de tendresse, et tous tes chagrins...

ÉDOUARD.

Des chagrins... Ah ! je sens qu'avec toi il ne peut y en avoir de durables.

HENRIETTE.

N'est-ce pas ? cela va déjà mieux. Ah ! que je suis contente !

(Elle l'embrasse.)

SCÈNE II.

Les Mêmes ; BONNEVAL.

BONNEVAL, en dehors.

Il est arrivé !... est-il possible !...

ÉDOUARD, bas.

C'est mon père, ne lui dis rien !...

HENRIETTE.

Sois tranquille, je garderai bien ton secret... il est là, comme le mien !...

BONNEVAL, entrant par le fond.

Mon cher Édouard, mon cher enfant! j'étais allé au-devant de toi, sur la grande route, en passant par nos vignes, qui m'ont paru superbes... à un propriétaire de la Côte-d'Or, c'est tout naturel; et pendant que je m'arrêtais à admirer notre récolte, la diligence où tu étais aura passé!...

HENRIETTE.

Et c'est moi qui l'ai reçu à son arrivée!...

BONNEVAL.

Que je te regarde encore, monsieur l'avocat! car tu es avocat... (Le montrant à Henriette.) C'est mon fils, Édouard Bonneval, avocat. Si tu savais quel plaisir j'ai éprouvé la première fois que j'ai vu ton nom dans le journal... c'est pour cela que je me suis abonné à la *Gazette des Tribunaux* au lieu du *Journal des Connaissances utiles*, qui me donnait le moyen de détruire les chenilles, et à ta sœur la recette pour la gelée de pommes. Mais je ne le regrette pas; j'oublie tout, quand je vois imprimé en gros caractères : « La cause a été défendue avec succès et avec la plus grande éloquence par M⁰ Bonneval... » Ce jour-là, c'est fête à la maison, ta sœur déploie tous ses talents ; nous invitons tous nos amis à dîner. Ah! c'est un grand bonheur, mais il y en a un que je regretterai toute ma vie, c'est de n'avoir pu assister à ton début, à ta première cause... Hein! comme le cœur devait te battre !

ÉDOUARD.

AIR: Ah! si Madame me voyait. (ROMAGNESI.)

Ah! si mon père m'entendait!
Me disais-je, et par cette idée
Ma voix soutenue et guidée
Avec force retentissait!
Un feu tout nouveau m'animait,
Et quand, ô moment plein de charme!
Un bravo flatteur m'arrivait,

Je me disais, essuyant une larme :
Ah ! si mon père l'entendait !

BONNEVAL.

Mon cher Édouard !

ÉDOUARD.

Mon bon père !...

BONNEVAL.

Dis un heureux père ; car je le suis, mes enfants, je contemple avec orgueil toutes mes richesses. Toi, Édouard, je suis tranquille sur ton compte ; te voilà lancé, tu as plaidé quatre belles causes cette année, cela ne fera qu'augmenter, et ton avenir est certain. Tu feras quelque beau mariage !... mais c'est ta sœur, ma pauvre Henriette ! je crains toujours de mourir avant qu'elle n'ait un mari ; aussi je lui en cherche de tous côtés : je lui en avais déjà trouvé deux, mais ils avaient cinquante ans.

HENRIETTE.

Et celui que j'ai rêvé est plus jeune que cela !

BONNEVAL.

Un établissement est difficile, quand on n'a pas de dot, et elle n'en a pas...

HENRIETTE.

Tant mieux !... je ne vous quitterai pas.

BONNEVAL.

Voilà de ses raisonnements...

AIR du vaudeville de *l'Écu de six francs*.

Ah ! mon cher ami, quel dommage
De n'avoir pas de coffre-fort !
Si bonne, si douce et si sage !
Par malheur ! elle n'a pas d'or !
Elle n'a rien, mais quel trésor
De vertu, d'honneur, d'innocence !...
Si pareille dot s'estimait
Devant notaire... ce serait

Le plus riche parti de France !
Ma pauvre Henriette serait
Le plus riche parti de France.

ÉDOUARD.

Soyez tranquille, les partis ne manqueront pas; cela me regarde, c'est à moi de songer à sa dot.

HENRIETTE.

Du tout; c'est à toi qu'il faut songer d'abord. As-tu donc déjà oublié ce que nous disions tout à l'heure?

BONNEVAL.

Quoi !... qu'est-ce que c'est ?

HENRIETTE.

Quelque chose qu'il sait bien; enfin, c'est un secret.

BONNEVAL.

Ah ! vous avez un secret ?...

HENRIETTE.

Oui, mon père, à nous deux.

BONNEVAL.

C'est différent, ça ne me regarde pas; je vous demande bien pardon... (A Édouard.) Mais dis-moi un peu comment il se fait que tu arrives seul? tu m'avais annoncé pour aujourd'hui cet ami intime, dont tu me parles dans toutes tes lettres : M. de Thémine.

HENRIETTE, avec émotion.

M. de Thémine !... comment! mon frère, il doit venir ici ?...

ÉDOUARD.

Oui, mais pas avec moi; j'arrive de Paris, et lui des eaux de Bagnères, où il était allé pour sa santé.

HENRIETTE.

Il serait souffrant ?...

ÉDOUARD.

Ah! cela va mieux, et il m'a promis, en passant, de rester quelques jours avec nous.

BONNEVAL.

A la bonne heure!... un ami à toi sera reçu comme le fils de la maison.

HENRIETTE.

Ah! certainement, nous ferons de notre mieux; mais un grand seigneur, un élégant tel que lui, se trouvera peut-être bien mal chez nous.

BONNEVAL.

Tu le connais donc aussi?

HENRIETTE.

Oui, mon père; lors de mon voyage à Paris, je l'ai vu deux fois l'hiver dernier chez madame de Simiane, où il allait souvent; et, quand il a su que j'étais la sœur d'Édouard, son ami de collège, il a été pour moi, pauvre provinciale, d'une bonté et d'une prévenance que je n'oublierai jamais.

BONNEVAL, à Édouard.

Et tu dis qu'il est jeune, qu'il a un grand nom?...

ÉDOUARD.

Oui, mon père.

BONNEVAL.

Et qu'il est riche?...

ÉDOUARD.

Toute sa famille l'est beaucoup; il a des oncles, des cousins, dont lui et son frère doivent hériter un jour; mais en attendant il a des affaires fort embrouillées, où je tâche de mettre de l'ordre.

BONNEVAL.

Il a donc confiance en toi?...

ÉDOUARD.

Confiance entière...

8.

BONNEVAL.

Eh bien! dis donc... si adroitement tu lui vantais les qualités de ta sœur...

HENRIETTE.

Y pensez-vous?... quelle folie!...

BONNEVAL.

Et pourquoi pas?... voilà comment se font les mariages; et puis, celui-là est jeune, il n'a pas cinquante ans, tu ne le refuserais pas. Et décidément, mon ami, voilà le gendre qu'il me faut!...

ÉDOUARD.

C'est bien!... c'est bien, mon père; ne parlons pas de cela.

BONNEVAL.

Au contraire, parlons-en...

ÉDOUARD.

Comme vous voudrez; mais il me semble qu'auparavant il faudrait songer à le recevoir de notre mieux. (Passant entre Bonneval et Henriette.) Et c'est toi, Henriette, que ce soin regarde; vois si son appartement... enfin, va donc... va donc...

HENRIETTE.

Oui, mon frère... (A part.) Je vous demande pourquoi il me renvoie dans ce moment-là!...

(Elle regarde son père comme pour lui demander ce que cela signifie. Bonneval lui fait entendre qu'il n'en sait rien. Elle sort par la porte à droite.)

SCÈNE III.

BONNEVAL, ÉDOUARD.

BONNEVAL.

Ah çà! qu'est-ce que cela veut dire?

ÉDOUARD.

Qu'il ne faut pas, même en plaisantant, parler devant

une sœur d'un sujet pareil; cela pourrait, par rapport au caractère de Thémine, lui donner des idées qui ne seraient pas sans danger.

BONNEVAL.

Pourquoi donc? est-ce qu'il n'a pas un bon caractère?...

ÉDOUARD.

Le meilleur enfant du monde.

BONNEVAL.

Est-ce qu'il n'est pas aimable?

ÉDOUARD.

Au contraire, il ne l'est que trop; ayant tout ce qu'il faut pour briller dans le monde, recherché par la jeunesse, aimé des femmes, il a passé sa vie à leur plaire, et il n'y a que trop bien réussi, car de toutes celles à qui il s'est adressé je crois que pas une ne lui a résisté.

BONNEVAL.

Vraiment!...

ÉDOUARD.

En un mot, c'est ce qu'on appelle un jeune homme à bonnes fortunes; c'est son état, il n'en a pas d'autre.

BONNEVAL.

Ce doit être un état bien amusant.

ÉDOUARD.

Je crois bien; sans cesse au milieu des fêtes, des plaisirs, menant la vie la plus heureuse, et toujours poursuivi par cinq ou six femmes à la fois... Du moins voilà comme je l'ai vu, il y a un an, quand je l'ai quitté.

BONNEVAL.

Quel gaillard!... je porte envie à ces gens-là!...

ÉDOUARD.

Vous, mon père!...

BONNEVAL.

Pas maintenant; mais je dis quand j'étais jeune... Oui,

mon garçon, autrefois, de mon temps, je rêvais, comme tous les jeunes gens, à des conquêtes et à des bonnes fortunes ; et je n'ai jamais pu en obtenir...

ÉDOUARD.

En vérité !...

BONNEVAL.

J'ai toujours joué de malheur ; jamais, dans ma vie, je n'ai pu plaire à une seule femme, excepté à ta mère... qui encore m'a épousé sans amour... ce qui ne nous a pas empêchés d'être heureux, de faire bon ménage, et de nous adorer par la suite... Mais c'est égal, il est toujours resté dans mes idées, dans mes châteaux en Espagne, que l'existence des Lovelace, des Valmont, devait être ce qu'il y avait de plus flatteur et de plus agréable au monde.

HENRIETTE, accourant.

Entendez-vous !... entendez-vous !... une chaise de poste qui entre dans la cour : le voilà, c'est lui !...

ÉDOUARD.

C'est Thémine.

BONNEVAL.

Voyez-vous déjà quel empressement, quelle émotion !... Restez ici, mademoiselle, restez ici, près de moi.

SCÈNE IV.

Les Mêmes ; DE THÉMINE.

(Édouard va au-devant de Thémine, qui s'arrête à la porte, et donne des ordres à un domestique dont il est accompagné.)

ÉDOUARD.

Mon cher Gustave !...

BONNEVAL, à part, sur le devant du théâtre.

Comment ! c'est là lui... moi, je m'attendais à quelque chose de... grandiose... mais c'est un homme comme moi...

ÉDOUARD, à de Thémine.

Je te présente mon père, dont je t'ai si souvent parlé... Henriette, ma sœur et ma meilleure amie...

DE THÉMINE.

Que j'ai déjà eu, si je ne me trompe, le plaisir de voir à Paris, chez madame de Simiane...

HENRIETTE, à part.

Il ne l'a pas oublié !

ÉDOUARD.

C'est là toute ma famille, qui te remercie, comme moi, d'avoir bien voulu tenir ta promesse...

DE THÉMINE.

Me remercier du plaisir que je vais avoir ! c'est trop de bontés...

BONNEVAL.

Ah ! dame !... vous ne serez pas ici comme dans vos salons dorés. De pauvres campagnards tels que nous ne peuvent pas vous offrir des plaisirs bien vifs.

DE THÉMINE.

AIR du vaudeville du Baiser au porteur.

Dans votre charmante famille,
Trop heureux ceux qui sont admis !
Dans votre accueil tant de franchise brille
Que je me crois déjà de vos amis !

BONNEVAL.

On est le mien dès qu'on aime mon fils.

DE THÉMINE, lui tendant la main.

Touchez donc là !

ÉDOUARD, à Bonneval, à part.

Qu'en dites-vous, mon père ?
N'est-il pas bien ?

BONNEVAL, de même.

J'en conviens sans débat,

Mais c'est tout simple ; et sans peine on doit plaire
Lorsque l'on en fait son état.

ÉDOUARD, à de Thémine.

Et comment te trouves-tu des eaux ?

DE THÉMINE.

Pas trop bien... ma poitrine est toujours si faible...

HENRIETTE, avec intérêt.

Eh quoi ! monsieur, vous souffrez encore ?

DE THÉMINE.

Depuis que je suis ici, je l'avais presque oublié... mais en ce moment, la fatigue du voyage...

ÉDOUARD.

Point de façons, de cérémonies, ne te gênes pas.

BONNEVAL.

Oui, sans doute, nous vous laissons.

ÉDOUARD.

Depuis plus d'un an que nous sommes séparés, nous avons à causer.

HENRIETTE.

Moi, je vais m'occuper du souper.

DE THÉMINE.

Non pas, de grâce... ne vous dérangez pas pour moi.

BONNEVAL.

Laissez-la faire, ma fille n'a pas d'autres qualités que d'être bonne femme de ménage... il faut bien qu'elle fasse briller son seul mérite.

DE THÉMINE, la regardant.

Il me semble que mademoiselle en a d'autres encore, qui parlent d'eux-mêmes.

HENRIETTE.

Vous êtes bien bon !...

BONNEVAL, bas à Édouard.

Ah ! mon Dieu ! comme il la regarde ! ça me fait peur...

ÉDOUARD, de même.

Rassurez-vous... Il est homme d'honneur avant tout...

BONNEVAL, de même.

C'est égal. (Montrant Henriette qui le regarde.) Elle est là en contemplation ; je crains toujours quelque sympathie, quelque coup de foudre.

Ensemble.

BONNEVAL.

AIR du Galop.

Ma prudence paternelle
Doit ouvrir ici les yeux.
Suivez-moi, mademoiselle ;
Laissons-les causer tous deux !

ÉDOUARD.

La prudence paternelle
N'a rien à craindre en ces lieux !
(Montrant sa sœur.)
Sans que l'on veille sur elle,
(Montrant de Thémine.)
Je réponds de tous les deux.

HENRIETTE.

Oui, le devoir nous appelle,
Et nous vous laissons tous deux ;
Trop heureuse si mon zèle
Pour vous embellit ces lieux !

DE THÉMINE.

Du devoir qui vous appelle
Je blâme les soins fâcheux,
Puisqu'ils vont, mademoiselle,
Vous éloigner de nos yeux !

BONNEVAL, à Henriette.

D'auprès de nous, et pour cause
Tâchez de ne pas bouger ;
(A part.)
Car elle est là qui s'expose
Sans se douter du danger.

Ensemble.

BONNEVAL.
Ma prudence paternelle, etc.

ÉDOUARD.
La prudence paternelle, etc.

HENRIETTE.
Oui, le devoir nous appelle, etc.

DE THÉMINE.
Du devoir qui vous appelle, etc.

(Bonneval et Henriette sortent par la droite.)

SCÈNE V.

DE THÉMINE, ÉDOUARD.

DE THÉMINE.
Je te fais compliment, mon cher ami... depuis un an, je trouve ta sœur fort embellie ; car ce n'était alors qu'une petite fille... une petite pensionnaire... que madame de Simiane affectionnait beaucoup.

ÉDOUARD.
Oui, elle n'est pas mal. Mais un instant... je te demande pour elle une sauvegarde.

DE THÉMINE.
Par exemple ! la sœur d'un ami, et puis, si tu savais combien je suis revenu de toutes ces idées-là, et combien maintenant je songe peu...

ÉDOUARD.
Est-ce toi que j'entends parler ainsi !... Toi qui depuis l'âge de dix-huit ans ne t'occupes que de plaire aux dames !...

DE THÉMINE.
Eh ! plût au ciel que je n'y eusse jamais pensé !... et qu'au lieu de perdre mon temps à réussir près d'elles, je me

fusse préparé, comme toi, un avenir honorable, un état indépendant.

ÉDOUARD, souriant.

Le tien n'est donc pas aussi bon que je le croyais?...

DE THÉMINE.

Détestable!

ÉDOUARD.

Dans toutes les carrières chacun en dit autant, et toi, dans la tienne, tu auras eu, du moins, des plaisirs et du bonheur?

DE THÉMINE.

Jamais!

ÉDOUARD.

Laisse-moi donc! Quelque discret que tu sois, je sais à quoi m'en tenir, et je te citerai une foule de femmes auprès de qui tu as été... aussi heureux que possible.

DE THÉMINE.

Et qu'est-ce que tu entends par être heureux?

ÉDOUARD.

J'entends... j'entends... tu le sais aussi bien que moi.

DE THÉMINE.

C'est que c'est une expression qui n'a pas le sens commun, car je n'ai jamais eu dans ma vie un seul bonheur de ce genre-là qui ne m'ait rendu le plus malheureux des hommes... chaque succès, quel qu'il fût, m'a toujours valu une catastrophe.

ÉDOUARD.

Est-il possible?

DE THÉMINE.

D'abord, débutant dans le monde, tu sais que j'étais officier, et attaché, en qualité d'aide de camp, au maréchal de... je ne te dirai pas son nom.

ÉDOUARD.

Tu feras aussi bien... tout le monde le connaît!

DE THÉMINE.

Il avait une jeune femme, et tu sais que les aides de camp... Moi, ce n'est pas ma faute. Enfin, le mari le découvre... de là, un bruit, un éclat... tu connais l'aventure... Il a fallu donner ma démission; et voilà, grâce à mon bonheur, mon état perdu!

ÉDOUARD.

Qu'importe? tu étais riche!

DE THÉMINE.

Riche d'espérances... un oncle qui, avec cent mille livres de rente, et soixante-dix ans, s'était avisé d'épouser une femme de dix-huit ans.

ÉDOUARD.

Tant mieux!... tu n'avais pas d'héritier à craindre.

DE THÉMINE.

Ah bien oui!... et la fatalité qui me poursuit!... et le malheur qui s'attache à mes pas!... Ma tante était jeune, vive, coquette; enfin, que te dirai-je?... Ce qu'il y a de certain, c'est que dernièrement mon oncle m'a prié d'être parrain, et que je perds cent mille livres de rente... Appelles-tu cela du bonheur?

ÉDOUARD.

C'est ta faute!

DE THÉMINE.

Et cinquante événements de ce genre-là, dont je te fais grâce... car, une fois lancé dans cette carrière aventureuse, une intrigue en amène une autre. Passer sa vie dans des ruses, des disputes, des jalousies continuelles, et souvent se donner bien du mal pour tromper des infidèles; compromettre ou perdre ses meilleurs amis; n'acquérir dans le monde ni estime ni considération; ne trouver chez soi n repos ni bonheur; ruiner sa santé par des veilles, des fatigues, des inquiétudes de toutes sortes; se repentir du passé, s'ennuyer du présent, et se créer pour l'avenir des regrets, des remords et des rhumatismes : voilà ce qu'on est convenu d'appeler un homme à bonnes fortunes!... Cette existence te paraît-elle bien séduisante?

ÉDOUARD.

Non, sans doute!... mais il ne tient qu'à toi d'y renoncer, d'embrasser une profession utile et honorable!

DE THÉMINE.

Et laquelle? à mon âge!... à trente ans! il est déjà trop tard; et lorsque depuis dix ans on ne s'est occupé que de futilités, on n'est plus bon à rien!

ÉDOUARD.

Tu as un beau nom... tu peux faire un grand mariage!...

DE THÉMINE.

Il ne tiendrait qu'à moi! mais ce seraient de nouveaux embarras pour rompre avec tout le monde... des plaintes, des reproches, des scènes de désespoir. Si tu savais comme il est difficile de quitter une femme, et Dieu m'est témoin cependant que j'y fais tous mes efforts!... avec tous les procédés possibles, car, au fond du cœur, je suis honnête homme! et voilà souvent ce qui me rend si malheureux!...

ÉDOUARD.

Est-il possible!...

DE THÉMINE.

Oui, mon ami, je n'ai jamais lâchement et froidement trompé personne! il me serait impossible de feindre un amour que je n'éprouve pas!... et maintenant encore, toutes celles que j'aime, je les aime réellement.

ÉDOUARD.

Et combien y en a-t-il donc?

DE THÉMINE.

Dans ce moment, deux seulement! une surtout; celle-là est un ange dont je ne suis pas digne... Beauté, jeunesse, vertu, elle a tout ce qu'il faut pour séduire, et jamais je n'ai aimé personne comme elle, peut-être aussi parce que je n'en ai jamais rien obtenu, rien que sa tendresse, dont je ne puis douter, tendresse si pure et si désintéressée!... car elle m'offre, avec sa main, une fortune que, pour le moment, je suis trop pauvre et trop fier pour accepter... Je veux bien devoir aux femmes mes malheurs, mais non pas ma fortune; et puis, comme obstacle, il y a encore l'autre dont je te parlais.

ÉDOUARD.

Comment!

DE THÉMINE.

L'autre, que j'ai aimée aussi, et que je n'aime plus autant : une jeune tête, vive, ardente, qui, pour la colère et la jalousie, aurait mérité d'être Napolitaine! Et à la première nouvelle de ce mariage... je la connais, rien ne l'arrêterait! elle ferait un éclat qui me perdrait, car maintenant ce n'est plus comme autrefois... et le trouble, le déshonneur d'un ménage, c'est sur nous que cela tombe!...

ÉDOUARD.

Ce qui est bien injuste!...

DE THÉMINE.

Tu vois bien!... tu croyais que tout cela ne donnait pas de mal à arranger!

ÉDOUARD.

AIR du vaudeville de *la Famille de l'Apothicaire.*

J'en conviens, c'est un rude état.

DE THÉMINE.

Aussi que Dieu me soit en aide!

ÉDOUARD.

Il vaut bien mieux être avocat.

DE THÉMINE.

Oui, certes!... au moins l'on ne plaide
Qu'une seule cause à la fois.
Pour vous la chance est bien plus belle!

ÉDOUARD.

Eh bien! veux-tu, pour quelques mois,
Que nous changions de clientèle?

DE THÉMINE.

Je ne demande pas mieux, tu me rendrais service.

ÉDOUARD.

Ce serait avec un grand plaisir, si, de mon côté, je n'étais pas amoureux.

DE THÉMINE.

Toi, amoureux?

ÉDOUARD.

Tais-toi, c'est mon père.

SCÈNE VI.

Les Mêmes; BONNEVAL.

BONNEVAL.

Eh bien! notre cher hôte, êtes-vous un peu reposé? vous trouvez-vous mieux?... Et vous, jeunes gens... avons-nous renoué connaissance?...

ÉDOUARD.

Oui vraiment! il est si doux de retrouver un ami véritable, un ami sur qui l'on puisse compter!...

BONNEVAL.

Il a raison, mon fils doit s'estimer heureux d'être votre ami. Moi qui vous parle, je suis fier de vous connaître! Oui, jeune homme, je vous regarde avec admiration, comme je regarderais un homme célèbre, un conquérant! Il me fait l'effet de Napoléon, dans son genre.

DE THÉMINE.

Vous êtes trop bon.

ÉDOUARD, souriant.

Mon père, vois-tu, est comme la multitude, qui se laisse éblouir par l'éclat des conquêtes et n'en voit pas les inconvénients... les nuits que l'on passe à veiller dans les bals, et les rendez-vous quand il faut, au mois de janvier, attendre une heure entière en plein air...

BONNEVAL.

A l'espagnole...

DE THÉMINE.

Ou dans une voiture de place, mal fermée, au risque d'un rhume ou d'une fluxion de poitrine.

BONNEVAL.

Voilà ce que j'aimerais moins; mais le reste doit être si agréable... les intrigues, les belles dames voilées, les lettres mystérieuses; et, à propos de cela, en voilà une qui arrive par la poste.

DE THÉMINE.

Pour moi?...

BONNEVAL.

Non, monsieur, celle-là n'est pas pour vous, elle est adressée à M. Bonneval. Mais comme maintenant, grâce au ciel, nous sommes deux dans la maison, je ne sais pas si c'est pour mon fils ou pour moi... (A Édouard.) Tiens, regarde, c'est timbré de Mâcon, et je n'y connais personne.

ÉDOUARD.

Ni moi non plus!...

DE THÉMINE, nonchalamment.

Mâcon!... je sais ce que c'est... (A Édouard.) Comptant passer ici quelques jours, je m'étais permis, mon cher ami, de me faire adresser mes lettres chez ton père. (A Bonneval.) Et, comme je vous le disais bien, la lettre est pour moi.

BONNEVAL, ôtant la première enveloppe qu'il jette à terre.

C'est, ma foi, vrai..... (Lisant.) « Pour remettre à M. Gus-« tave de Thémine ». Est-il étonnant! (Lui remettant la lettre.) C'est un billet de femme... ça ne se demande pas... papier satiné. (De Thémine prend la lettre, et la met dans sa poche.) Eh bien! vous ne lisez pas?

DE THÉMINE.

J'ai le temps... et puis, je me doute de ce qu'il contient; c'est toujours la même chose.

BONNEVAL.

Pour vous, qui en avez l'habitude, mais pour moi, si toutefois il n'y a pas d'indiscrétion...

DE THÉMINE, reprenant la lettre de sa poche.

Aucune... (Lisant.) « Ne venez point dans mon immense « et gothique château, vous ne m'y trouveriez plus, je pars; « c'est à Paris que l'amour ira vous attendre. Venez, mon « ami, venez!... »

BONNEVAL, à Édouard.

Est-il heureux! un billet pareil... il y a de quoi faire tourner la tête... et à votre place... de mon temps...

DE THÉMINE.

Qu'auriez-vous fait?

BONNEVAL.

Je serais déjà en route.

DE THÉMINE, s'asseyant à droite du théâtre.

Vous êtes bien bon! moi, je reste.

BONNEVAL.

Est-il possible! vous n'irez pas?

DE THÉMINE, donnant la main à Édouard qui s'est approché de lui.

Non, certes, ces huit jours étaient ceux que je destinais à l'amitié, et au lieu du calme, du repos que je trouve ici, j'irais faire soixante lieues... pour un rendez-vous? le ciel m'en préserve !

ÉDOUARD.

Tu as raison... fais comme moi... prends des vacances...

DE THÉMINE.

Et puis, tu sais bien que je veux me retirer du monde.

BONNEVAL.

Quel dommage !...

DE THÉMINE, se levant.

Et cette personne-là est justement celle dont la tête ardente et les inconséquences pourraient le plus me compromettre.

BONNEVAL.

Une petite madame de Lignolle ?

DE THÉMINE.

A peu près... et de plus un mari jaloux... soupçonneux à l'excès...

BONNEVAL.

Qu'on ne saurait tromper...

DE THÉMINE, souriant.

Oh ! cela n'empêche pas... et ce vieux château, où elle est en ce moment, me rappelle l'aventure la plus plaisante...

BONNEVAL.

Oh ! dites-la nous, de grâce, j'adore les aventures.

DE THÉMINE, sérieusement.

Du tout, je n'en conte jamais.

ÉDOUARD.

C'est vrai... il est d'une discrétion... nécessaire peut-être dans sa position... mais ici, entre nous...

BONNEVAL.

Avant le souper et pendant que ma fille n'y est pas... eh bien donc ?...

DE THÉMINE.

Eh bien! il y a quelques mois, en allant aux eaux, je m'arrêtai une journée dans cet antique manoir, un parc magnifique, ancien jardin français, que le maître du logis venait de faire dessiner à l'anglaise, et qu'il nous faisait admirer en détail... car, soit jalousie de mari, soit amour-propre de propriétaire, il ne nous quittait pas d'un seul instant. Je partais après le dîner, pas moyen d'adresser un seul mot de regret à sa femme, une femme de dix-huit ans... jeune... vive, charmante; c'était désolant...

BONNEVAL.

Je conçois...

DE THÉMINE.

Enfin, ennuyés de nous promener, je m'écrie avec impatience : « Rentrons au château, car, dans ce bosquet où nous sommes, nous ne pourrions pas entendre la cloche du dîner. — C'est ce qui vous trompe, dit le maître de la maison, le vent porte de ce côté, et on entendrait parfaitement. — Vous êtes dans l'erreur. — Non, vraiment. — Je parie que si. — Je parie que non. — Vingt-cinq louis... » La dispute s'engage; et pour savoir au juste qui de nous deux gagnera, il est convenu que nous resterions où nous étions, tandis que le mari retournerait au château sonner le tocsin... Ce qu'il fit bravement et très-longtemps. Et quand il revint d'un air victorieux nous demander : « Eh bien! avez-vous entendu?... » nous fûmes obligés de convenir qu'il avait gagné, ce dont il fut très content... et moi aussi !

BONNEVAL et ÉDOUARD, riant.

AIR : Profitez du temps. (Romance de ROMAGNESI.)

C'est vraiment charmant !
Ce mari qui sonne !
Qui sonne en personne !
Quel soin complaisant !

Tableau plein de charme,
Dont je vois l'effet ;
Grâce à ce vacarme,
Grâce à lui, c'était
Le tocsin d'alarme
Qui vous rassurait!

DE THÉMINE.

C'est vraiment charmant!
Ce mari qui sonne!
Qui sonne en personne!
Quel soin complaisant!
Tableau plein de charme,
Dont je vois l'effet ;
Grâce à ce vacarme,
Grâce à lui, c'était
Le tocsin d'alarme
Qui nous rassurait!

ÉDOUARD, montrant de Thémine.

Pour lui tous les jours
Sont des jours de fêtes !

BONNEVAL.

Vivent les conquêtes !
Vivent les amours !

Ensemble.

BONNEVAL et ÉDOUARD.

Tableau plein de charme,
Dont je vois l'effet ;
Grâce à ce vacarme,
Grâce à lui, c'était
Le tocsin d'alarme
Qui vous rassurait !

DE THÉMINE.

Tableau plein de charme,
Dont je vois l'effet ;
Grâce à ce vacarme,
Grâce à lui, c'était

Le tocsin d'alarme
Qui nous rassurait.

SCÈNE VII.

Les Mêmes; HENRIETTE.

HENRIETTE.

Mon père, mon père, encore une visite qui nous arrive! Est-ce que vous n'avez pas entendu le bruit d'une voiture?

BONNEVAL.

Ma foi! non; nous étions là dans une conversation...

HENRIETTE.

C'est votre ancien ami, le général Torigni...

DE THÉMINE.

Le général!...

ÉDOUARD.

Tu le connais...

DE THÉMINE, froidement.

Mais, oui; c'est lui, je crois, qui commande ce département.

BONNEVAL, gaiement.

Précisément... Qu'il soit le bien venu! jamais nous n'avons reçu tant de monde à la fois... tant de beau monde... cela va nous donner un mal... un embarras qui m'enchante... (A de Thémine.) Vous excusez...

DE THÉMINE.

Comment donc! je vous en prie, que je ne vous empêche pas de recevoir vos nouveaux hôtes...

(Il s'assied près de la table à gauche, et ouvre un livre qu'il lit.)

SCÈNE VIII.

Les Mêmes ; M. DE TORIGNI, HORTENSE.

BONNEVAL.

Eh ! le voilà, ce cher ami.

DE TORIGNI.

Mon cher Bonneval... vous ne nous en voulez pas de venir ainsi chez vous en passant, sans façon et en ménage, car je vous présente ma femme... vous ne saviez peut-être pas que j'étais marié ?...

(Édouard s'approche de madame et de M. de Torigni, qu'il salue.)

BONNEVAL.

Non, vraiment...

DE TORIGNI.

Depuis deux ans, et une jolie femme, je m'en vante. Que voulez-vous ? vieux soldat de Bonaparte, j'ai fait mon chemin, j'ai eu des grades, des dotations... j'ai été fait baron... comme tout le monde.

AIR : Voulant par ses œuvres complètes. (*Voltaire chez Ninon.*)

Aussi, je me disais sans cesse :
De mon nom soutenant l'éclat,
A quelqu'un il faut que je laisse
Mes écus et mon majorat !
Et dans une telle alliance
Je ne me suis pas, Dieu merci !
Décidé comme un étourdi,
Car voilà trente ans que j'y pense !

Et comme j'en avais soixante-deux, il était temps.

BONNEVAL.

Et, comme on dit, vous n'avez pas perdu pour attendre.

DE TORIGNI, montrant sa femme.

Non, certes... un peu jeune, un peu vive, un peu étourdie, quelquefois même inconséquente.

HORTENSE.

Je vous remercie, monsieur.

DE TORIGNI.

Du reste un cœur excellent, et une tête... c'est elle qui mène toute la maison, à commencer par moi, et cependant, vous le savez, je ne suis pas tendre.

HORTENSE.

Ah! vous êtes bien modeste, vous pourriez dire colère... jaloux.

DE TORIGNI.

Et même brutal, j'en conviens. Au moindre soupçon, je brise tout, et il y a des moments où je la tuerais; mais, cela passé, je redeviens le meilleur enfant du monde, et le mari le plus galant.

HORTENSE.

Oui, la galanterie de l'empire.

DE TORIGNI, s'avançant.

Que vois-je? monsieur de Thémine ici... (De Thémine salue madame de Torigni, qui lui rend froidement son salut.) Surcroît de plaisir. (A Bonneval.) Mon cher ami, voilà le plus aimable homme qui existe.

HENRIETTE, à part.

Vraiment!

DE TORIGNI.

C'est à son crédit que je dois le commandement de ce département; et quand tant d'autres se vantent de ce qu'ils ne font pas, lui ne m'a jamais rien dit d'un pareil service.

DE THÉMINE.

Ne parlons pas de cela, général.

DE TORIGNI.

C'est au ministère seulement que je l'ai appris.

HENRIETTE, à part.

Ah! que c'est bien à lui!...

DE TORIGNI, à Hortense.

Et tu ne le remercies pas comme moi?

HORTENSE.

Je n'en vois pas la nécessité, si c'est au crédit de monsieur que je dois un exil dans les départements... moi qui n'aime que Paris... les bals, les spectacles.

DE TORIGNI.

Nous irons chaque hiver passer deux mois dans la capitale; je l'ai obtenu.

HORTENSE.

A la bonne heure!... vous au moins, vous êtes aimable, mais il n'y a pas de la faute de monsieur... et je lui demanderai toujours de quel droit il se mêle de protéger les gens qui ne réclament pas sa protection.

DE THÉMINE.

Je suis désolé, madame, d'avoir mérité votre ressentiment.

DE TORIGNI.

Elle vous pardonnera.

DE THÉMINE.

Je l'espère du moins.

HORTENSE.

Et, je l'espère, dans votre bouche, veut dire : J'en suis sûr... Eh bien! c'est ce qui vous trompe, car il y a en vous, monsieur, une intrépidité de bonne opinion que je ne puis souffrir. (A de Torigni qui fait un geste.) Oh! n'ayez pas peur, il le sait bien, je ne lui apprends rien de nouveau; toutes les femmes le craignent ou le flattent : moi, je lui dis toujours la vérité; aussi nous sommes ennemis déclarés (A de Thémine), ce qui n'empêche pas de se voir; et, puisque nous retournons à Paris, quand viendrez-vous me demander à dîner?

DE TORIGNI.

Oui, pour faire la paix.

HORTENSE.

Un mardi ou un samedi, mon jour de loge aux Italiens, le général les déteste, vous m'y mènerez... mais rancune tenante !

DE THÉMINE.

Je l'entends bien ainsi, la guerre m'offre tant d'avantages !...

HORTENSE.

Et comment cela ?

DE THÉMINE.

Être votre ennemi, c'est un moyen de me distinguer, je suis sûr d'être le seul, tandis qu'autrement !...

HORTENSE.

Ah ! que c'est fade !

BONNEVAL, bas à Édouard.

En voilà une du moins qui ne l'aime pas.

DE TORIGNI, à Bonneval.

Ah çà, outre le plaisir de vous voir... je suis venu pour affaires ; j'allais à Paris consulter M. Édouard, votre fils, lorsque j'ai appris hier qu'il était chez vous en vacances, et j'ai dit : « Fouette, postillon ! deux lieues de plus pour trouver un homme de talent. »

DE THÉMINE.

On fait souvent plus de chemin sans en rencontrer.

DE TORIGNI.

Comme vous dites.

ÉDOUARD, passant auprès du général.

A vos ordres, général... Mais nous parlerons de cela plus tard, car devant ces dames...

HORTENSE.

Ah ! mon Dieu ! que je ne vous gêne pas... moi, je suis horriblement fatiguée... je vais faire un peu de toilette.

DE TORIGNI.

AIR : Celui dont vous charmiez la vie. (*Le Pot de Fleurs.*)
Et ta fatigue, chère amie?

HORTENSE.

Cela délasse!

DE TORIGNI.

Il y paraît!

DE THÉMINE.

Dès qu'il faut vaincre, tout s'oublie!

DE TORIGNI.

Des conquêtes tel est l'effet!

DE THÉMINE, à de Torigni.

Cette habitude était jadis la vôtre,
Et votre bras, que la gloire guidait,
D'une victoire alors se reposait
En en gagnant encore une autre!

(Bonneval et Henriette remontent le théâtre, et causent ensemble.)

HORTENSE.

C'est très joli, ce qu'il vous dit là, car monsieur est bien plus galant avec vous qu'avec moi... aussi je m'en vais, je vous laisse.

BONNEVAL, passant avec Henriette entre de Torigni et Hortense.

Ma fille va vous montrer votre appartement, la chambre verte, n'est-ce pas? la première à gauche dans le corridor, une vue superbe, la vue sur mes vignes.

HENRIETTE.

Ne vous inquiétez donc pas, mon père, cela me regarde.

BONNEVAL.

Par exemple... général, je crains que nous ne soyons obligés de vous séparer de madame; car, dans cette campagne, nos chambres sont si petites que vous aurez chacun la vôtre... c'est très désagréable...

HORTENSE, souriant.

Comment donc!... une maison charmante.

BONNEVAL.

Vous êtes bien bonne.

HORTENSE, à Henriette.

Pardon, ma belle demoiselle, désolée de la peine que vous prenez... mais je vous rends tout de suite à ces messieurs. (Saluant de Thémine.) Monsieur de Thémine... (Saluant de Torigni.) Monsieur le général, j'ai bien l'honneur. Allons, messieurs, parlez d'affaires, il n'y a plus de dames.

(Elle entre avec Henriette dans la chambre à gauche.)

SCÈNE IX.

Les Mêmes, excepté Henriette et Hortense.

(De Thémine s'est assis à droite du théâtre.)

DE TORIGNI.

Je ne suis pas fâché que ma femme s'éloigne, car, sans le savoir, elle est pour quelque chose dans cette aventure dont je veux vous parler, et j'aime autant qu'elle n'en ait pas connaissance.

ÉDOUARD.

Qu'est-ce donc ?

DE TORIGNI.

Une discussion qui a eu lieu entre l'autorité militaire et l'autorité administrative... et c'est à ce sujet que je viens vous demander un petit mémoire justificatif pour exposer au ministère ce qui s'est passé entre moi et M. de Varange, notre préfet.

DE THÉMINE, se levant.

M. de Varange, mon cousin, un cousin à succession, avec qui je suis brouillé à mort !...

DE TORIGNI.

Vrai ? touchez là, nous sommes quittes... je vous ai rendu, sans le savoir, un service d'ami.

TOUS.

Et comment cela?

DE TORIGNI.

L'autre soir, dans son salon, où nous n'étions que quelques personnes, j'étais sur un canapé, où je dormais à moitié, ce qui m'arrive souvent, lorsqu'en me réveillant j'entendis mon nom que l'on prononçait en riant et à voix basse. C'était M. le préfet lui-même qui se permettait de s'égayer à mes dépens.

AIR du vaudeville de Turenne.

Sur mon honneur, sur celui de ma femme,
Ils plaisantaient! j'entendais leurs bons mots!

DE THÉMINE.

Et vous pouviez, dans le fond de votre âme,
Donner croyance à de pareils propos?

BONNEVAL.

Vous, compagnon de nos vieux généraux!

ÉDOUARD.

Lorsque la mitraille et la poudre
Ont respecté ce front guerrier,
Rien ne saurait l'atteindre!... le laurier
Préserve, dit-on, de la foudre!
Préserve toujours de la foudre!

DE TORIGNI.

Dieu le veuille! aussi j'aurais dû m'écrier : « C'est une calomnie, vous outragez un vieux soldat, un homme d'honneur! » Mais, ma foi!... je n'ai eu le temps ni de parler ni de réfléchir; j'ai commencé l'explication militairement, en lui appliquant un soufflet...

BONNEVAL.

O ciel!...

DE TORIGNI.

Vous sentez qu'après cela il ne s'agissait plus de phrases, et le soir même, nous nous sommes battus au pistolet...

nous marchions l'un sur l'autre... il a tiré à dix pas, m'a manqué... moi je suis arrivé sur lui...

ÉDOUARD.

Et vous lui avez donné la vie.

DE TORIGNI.

Je l'ai tué sans pitié; je ne m'en repens pas, et j'en ferais autant à quiconque, directement ou indirectement, porterait atteinte à la réputation de ma femme... Je n'ai qu'un tort, c'est de m'être battu, et si jamais j'étais trahi...

ÉDOUARD.

Y pensez-vous?

DE TORIGNI.

Oui, morbleu!... c'est une infamie, et je m'en rapporte à vous, qui êtes avocat et qui entendez la justice. Vous punissez, n'est-il pas vrai, le vol et l'assassinat? Si un malfaiteur s'introduit chez moi, pour me dérober une somme dont je ne me soucie guère... il y a des lois; et s'il me dérobe ce que j'ai de plus cher au monde, il n'y en a pas! s'il me ravit mon honneur, mon repos, ma réputation, il faut que j'aille exposer mes jours pour en avoir vengeance!... Je ne crains pas la mort, je l'ai vue de près... mais penser qu'en mourant, je laisserais auprès de ma femme un successeur peut-être... Non, je suis trop jaloux pour me faire tuer, et si jamais je trouvais chez moi un amant, un rival, je tirerais dessus sans remords; et, dans mon âme et conscience, je croirais avoir bien fait...

DE THÉMINE, souriant.

Vous dites cela, mais vous n'oseriez pas.

DE TORIGNI.

Et qui m'en empêcherait?

DE THÉMINE.

Vous-même.

DE TORIGNI.

Ce n'est pas vrai...

DE THÉMINE.

Laissez donc! vous êtes trop brave pour cela, je parie bien...

DE TORIGNI.

Je parie que non. (Souriant.) Et prenez garde, mon cher ami, vous savez que vous n'êtes pas heureux avec moi en paris...

BONNEVAL.

Comment cela?

DE TORIGNI.

Je lui en ai déjà gagné un il y a deux mois... lorsqu'en allant aux eaux, il s'est arrêté une demi-journée... dans mon château, aux environs de Mâcon; et cette visite-là lui a coûté vingt-cinq louis.

BONNEVAL.

O ciel!...

DE TORIGNI.

Tout autant, et je me le reproche, parce qu'en honneur, je pariais à coup sûr. Il voulait me soutenir que, du bout de mon parc, on n'entendait pas la cloche de ma salle à manger.

DE THÉMINE, vivement.

Du tout, ce n'était pas moi!

DE TORIGNI.

Vous et ma femme, vous êtes tous les deux d'une obstination...

DE THÉMINE, à part, avec impatience.

Et pas moyen de l'arrêter!

DE TORIGNI.

Au point que, pour les convaincre, j'ai été obligé moi-même d'aller sonner...

BONNEVAL, tout effaré.

Non, non... ce n'est pas possible... et je doute encore...

DE TORIGNI.

Il n'y a pas à en douter; c'est comme je vous le dis... rien n'est plus vrai.

BONNEVAL, à part.

Ah! mon Dieu! mon Dieu!...

DE THÉMINE, bas à Édouard.

Prends donc garde à ton père, qui va nous trahir.

DE TORIGNI.

C'est drôle, n'est-ce pas? très drôle, ah!

SCÈNE X.

Les Mêmes; HENRIETTE.

HENRIETTE.

Mon père, madame de Torigni est prête, le souper est servi; et si vous voulez... (Le regardant.) Ah! mon Dieu! qu'est-ce que vous avez donc? Quelle drôle de physionomie!...

DE THÉMINE.

C'est vrai! la figure la plus étonnante.

HENRIETTE, riant.

Ah! ah! ah!

DE THÉMINE, riant aussi.

Il n'y a pas moyen... de garder son sérieux...

(Tous se mettent à rire.)

BONNEVAL, à part, regardant de Thémine.

Et il ose rire encore!... je n'ai pas une goutte de sang dans les veines... (Essayant de rire.) Ah! ah!...

DE THÉMINE, bas à Édouard.

Tâche donc de changer la conversation.

DE TORIGNI, regardant à terre et se baissant.

Par exemple, pour un homme soigneux, voilà une lettre que vous laissez traîner à terre...

BONNEVAL, qui est passé auprès d'Édouard.

Une lettre... laquelle?...

DE TORIGNI, la ramassant.

Non, je me trompe, ce n'est qu'une enveloppe... (La regardant.) « A monsieur Bonneval. » (S'arrêtant.) Ah! mon Dieu!...

ÉDOUARD, bas à Bonneval.

L'écriture de sa femme... Il la reconnaît.

BONNEVAL, de même.

Que lui dire?

DE THÉMINE, de même.

Silence!...

DE TORIGNI, à part, et regardant toujours l'adresse.

C'est bien sa main... et timbré de Mâcon... Il n'y a pas de doute... « A monsieur Bonneval. » Comment ma femme écrit-elle à Édouard, à ce jeune homme, qu'elle ne connaît pas? Je le saurai. (Haut, à Bonneval.) Je pense que cette enveloppe contenait une lettre qui appartenait à votre fils?

BONNEVAL, à part.

Dieu!... s'il allait lui chercher querelle!... (Haut.) Non, général, non, c'est à moi que la lettre était adressée.

DE TORIGNI, le regardant avec intention.

A vous?...

BONNEVAL, à part.

Il va me prendre pour un séducteur.

DE TORIGNI, se contenant.

Puis-je savoir, sans indiscrétion, quelle est la personne qui vous a envoyé cette lettre?... Comment se fait-il qu'elle vous écrit?... quelle affaire?... quelle relation?...

BONNEVAL, à part.

Je me sens une sueur froide; c'est fini, me voilà revenu des bonnes fortunes et des conquérants.

DE TORIGNI, avec une colère concentrée.

Eh bien !... ne pouvez-vous me répondre ?... Y a-t-il là-dessous quelque mystère ?...

ÉDOUARD, souriant et passant auprès de Torigni.

Aucun, général ; mais il n'est pas étonnant que mon père ignore ce dont il s'agit, c'est moi qui ai reçu la lettre, et qui l'ai lue.

(Bonneval passe à la droite de Thémine.)

DE TORIGNI.

Et de qui était-elle ?

ÉDOUARD.

Vous vous en doutez bien ; elle était de votre femme.

DE TORIGNI.

Et pourquoi vous écrivait-elle ?

EDOUARD.

Pour nous prévenir de votre arrivée.

DE THÉMINÉ, bas à Édouard.

A merveille !...

BONNEVAL, à part.

Dieu ! que ces avocats ont d'esprit, pour trouver des moyens !...

DE TORIGNI, à part.

Quoi ! vraiment, c'est cela ?... (Souriant.) Eh bien ! voyez, mes amis, si je suis malheureux !... l'aspect seul de cette enveloppe, cette écriture, avaient déjà fait naître dans mon esprit mille idées absurdes.

ÉDOUARD, bas à de Thémine.

Préviens madame de Torigni.

DE THÉMINE, de même.

J'y cours. (Avec effroi.) C'est elle !...

SCÈNE XI.

Les Mêmes; HORTENSE.

HORTENSE.

Ce n'est pas moi qui ferai attendre, je l'espère... Je descends pour le souper, car il paraît que l'on soupe... c'est amusant... c'est patriarcal... (A de Torigni.) Eh bien! monsieur, la conférence est-elle terminée?...

DE TORIGNI.

Sans doute... (Lui montrant l'enveloppe.) Tenez, connaissez-vous cela?...

HORTENSE, à part.

Oh ciel!...

DE TORIGNI.

Pourquoi, je vous le demande, ne pas m'en prévenir?...

HORTENSE.

Moi! que voulez-vous dire?...

DE THÉMINE.

Que la vue seule de cette enveloppe, trouvée à terre, avait déjà éveillé l'imagination du général.

ÉDOUARD.

Il ne voulait pas croire que vous nous eussiez écrit, madame, pour nous prévenir de votre arrivée.

HORTENSE, cherchant à se remettre.

Et pourquoi pas?... C'était, je crois, plus convenable que de surprendre ainsi vos amis...

DE TORIGNI.

Certainement; mais, je le répète, pourquoi ne m'en a-t-on rien dit?

HENRIETTE, venant entre Édouard et de Torigni.

C'est comme à moi; les frères sont singuliers!... il avait cette lettre, et ne m'en prévient pas!...

DE TORIGNI, regardant Édouard et sa femme.

C'est étonnant !...

HENRIETTE.

De sorte que j'ai été obligée, et vite, et vite...

ÉDOUARD, bas à Henriette.

Tais-toi donc !

DE TORIGNI, à Henriette, regardant Édouard et sa femme.

Ah ! il ne vous en a pas fait part !...

DE THÉMINE.

Les avocats ont bien autre chose en tête, et sont distraits comme les poètes. Allons, général, à table !

(Il va auprès de Torigni.)

DE TORIGNI, toujours observant.

Volontiers...

ÉDOUARD.

Vous verrez notre vin de Champagne de la façon de mon père !

DE TORIGNI, essayant de rire.

Ici... à Dijon?...

ÉDOUARD.

Certainement ; c'est en Bourgogne, maintenant, qu'on fait le champagne...

DE THÉMINE.

Aussi, moi qui n'en bois jamais, je tiendrai tête au général ; une fois par hasard, cela fait bien, cela étourdit.

DE TORIGNI.

Vous avez raison... (Bas à de Thémine, montrant Édouard et sa femme.) Mon cher ami, j'ai des soupçons sur ce jeune homme.

DE THÉMINE, de même.

Quelle folie ! Y pensez-vous ?

DE TORIGNI, de même.

Je ne les perds pas de vue.

AIR : Finale des *Voitures versées*.

TOUS.

A table, à table !
C'est ici l'instant d'être aimable ;
C'est un repas délicieux !
On soupait chez nos bons aïeux.
(A part.)
Cachons mon trouble à tous les yeux.

HORTENSE, bas à de Thémine, pendant que la musique continue.

Il faut que je vous parle, ne fût-ce qu'une minute.

DE THÉMINE, de même.

Impossible.

HORTENSE.

Ma sûreté en dépend.

DE THÉMINE.

J'irai. (Il s'éloigne, et dit à part :) La chambre verte ; je me le rappelle.

BONNEVAL, bas à Henriette.

La chambre destinée à madame est-elle prête ?

HENRIETTE, bas à Bonneval.

Y pensez-vous ? pour une belle dame, un tel appartement ? je lui donnerai le mien ; c'est le plus beau de la maison.

BONNEVAL, de même.

Et toi ?

HENRIETTE, de même.

Je prendrai la chambre verte.

TOUS.

A table ! à table !
C'est ici l'instant d'être aimable,

C'est un repas délicieux !
A table ! à table !

(Édouard offre sa main à Hortense ; de Torigni, Henriette, de Thémine et Bonneval sortent les derniers.)

ACTE DEUXIÈME

Un riche salon du château de madame de Simiane. Une cheminée et deux croisées au fond. Portes latérales. La porte à gauche de l'acteur est celle de l'appartement de madame de Simiane ; celle de droite est la porte d'entrée. Sur le devant, à gauche, un guéridon avec quelques papiers.

SCÈNE PREMIÈRE.

DE THÉMINE, Mme DE SIMIANE, UN DOMESTIQUE.

(De Thémine est assis à droite du théâtre, la tête appuyée sur sa main; Mme de Simiane entre par la porte à gauche, et parle à un domestique.)

Mme DE SIMIANE, au domestique.

Disposez tout, comme je l'ai dit, et avertissez-moi dès que ces messieurs viendront... (Le domestique sort par la porte à droite. Apercevant M. de Thémine, et à part.) Ah ! M. de Thémine... il arrive le premier... c'est bien...

DE THÉMINE, à part.

Plus de repos !... c'est horrible ! et depuis six semaines, depuis ce funeste voyage, ne pouvoir chasser cette idée qui me poursuit !...

Mme DE SIMIANE, s'approchant doucement.

Il ne me voit pas, tant il est préoccupé ! il ne faut pas m'en plaindre, c'est peut-être à moi qu'il pense.

DE THÉMINE, à part.

Fatale soirée! fatale ivresse!... (Madame de Simiane s'approche lentement, et met la main sur son épaule. De Thémine, la regardant.) Ah! Amélie!... (Avec délire, et joignant les mains.) Pardon!... Pardonnez-moi!...

Mme DE SIMIANE, souriant.

De ne m'avoir pas vue!

DE THÉMINE.

Oui, j'en avais besoin... je vous appelais... ne me quittez pas!... quand vous êtes près de moi, je suis heureux! je ne pense plus à rien, qu'à vous, qui, malgré votre cruauté, votre sévérité, êtes mon ange gardien.

Mme DE SIMIANE.

Dites-vous vrai?... tant mieux; mais savez-vous, mon ami, que depuis plus d'un mois, depuis votre retour des eaux, vous m'inquiétez sérieusement?...

AIR du vaudeville du *Piège*.

Ou d'humeur noire ou de vapeur
On vous croirait atteint!

DE THÉMINE.
Quelle injustice!

Mme DE SIMIANE.

C'est donc le spleen?

DE THÉMINE.
Eh! non, vraiment! erreur!

Mme DE SIMIANE.

Alors, monsieur, c'est un caprice,
C'est pire encor; ce sont des torts nouveaux
Qu'il faut nous laisser, à nous autres!
Pourquoi, messieurs, nous prendre nos défauts?
Vous avez bien assez des vôtres!

Et c'est pour vous gronder que je vous ai fait venir de si

10.

bon matin ici, dans mon château; vous pensiez peut-être être en bonne fortune?

DE THÉMINE.

Mais oui; puisque je venais vous voir.

Mme DE SIMIANE.

Eh bien! mon ami, détrompez-vous; il s'agit de choses très sérieuses, et auxquelles vous ne vous attendez guère... D'abord, parlons raison : il y a quelques mois, quand je vous offris ma main, vous m'avez refusée... vous n'aviez rien, vous ne vouliez pas tenir de votre femme votre fortune et votre existence dans le monde; et tout en blâmant un excès de délicatesse qui nous rendait malheureux, je trouvais à ce refus un motif trop noble pour m'en offenser; mais depuis six semaines environ, la mort de votre cousin vous laisse héritier d'une fortune égale au moins à la mienne; c'est chez votre ami, chez M. Édouard Bonneval, que vous avez, si je ne me trompe, appris cette nouvelle; et dès le lendemain au matin, vous avez quitté sa campagne près de Dijon, et vous êtes accouru chez moi, à Paris, dans un état que je ne pourrai jamais oublier... un air sombre et égaré, une physionomie toute renversée; et cependant je ne pouvais attribuer cette douleur à la perte de votre cousin, que vous n'aimiez pas, et avec qui vous étiez fort mal... Ma première pensée, je l'avoue, on craint tout quand on aime, fut que votre cœur était changé... que vous ne m'aimiez plus...

DE THÉMINE.

Moi!

Mme DE SIMIANE.

Je fus bientôt rassurée... jamais vous n'aviez été pour moi plus tendre et plus assidu; mais souvent, dans vos yeux, il y avait une expression de regrets, d'amour et de repentir, qui me touchait tellement que, bien des fois, je fus tentée de vous dire : Je te pardonne...

DE THÉMINE.

Me pardonner... eh! quoi?...

Mme DE SIMIANE.

Je n'en sais rien, mais je vous pardonnais toujours; et maintenant que je sais tout...

DE THÉMINE.

O ciel!... vous sauriez... non... non... ce n'est pas possible!

Mme DE SIMIANE.

L'autre semaine, au jardin, vous causiez avec votre frère... j'étais près de vous, et il vous disait : « Eh bien! quand vous mariez-vous?... — Peut-être jamais! avez-vous répondu... Il me semble que j'ai si peu de temps à vivre... je suis tellement souffrant, que, quoique adorant madame de Simiane, il y a peu de générosité à moi à l'associer à mon sort... » Voilà ce que vous avez dit... et c'est donc là, monsieur, la cause de votre tristesse?

DE THÉMINE, à part.

Ah!... gardons-nous de la détromper! (Haut.) Eh bien! oui, madame; oui, j'en conviens... des pressentiments dont je rougis moi-même...

Mme DE SIMIANE.

Et qui n'ont pas le sens commun. Mais quand vous auriez dit vrai, où donc deviez-vous chercher des soins et des consolations, si ce n'est auprès de moi?... Veiller sur celui qu'on aime, éloigner de lui la douleur... mais nous sommes faites pour cela, c'est notre état, notre mérite... le seul que le temps ne puisse nous enlever; et en se mariant, mon ami, l'on y compte un peu... Si vous ne nous aimez que tant que nous sommes belles, et tant que vous êtes jeunes, notre empire serait de bien courte durée; mais malheureusement arrivent pour vous les années et les souffrances... vous nous aimez alors, parce que nous sommes bonnes, vous nous aimez en proportion de vos peines, et cet amour-là n'est pas comme l'autre : il ne fait qu'augmenter...

DE THÉMINE.

Ah! comment reconnaître tant d'amour et de générosité!...

Mme DE SIMIANE.

Je n'en ai pas tant que vous croyez... car cette fois, je n'ai point pardonné, et je me suis vengée à mon tour de votre manque de confiance... J'ai tout disposé sans vous en prévenir... je vous ai écrit hier que je vous priais de vous rendre ici, dans mon château, pour une affaire importante... qui ne souffrait pas de retard...

DE THÉMINE.

Et laquelle ?

Mme DE SIMIANE.

Vous ne devinez pas ?... votre mariage, monsieur...

DE THÉMINE, avec joie.

Il se pourrait !... un pareil bonheur !...

Mme DE SIMIANE.

On ne vous demande pas votre avis, ni votre consentement.

AIR : J'ai vu le Parnasse des dames.

Au complot, à la perfidie,
En vain vous aurez beau crier !
Bon gré, mal gré, l'on vous marie,
Vous êtes notre prisonnier !
Oui, dans ce château je commande ;
Et d'en sortir perdez l'espoir !
C'est votre peine...

DE THÉMINE.

Ah! je demande
Qu'elle commence dès ce soir!

Mme DE SIMIANE.

Quoi! vraiment, cela ne vous effraie pas!

DE THÉMINE.

Ah! j'oublie tout !... plus de remords !... plus de regrets!

Mais comment, sans que j'aie pu m'en douter, une pareille conspiration... a-t-elle réussi?...

Mme DE SIMIANE.

En ne disant rien à personne... vous comprenez... pas même à nos témoins, dont l'un est ici depuis hier soir, et les autres vont arriver ce matin, sans savoir même de quoi il s'agit.

DE THÉMINE.

Et ces témoins sont?...

Mme DE SIMIANE.

Des amis, dont la présence, je crois, vous sera agréable... et il faut que vous les trouviez bien, car, en l'absence de votre frère, qui vient de quitter Paris, je les ai fait venir exprès.

DE THÉMINE.

Et qui donc?

Mme DE SIMIANE.

D'abord, de votre côté, votre meilleur ami... un charmant jeune homme, pour qui j'ai la plus grande estime, et que vous-même autrefois m'avez présenté... Édouard Bonneval.

DE THÉMINE, vivement.

Édouard!... Ah! ce nom-là me rappelle...

Mme DE SIMIANE.

Quoi donc?...

DE THÉMINE.

Rien... excusez-moi... je voulais dire... que surpris ainsi à l'improviste...

SCÈNE II.

Les Mêmes; UN DOMESTIQUE.

LE DOMESTIQUE.

Deux messieurs demandent à parler à madame.

Mᵐᵉ DE SIMIANE.

Qui donc ?...

LE DOMESTIQUE.

Messieurs Bonneval, le père et le fils.

DE THÉMINE, à part.

Ah! dans ce moment surtout, je ne pourrais supporter leur présence.

Mᵐᵉ DE SIMIANE, au domestique.

Et vous les faites attendre!... qu'ils entrent sur-le-champ!... (A de Thémine.) Qu'avez-vous donc?

DE THÉMINE, embarrassé.

Deux mots à écrire... à envoyer à Paris.

Mᵐᵉ DE SIMIANE, lui montrant sa chambre.

Eh bien! là, dans mon appartement... (De Thémine passe à sa gauche, et lui baise la main.) N'est-ce pas dans votre appartement?

(De Thémine entre dans l'appartement à gauche.)

SCÈNE III.

BONNEVAL, ÉDOUARD, Mᵐᵉ DE SIMIANE.

ÉDOUARD, à la porte.

Entrez donc, mon père.

BONNEVAL.

C'est toi qui me présente.

(Ils entrent.)

Mᵐᵉ DE SIMIANE.

Je vous remercie de votre exactitude, monsieur Édouard, et plus encore de la surprise que je vous dois; je n'aurais pas osé compter sur le plaisir de voir monsieur votre père, et je m'estime bien heureuse que de lui-même...

BONNEVAL.

Oui, madame... (A part.) Voilà une femme charmante!... (Haut.) J'ai voulu accompagner mon fils à Paris, d'abord pour voir Paris, et pour jouir de ses succès, à ce cher enfant!...

Mme DE SIMIANE.

C'est si naturel!... Il marche à une belle réputation, et chacun dit que sa place est marquée au premier rang.

BONNEVAL, à Édouard.

Tu l'entends!... (A madame de Simiane.) Et avec tout cela, il n'est pas heureux.

Mme DE SIMIANE.

Est-il possible!

ÉDOUARD, à Bonneval.

Il ne s'agit pas de moi, mon père, mais de madame. (A Madame de Simiane.) Et quand j'ai reçu de vous ce billet où vous me dites seulement : « Venez, j'ai besoin de vous... j'at-« tends de vous un service, » j'ai tout quitté, et me voilà !

Mme DE SIMIANE.

Je connaissais votre amitié, je n'en doutais pas; et plaise au ciel que vous puissiez quelque jour mettre la mienne à l'épreuve!

ÉDOUARD.

Que de bontés!...

BONNEVAL.

Et tu hésites encore à parler?...

ÉDOUARD, d'un air suppliant.

Mon père, au nom du ciel!...

Mme DE SIMIANE.

Qu'y a-t-il donc?...

BONNEVAL, passant entre Édouard et madame de Simiane.

Une chose d'où dépend son sort.

Mme DE SIMIANE.

Est-il vrai? parlez vite!..

ÉDOUARD.

Ne le croyez pas, madame!...

BONNEVAL.

Quelque chose que j'ai appris par sa sœur, et qu'il n'a jamais osé vous dire; et s'il faut vous l'avouer, madame, c'est pour cela que je suis venu avec lui... J'ai dit : Je verrai madame de Simiane; il faut qu'elle sache ce dont il s'agit; et puisque j'ai un fils qui, quoique avocat, ne peut pas parler, je parlerai pour lui.

ÉDOUARD.

Mon père!...

BONNEVAL.

Oui, monsieur... et si je parle mal, madame excusera, parce que je n'ai fait ni mon droit ni mon stage; mais il n'y a pas besoin de cela pour expliquer nettement ses affaires, sa position, et pour aller au fait.

Mme DE SIMIANE.

Eh! allez-y, de grâce!

BONNEVAL.

Vous avez raison. Vous saurez, madame, que je n'ai pas de fortune; mais j'ai deux enfants qui font mon bonheur, c'est-à-dire qui faisaient, car, depuis quelque temps, ma pauvre fille est triste et souffrante...

Mme DE SIMIANE.

Votre fille! cette chère Henriette?...

BONNEVAL.

Personne ne sait ce qu'elle a!...

AIR : Du partage de la richesse. (Fanchon la Vielleuse.)

Moi, je le sais, c'est qu'elle aime son frère!
Et que son frère, et sombre et malheureux,
Le jour entier gémit, se désespère!
Lui que j'ai vu si content, si joyeux!
Mon pauvre fils, mon espoir, mon idole,
Lui qu'on citait déjà comme avocat,

Perd l'appétit, le sommeil, la parole...
Si ça dure... adieu son état ;
Vous le voyez, il perdra son état !

Mme DE SIMIANE.

Et qu'a-t-il donc ?...

BONNEVAL.

Il a, madame, qu'il est amoureux.

ÉDOUARD.

Mais, mon père...

BONNEVAL, montrant Édouard.

Oui, madame, oui, mon client est amoureux... Regardez plutôt si j'ai menti ! et c'est là-dessus qu'il voudrait avoir vos conseils.

Mme DE SIMIANE.

Je connais donc la personne ? Je puis lui être utile ? Son nom ? Édouard... et si j'ai quelque pouvoir sur elle... je lui dirai tout ce que je pense de vous... je lui peindrai avec tant de chaleur vos talents, votre bon cœur, votre mérite, que je la forcerai bien à dire oui.

(Édouard passe auprès de madame de Simiane.)

ÉDOUARD.

Dites-le donc, car cette personne-là, c'est vous !...

Mme DE SIMIANE.

Moi, grand Dieu !...

ÉDOUARD.

Oui, madame, vous-même !

Mme DE SIMIANE.

Ah ! monsieur !... ah ! mon ami ! qu'ai-je fait !... et me pardonnerez-vous jamais le coup que je vais vous porter ? Ce billet que je vous ai écrit, il y a quelques jours...

ÉDOUARD.

En me priant de venir ici pour vous rendre un service...

Mme DE SIMIANE, vivement.

Croyez bien que j'ignorais... que... (A elle-même.) J'étais bien loin de me douter...

ÉDOUARD.

Achevez... Ce service que vous attendiez de moi... quel était-il?

Mme DE SIMIANE, baissant les yeux.

D'être mon témoin... pour mon mariage...

BONNEVAL et ÉDOUARD.

O ciel!...

Mme DE SIMIANE.

Avec M. de Thémine, votre ami.

ÉDOUARD.

AIR : Un jeune Grec assis sur des tombeaux.

Est-il possible!

BONNEVAL.

Allons, c'est encor lui!
Le maudit homme! il n'en manque pas une!

ÉDOUARD.

Eh quoi! c'est vous qu'il adore aujourd'hui?

Mme DE SIMIANE.

Vous l'ignoriez?

ÉDOUARD.

Oui, pour mon infortune!
Sans vous nommer, sans cesse il me parlait
De l'amour qu'en lui faisait naître...
Un ange! un être et divin et parfait...
Ah! c'est ma faute, et rien qu'à ce portrait
Mon cœur eût dû vous reconnaître,
Oui, j'aurais dû vous reconnaître!

Mme DE SIMIANE, lui prenant la main.

Monsieur Édouard...

ÉDOUARD.

Oubliez que j'ai parlé, oubliez-moi, épousez-le...

BONNEVAL.

Et moi, je ne le souffrirai pas; je m'oppose à ce mariage! et ne croyez pas que ce soit par intérêt personnel! Ce n'est plus pour mon fils, c'est pour vous-même, madame, et par l'affection que je vous porte... vous ne pouvez pas être heureuse avec un pareil homme.

Mme DE SIMIANE.

Que dites-vous?

BONNEVAL, à Édouard.

Si elle savait comme moi ce qui en est... si je lui disais...

ÉDOUARD, l'interrompant.

Mon père! taisez-vous! au nom de l'amitié et de l'honneur!

BONNEVAL, de même et avec colère.

Mais c'est ton rival!

ÉDOUARD.

Raison de plus!...

SCÈNE IV.

Les Mêmes; DE THÉMINE.

Mme DE SIMIANE, qui a été au-devant de lui.

Venez, de Thémine, venez m'aider à réparer nos torts envers un ami, envers qui nous sommes bien coupables!...

DE THÉMINE, troublé.

Que dites-vous?

Mme DE SIMIANE.

Je l'avais choisi pour témoin de notre union, et il vient de m'apprendre...

DE THÉMINE.

Et quoi donc? au nom du ciel! achevez.

Mme DE SIMIANE.

J'étais si loin de soupçonner les sentiments que lui-même vaait pour moi.

DE THÉMINE, respirant plus librement.

Comment! c'était cela?... il vous aimait?... (Allant à Édouard, et lui prenant la main.) Oui, tu dois m'en vouloir, et je te l'avais bien dit : mon amitié est fatale... elle porte malheur.

ÉDOUARD, à de Thémine.

J'oublierai mon chagrin pour ne songer qu'à ton bonheur. (A madame de Simiane.) Vous, madame, si vous croyez désormais me devoir quelque amitié, je vous en demanderai une preuve...

Mme DE SIMIANE.

Et laquelle?...

ÉDOUARD.

C'est de ne rien changer à ce que vous avez décidé pour aujourd'hui.

AIR de la Sentinelle.

Comme témoin, et surtout comme ami,
Auprès de vous, vous m'appeliez, madame...

BONNEVAL.

Ah! c'en est trop! tu veux encore ici...

ÉDOUARD.

Oui, c'est un droit que l'amitié réclame!
C'est un devoir que je rempli.
Jadis, et par faveur insigne,
Vous m'accordiez ce nom d'ami...
C'est moi qui le prends aujourd'hui,
Car d'aujourd'hui je m'en crois digne.

Mme DE SIMIANE.

Quoi! tant de générosité...

ÉDOUARD.

C'est convenu, ne parlons plus de moi, mais de vous... (Se retournant, et apercevant Bonneval qui pleure.) Allons donc, mon père, aurez-vous moins de courage que moi?...

BONNEVAL.

Mon pauvre fils!...

ÉDOUARD.

Il ne faut pas ne songer qu'à soi dans ce monde... (Regardant madame de Simiane.) Il faut penser au bonheur des autres, cela console de tout. (A Madame de Simiane.) Je suppose que vous attendez beaucoup de monde, nombreuse compagnie.

Mme DE SIMIANE.

Non pas! ce mariage doit se faire sans éclat, en petit comité, entre amis, vous d'abord, et puis le général de Torigni.

BONNEVAL.

Le général!

Mme DE SIMIANE.

C'est mon parent. Je l'avais choisi pour témoin de mon côté, et sans être prévenu plus que vous de mes projets, il est arrivé ici hier soir avec sa femme.

DE THÉMINE, avec effroi.

Sa femme!

ÉDOUARD.

Madame de Torigni?...

BONNEVAL, à part.

En voici bien d'une autre!...

Mme DE SIMIANE.

Ils ont passé la nuit au château, et je m'étonne qu'ils ne soient pas encore descendus.

DE THÉMINE, bas à Édouard.

C'est fait de moi! rien n'arrêtera Hortense...

Mme DE SIMIANE.

Ma chère tante sera sans doute encore à sa toilette, car c'est pour elle une affaire d'État!... que sera-ce quand elle saura qu'il s'agit d'un mariage? elle ne me pardonnera pas de le lui avoir laissé ignorer.

DE THÉMINE.

Eh bien! de grâce, ne lui en parlez pas encore... non plus qu'au général.

Mme DE SIMIANE.

Et pourquoi donc?...

DE THÉMINE.

Des raisons que vous saurez, que je vous expliquerai. Mais au nom du ciel, ne parlez pas de moi, du moins dans ce moment; plus tard, je ne dis pas...

Mme DE SIMIANE.

Il faut qu'il y ait un motif...

ÉDOUARD.

Que je devine sans peine, l'amour-propre, le respect humain. Il s'est tant de fois moqué du mariage devant le général, que dans ce moment-ci, redoutant sa raillerie...

BONNEVAL, à part.

Et il va encore trouver des moyens pour son rival!

Mme DE SIMIANE.

Quoi! monsieur, vous seriez comme *le Philosophe marié*... vous rougiriez d'être heureux?...

DE THÉMINE, avec impatience.

Ce motif-là, ou tout autre... Ce sont eux, je les entends; quelques heures encore, quelques heures de silence, si vous ne voulez pas me faire une peine réelle.

Mme DE SIMIANE.

Ce mot suffit, mon ami, et aujourd'hui, comme toujours, je vous obéirai.

DE THÉMINE, à part.

Je respire! d'ici à ce soir je préviendrai Hortense, et je l'amènerai à ce mariage.

SCÈNE V.

Les Mêmes ; DE TORIGNI, HORTENSE.

HORTENSE, entrant en causant avec de Torigni.

Oui, monsieur, j'en aurai la migraine ; me lever de si bonne heure !...

DE TORIGNI.

A onze heures passées...
(Pendant que madame de Simiane va au-devant de Torigni, de Thémine passe auprès d'Édouard.)

Mme DE SIMIANE, à de Torigni et à Hortense.

Bonjour, mon cher oncle... bonjour, ma jolie tante...

HORTENSE.

C'est charmant d'être tante quand on est plus jeune que sa nièce... Non, ne vous fâchez pas, du même âge... je le dis partout, parce que cela me vaut une foule de compliments... qui sont toujours les mêmes, et qui me font toujours plaisir... Quoi ! madame est tante... peut-être grand'tante !... Eh mon Dieu !... cela ne tardera peut-être pas... (A madame de Simiane.) Cela dépend de vous... (Se retournant et apercevant de Thémine qui jusque-là s'est tenu à l'écart près d'Édouard, elle pousse un cri.) Ah ! (Elle se reprend, lui fait froidement la révérence, et s'avance gaiement près d'Édouard.) Monsieur Édouard... (Se retournant et s'adressant à madame de Simiane.) Et vous ne me dites pas que vous attendiez du monde. (Saluant et à Édouard.) Grâce au ciel, les vacances sont finies, et j'espère que nous vous recevrons cet hiver.

DE TORIGNI, à part.

Quel empressement !... (Haut.) Il me l'a bien promis.

HORTENSE.

Le général y compte, il vous aime beaucoup, et je suis si contente de l'entourer de ses amis !...

ÉDOUARD, qui est passé auprès d'Hortense.

En voici un que je vous présente, M. Bonneval, mon père.

HORTENSE.

Que j'ai grand plaisir à revoir. Et votre aimable Henriette, comment va-t-elle ?

BONNEVAL.

Je n'en suis pas content... elle est souffrante, elle est triste.

HORTENSE.

Vous ne l'avez pas amenée avec vous à Paris ?...

BONNEVAL.

Non, elle a voulu rester à Dijon.

DE THÉMINE, à part.

Ah !... je respire.

DE TORIGNI.

Nous irons la voir en passant, en retournant à ma terre...

HORTENSE, étourdiment.

Oui, mais après l'hiver... le plus tard possible ; je n'aime pas la campagne. (Geste de Torigni.) Si, monsieur ! je l'aimerai si cela peut vous faire plaisir... je l'aime déjà, aujourd'hui surtout ; et quoique je ne sache pas encore pourquoi madame de Simiane nous a convoqués si solennellement...

DE TORIGNI.

Elle va nous l'apprendre... je l'espère...

Mme DE SIMIANE.

Pas tout à fait encore ; je puis cependant vous dire la moitié de mon secret, et vous avouer que je vais me marier aujourd'hui même.

HORTENSE.

Est-il possible !

DE TORIGNI.

Elle a raison.

HORTENSE.

Et moi, je ne le lui conseille pas. Qu'est-ce qu'elle peut désirer? elle est veuve...

DE TORIGNI.

Eh bien!... par exemple!...

HORTENSE.

Je voulais dire : elle est libre, elle est riche, et si elle me demandait mon avis...

Mme DE SIMIANE.

C'est pour cela que j'ai convoqué ma famille.

HORTENSE, regardant de Thémine et Édouard.

Mais ces messieurs ne sont pas de votre famille. Comment alors se fait-il...

DE TORIGNI.

Je devine, l'un d'eux est le prétendu...

HORTENSE, vivement.

S'il était vrai!... (Courant à madame de Simiane.) Lequel, Amélie, lequel de ces messieurs?

Mme DE SIMIANE, souriant.

Eh mais! vous êtes bien curieuse, et sans manquer, ma chère tante, au respect que je vous dois, je ne vous dirai que tantôt, avant dîner, lequel de ces messieurs sera mon mari.

BONNEVAL, souriant.

D'abord, et malheureusement ce n'est pas moi.

Mme DE SIMIANE, d'un air aimable.

Qu'en savez-vous? Je n'excepte personne.

HORTENSE, à part.

Je comprends, et la présence du père en ces lieux me dit assez... (Vivement à madame de Simiane.) Vous avez raison, je vous approuve, vous ne pouviez faire un meilleur choix... si bon, si aimable! A votre place, j'aurais fait comme vous, car j'ai toujours eu un faible pour lui...

11.

DE TORIGNI.

Et pour qui donc?

HORTENSE, revenant auprès d'Édouard.

Pour monsieur Édouard, je le dis devant lui; quoi qu'il arrive, mon amitié lui est acquise, et je n'oublierai jamais...

DE TORIGNI, vivement.

Quoi donc?

HORTENSE.

Que, puisqu'il y a une noce, il doit y avoir un bal, et nous danserons ensemble ce soir. (A de Torigni.) Oui, monsieur, vous avez beau faire la moue, nous danserons : vous nous regarderez, cela vous amusera. On croit mon mari jaloux, ce n'est pas vrai. On lui a fait une réputation qu'il ne mérite pas. J'ouvrirai le bal avec M. Édouard.

DE TORIGNI.

Y pensez-vous?

HORTENSE.

C'est de droit! la contre-danse des grands parents. Monsieur de Thémine, vous viendrez m'inviter pour le premier galop. Peut-être que je vous refuserai. C'est égal, venez toujours. Et puis j'ai à causer avec vous, une querelle à vous faire.

DE TORIGNI.

Et sur quoi?

HORTENSE, froidement.

C'est mon secret. Si nous profitions de la matinée pour faire un tour de parc?

DE THÉMINE, à Édouard.

Débarrasse-moi d'elle, je t'en prie.

DE TORIGNI, regardant Édouard qui cause avec de Thémine.

Encore ce jeune homme... et de Thémine saurait-il?... serait-il son confident? J'observerai...

AIR : Et vous, ma belle fille. (*Le Serment.*)

Suivons cette jeunesse ;
(A Bonneval.)
Nous représentons la Sagesse...
Prenez mon bras !

BONNEVAL.

Ah ! de grand cœur !
(A part, montrant de Thémine.)
Le général et lui me font trembler de peur !

Ensemble.

TOUS.

Allons, la matinée est belle ;
Par ce soleil pur et brillant,
Parcourons ce séjour charmant !

Mme DE SIMIANE.

A mes serments je suis fidèle ;
(Regardant de Thémine.)
Et j'espère qu'en ce moment
De moi l'on doit être content !

ÉDOUARD, offrant son bras à Hortense.

Madame me permettra-t-elle ?...
J'ose ici réclamer ce droit...

HORTENSE, acceptant avec peine.

Mais oui, monsieur !...
(Regardant de Thémine, à part et avec dépit.)
Le maladroit !

Ensemble.

DE TORIGNI.

Ayons toujours les yeux sur elle ;
Époux attentif et prudent,
Ne les quittons pas un instant !

DE THÉMINE, regardant Édouard.

De l'amitié parfait modèle,
En s'emparant d'elle il me rend
Un grand service en ce moment !

BONNEVAL.
J'éprouve une frayeur mortelle!
D'effroi, rien qu'en les regardant,
Moi, je me sens toujours tremblant!

HORTENSE et ÉDOUARD.
Allons, la matinée est belle;
Par ce soleil pur et brillant,
Parcourons ce séjour charmant.

Mme DE SIMIANE.
A mes serments je suis fidèle! etc.
(Ils sortent tous, excepté de Thémine et madame de Simiane.)

SCÈNE VI.

Mme DE SIMIANE, DE THÉMINE.

Mme DE SIMIANE, souriant.
Eh bien! mon seigneur et maître, êtes-vous content? ai-je obéi?... ai-je bien exécuté vos ordres?...

DE THÉMINE.
Ah! c'est trop de bonté et de générosité!...

Mme DE SIMIANE.
Et maintenant puis-je savoir?...

DE THÉMINE, à part.
Oh! non!... j'ai trop besoin de son estime.(Haut.) Écoutez, Amélie, il est un secret qui me pèse, qui me rend malheureux... Vous le saurez un jour... bientôt... Mais dans ce moment, pour vous et pour moi, ne me le demandez pas...

Mme DE SIMIANE, avec effroi.
Oh ciel!... (Avec sang-froid.) Ce secret intéresse-t-il votre amour pour moi?... Vous empêche-t-il de m'aimer?...

DE THÉMINE.
Non... je vous aime plus que jamais!... je n'aime que vous... vous seule au monde...

Mme DE SIMIANE, avec calme.

Ce mot me suffit... Je ne vous demande rien... Il n'y a pas d'amour sans confiance, et j'ai confiance en vous... Vous ne l'avez pas trahie... vous ne la trahirez jamais... Je vous crois... je suis tranquille... Décidez pour aujourd'hui ce qu'il faudra faire... (Elle passe à la gauche de Thémine.) Je suis là, à deux pas, dans mon appartement... J'attends vos ordres... et je vous ai déjà prouvé que j'étais heureuse de les suivre...

(Elle sort et entre dans l'appartement à gauche.)

SCÈNE VII.

DE THÉMINE, puis HORTENSE.

DE THÉMINE.

Ah !... si cette femme-là ne mérite pas les adorations du monde entier !... Oui, je dois à jamais lui laisser ignorer mes torts... cette découverte-là lui porterait le coup de la mort... Ciel ! Hortense !

HORTENSE, entrant vivement par la porte à droite, et avec un calme affecté.

Je viens de l'apprendre... je ne puis le croire encore... j'ai besoin de l'entendre de votre bouche.

DE THÉMINE.

Qu'avez-vous, madame ?...

HORTENSE.

Votre ami, Édouard, m'a avoué tout à l'heure que ce n'était point lui qui épousait madame de Simiane... J'ai quitté son bras, je me suis élancée, j'ai couru !... Et qui donc, alors ?... qui donc si ce n'est vous ?...

DE THÉMINE, avec inquiétude, et regardant la porte à gauche.

Silence... au nom du ciel !...

HORTENSE.

C'est vous, je le vois !... et vous croyez que je supporterai une pareille trahison !...

DE THÉMINE.

Plus bas, je vous en supplie !... Hortense !... taisez-vous...

HORTENSE, à voix haute, et passant à droite du théâtre.

Non, je ne me tairai pas !... je le dirai à vous, à tout le monde... je proclamerai tout haut... et vos torts et les miens... Et l'on jugera qui de nous fut le plus coupable !... Un homme s'est présenté ; et des parents, sans voir ses années et ses rides, m'ont dit : « Il est riche, épouse-le, nous le voulons... » Jeune, sans expérience, j'ai obéi... Savais-je alors ce que j'étais... ce que j'éprouvais ?... Je m'ignorais moi-même...

DE THÉMINE.

Hortense !...

HORTENSE.

Ah ! parce que j'étais étourdie, légère, vous avez cru que je ne voyais rien... pas même l'abîme ouvert sous mes pas... Détrompez-vous ; je savais que j'exposais mon avenir, ma réputation, ma vie peut-être ; mais c'était pour vous !... et ce mot seul faisait oublier le danger... il faisait tout oublier !...

DE THÉMINE, à part.

Malheureux que je suis !...

HORTENSE.

Il est ému !... il pleure... Ah ! je savais bien que ma voix arriverait à son cœur !... qu'il ne voudrait pas me faire un si grand chagrin, à moi qui ne lui en ai jamais fait !... Ces hommages, ces vœux, dont j'étais fière... les voulez-vous ?... je vous les sacrifie... Quand on me disait... « Qu'elle est belle !... » ce n'était pas pour moi que j'en étais heureuse... Et pour prix de tant d'amour, vous en épouseriez une autre !...

Oh ! non, vous auriez des regrets, des remords ; vous seriez malheureux avec elle... n'est-ce pas ?...

DE THÉMINE.

Moi ?...

HORTENSE, passant à gauche.

Oui ; et pour n'y plus songer, et pour l'oublier... viens, partons...

DE THÉMINE.

Y pensez-vous ?...

HORTENSE.

Oui, sans doute ; ce rang, ces richesses qu'on m'a imposés, je les abandonne, j'y renonce.

DE THÉMINE.

Quelle imprudence !... quelle déraison !... et le général ?...

HORTENSE.

Eh bien ! s'il nous surprend, il nous tuera !... Craindrais-tu la mort !... Moi, je ne crains rien, que de te perdre !...

SCÈNE VIII.

BONNEVAL, DE THÉMINE, HORTENSE.

BONNEVAL, entrant par la droite, d'un air effaré.

Ciel !... tous les deux ensemble !... j'en étais sûr.

DE THÉMINE.

Qu'avez-vous donc ?

BONNEVAL.

Vous êtes perdus !... le général vous cherche, il a des soupçons...

DE THÉMINE.

Et sur quoi ?...

BONNEVAL.

Je ne sais, mais il est furieux ; et s'il vous trouve ainsi...

DE THÉMINE.

En effet, dans le trouble où il est... (A Hortense.) Fuyez, qu'il ne vous voie point.

(Il la pousse vers la porte à droite.)

BONNEVAL, l'arrêtant.

Eh non !... le général me suivait, je l'ai laissé au bas de l'escalier.

HORTENSE, montrant la porte à gauche où est madame de Simiane.

Alors, de ce côté...

DE THÉMINE, effrayé.

Eh non !... encore moins...

BONNEVAL, qui pendant ce temps a couru à la porte à droite, et qui la ferme au verrou.

C'est lui !... je l'entends !...

DE TORIGNI, en dehors, secouant la porte.

Ouvrez !... ouvrez !...

DE THÉMINE, à Bonneval.

Qu'avez-vous fait ?...

BONNEVAL.

J'ai mis le verrou.

DE THÉMINE.

Quelle imprudence !... c'est justifier ses soupçons.

BONNEVAL.

Que voulez-vous ?... moi, je perds la tête... Quand on n'a pas comme vous la grande habitude...

DE TORIGNI.

Ouvrez !... ouvrez !...

DE THÉMINE, avec impatience.

Mais ouvrez donc !...

BONNEVAL.

Puisqu'ils le veulent tous...

HORTENSE.

Retenez-le... un instant seulement...

(Elle s'élance dans la chambre à gauche.)

DE THÉMINE, voulant la retenir.

Que faites-vous-là ! ô ciel !...

(La porte à gauche se referme au moment où le général entre par la porte à droite que Bonneval vient d'ouvrir.)

SCÈNE IX.

BONNEVAL, DE TORIGNI, DE THÉMINE.

DE TORIGNI, avec trouble, après un moment de silence.

Pourquoi donc ce salon est-il fermé ?...

BONNEVAL.

C'est moi qui machinalement et sans le vouloir...

DE TORIGNI, avec trouble, et regardant autour de lui.

Vous, Bonneval !... Je croyais trouver ici, non pas vous, mais votre fils... et en montant, je l'ai aperçu... lisant dans la bibliothèque... ce qui m'a arrêté... Ce n'est donc pas lui...

BONNEVAL, vivement.

Oh ! non !... à coup sûr vous auriez bien tort de le soupçonner...

DE TORIGNI.

Et de quoi ?...

BONNEVAL, embarrassé.

Je ne sais... je voulais dire... d'avoir des idées...

DE TORIGNI.

Et lesquelles !... Vous en avez donc vous-même ?... j'ai donc raison d'en avoir ?...

BONNEVAL, à part.

Oh ! que je voudrais être loin d'ici !

DE TORIGNI, lui prenant la main.

Restez!... Eh mais! vous tremblez! et le trouble où vous êtes, parce que je vous rencontre en ce salon avec M. de Thémine... cela n'est pas naturel... Vous n'y étiez pas seul?...

BONNEVAL, tremblant.

Je l'ignore...

DE TORIGNI, lui secouant la main avec force.

Vous l'ignorez?...

BONNEVAL, de même.

Oui, général... j'arrive à l'instant... je venais d'entrer...

DE TORIGNI.

Mais quand vous êtes entré, monsieur n'était pas seul?

BONNEVAL, de même.

C'est possible... je ne dis pas...

DE TORIGNI.

Et avec qui était-il?...

BONNEVAL, de même.

Je n'en sais rien... je n'ai pas vu...

DE TORIGNI.

On s'est donc enfui à votre arrivée?...

BONNEVAL.

Comme vous voudrez...

DE TORIGNI.

Comme je voudrai!...

BONNEVAL.

Je veux dire que j'ignore... puisque je ne l'ai pas vu, comment est sorti... le... monsieur qui était ici... car c'était un homme...

DE TORIGNI.

Et comment le savez-vous, si vous ne l'avez pas vu?

BONNEVAL.

Je dis... je suppose...

DE TORIGNI, avec colère.

Un homme, dites-vous?... un homme!... et c'est lui sans doute qui aura oublié ce que je vois là!...
(Montrant un gant de femme qu'Hortense a laissé sur un fauteuil, à gauche, et dont il s'empare.)

DE THÉMINE, allant à lui.

Monsieur... je ne souffrirai pas...

DE TORIGNI.

Ah!... vous l'avouez donc enfin; une femme était ici, avec vous... quand il vous a surpris?... et par où a-t-elle pu s'échapper?... par cette seule issue! (Montrant la porte à gauche.) et je saurai...

DE THÉMINE, se mettant devant la porte.

Non, monsieur, vous n'entrerez pas.

BONNEVAL.

Je sens que je me trouve mal.

DE TORIGNI, hors de lui.

Songez, monsieur... songez que c'est m'avouer...

DE THÉMINE.

Tout ce que vous voudrez, mais vous n'entrerez pas...

Ensemble.

AIR de *Robert-le-Diable.*

DE TORIGNI.

C'en est trop! mon honneur
Punira qui m'offense!
Je sens battre mon cœur
De rage et de fureur!
Si mon bras sans défense
Diffère son trépas,
A ma juste vengeance
Il n'échappera pas!

DE THÉMINE.

Oui, je dois, sur l'honneur,
Prendre ici sa défense !
Ses soupçons, sa fureur
Ne font rien sur mon cœur !..
Oui, si je vous offense,
Parlez !... de votre bras
Je crains peu la vengeance,
Mais vous n'entrerez pas !

BONNEVAL.

Je frémis de terreur,
Malgré mon innocence !
Oui, je meurs de frayeur
En voyant sa fureur !
De celui qui l'offense
Il lui faut le trépas !
Pourvu qu'à sa vengeance
Il ne me mêle pas !

SCÈNE X.

LES MÊMES ; Mme DE SIMIANE, paraissant à la porte à gauche qu'elle vient d'ouvrir ; puis UN DOMESTIQUE.

Mme DE SIMIANE, avec calme.

Et pourquoi donc, de Thémine, ne pas laisser entrer mon oncle ?...

DE TORIGNI et DE THÉMINE, à part, avec étonnement.

Madame de Simiane !...

BONNEVAL, à part.

Encore une autre !... il en a toujours une douzaine, et il les change à volonté.

Mme DE SIMIANE, à de Thémine.

On peut se fier au général... (A de Torigni.) Oui, mon cher oncle, vous apprenez là un secret que nous voulions vous cacher encore quelque temps... C'est monsieur qui devait être mon mari.

DE TORIGNI.

Lui!... de Thémine?...

Mme DE SIMIANE.

Ce titre peut, je pense, autoriser à vos yeux... le tête-à-tête où nous étions tout à l'heure, ici, dans ce salon... et lorsque monsieur (Montrant Bonneval) nous a brusquement surpris... je n'ai eu que le temps, en l'entendant monter, de me réfugier dans mon appartement. C'est très mal, monsieur Bonneval... très indiscret...

BONNEVAL, s'inclinant.

Mille pardons, madame!... (A part.) Allons! me voilà forcément le complice de tout le monde!...

DE TORIGNI, regardant toujours de côté à gauche.

Eh bien!... je vous avoue que j'avais la tête tellement troublée, qu'il ne fallait pas moins que ce que vous me dites là, et la certitude de votre mariage...

Mme DE SIMIANE, qui a une main gantée et l'autre nue.

Si vous vouliez me rendre mon gant?

DE TORIGNI.

Étourdi que j'étais!...

Mme DE SIMIANE, voyant qu'il regarde toujours du côté de sa chambre.

Et puis, si vous vouliez, mon cher oncle, lire notre contrat de mariage, qui est tout préparé, et que je veux vous soumettre, vous le trouverez sur mon secrétaire, là, dans ma chambre...

DE TORIGNI, avec joie.

Volontiers...

(Il entre dans l'appartement à gauche.)

DE THÉMINE et BONNEVAL.

O ciel!...

Mme DE SIMIANE.

Ne craignez rien, je l'ai fait redescendre chez elle par l'escalier dérobé de mon cabinet de toilette.

DE THÉMINE, avec confusion.

Ah! madame! quelle générosité!...

Mme DE SIMIANE.

Elle m'a tout avoué...

DE THÉMINE.

O ciel!...

Mme DE SIMIANE.

Ce qui, du reste, était inutile, car j'avais tout entendu...

DE THÉMINE, à part, regardant madame de Simiane.

C'est fait de moi!... plus d'espoir.

Mme DE SIMIANE.

Ne craignez plus rien de sa part : éclairée par ses dangers et par mes conseils peut-être... elle renonce à vous.

DE TORIGNI, rentrant, le contrat à la main.

C'est, ma foi, vrai... un contrat bien en règle...
(Il continue à le lire. En ce moment entre par la porte à droite un domestique.)

LE DOMESTIQUE.

Une lettre pour M. de Thémine.

Mme DE SIMIANE, montrant de Thémine.

Le voilà.

DE THÉMINE, prenant la lettre.

Une lettre de Paris?...

LE DOMESTIQUE, à demi-voix.

Non, monsieur; c'est une jeune dame qui m'a dit de la remettre à vous-même...

DE THÉMINE.

Tais-toi! c'est bien... (A part.) Qu'est-ce que cela signifie?

BONNEVAL, à part.

C'en est encore une... j'en suis sûr !... et le feu du ciel ne tombera pas sur lui !...

DE TORIGNI, qui a lu.

Tous ces articles-là me paraissent fort bien, fort convenables, et la famille n'a rien à y redire ; il n'y a plus qu'à signer.

Mme DE SIMIANE, froidement.

Dès l'arrivée du notaire.

DE THÉMINE, à demi-voix.

Quoi! vous daigneriez!...

Mme DE SIMIANE, de même, à Bonneval.

Veuillez faire avertir M. Édouard... votre fils...

BONNEVAL.

Oui, madame... (A part.) Mon pauvre fils !...

DE TORIGNI.

Moi, je vais chercher ma femme ; et dans un instant, ici, nous signerons tous... Et moi, qui avais pu croire !... Gardez-moi le secret, je vous en prie... Toujours ces maudites idées... (A Bonneval.) Aussi, c'est votre faute, Bonneval!

BONNEVAL.

Comment! ma faute?

DE TORIGNI.

Certainement.

(Il sort avec Bonneval, en parlant toujours avec lui.)

SCÈNE XI.

DE THÉMINE, Mme DE SIMIANE.

DE THÉMINE.

Ah! madame, la honte m'empêche de lever les yeux sur vous... je ne puis... je n'ose même vous exprimer ma reconnaissance...

Mme DE SIMIANE.

Vous ne m'en devez aucune. Si j'avais écouté mon juste ressentiment, je vous aurais fui sans retour ; car vous m'avez trompée, et il n'y a plus de confiance, plus d'avenir pour nous... mais la rupture de ce mariage eût réveillé la jalousie du général.

AIR d'*Aristippe*.

Aux noirs soupçons dont son esprit s'enflamme
C'était donner un libre cours ;
C'était compromettre sa femme,
Et peut-être exposer vos jours.
Oui, c'était exposer vos jours,
Il fallait donc, je le sens en mon âme,
Il fallait faire, en cette extrémité,
Votre malheur ou le mien...

DE THÉMINE, avec reproche
Ah ! madame !

Mme DE SIMIANE, lui tendant la main.
Vous le voyez, je n'ai point hésité !

DE THÉMINE.

Vous, Amélie !... vous malheureuse !...

Mme DE SIMIANE.

Oui, je dois l'être... je le sens, je le vois... ma raison me dit qu'avec un pareil caractère, il n'y a pas, en ménage, de bonheur possible.

DE THÉMINE.

Et pourtant je vous aime... je n'aime que vous au monde... vous, qui avez éloigné de moi tous les dangers, dissipé tous les nuages... Ah ! que vous seriez vengée, si vous saviez ce que j'ai souffert... si vous connaissiez quels tourments l'on éprouve à mentir, à tromper ce qu'on aime, à se sentir indigne de sa tendresse, et à rougir chaque jour à ses yeux !...

Mme DE SIMIANE.

Et malgré tout cela, vous me trompiez !...

DE THÉMINE.

Dans la crainte de perdre cette tendresse qui faisait tout mon bien... et mon amour seul m'empêchait de vous avouer à quel point j'étais coupable.

Mme DE SIMIANE.

C'était donc là ce secret que vous me cachiez, et qui faisait couler vos larmes... et moi qui vous plaignais, qui vous consolais ! (S'interrompant.) J'ai pardonné, je ne ferai plus de reproches. Voyez cette lettre, dont on attend peut-être la réponse.

DE THÉMINE.

Qu'importe !... je n'en connais seulement pas l'écriture.

Mme DE SIMIANE.

Lisez, monsieur, lisez...

DE THÉMINE, la décachetant avec empressement.

Vous le voulez, hâtons-nous. (A part.) Je suis si heureux de respirer... d'être libre... libre de n'aimer qu'elle ; voilà le premier moment de calme et de bonheur que j'aie éprouvé depuis longtemps. (Jetant les yeux sur la lettre.) Ah ! mon Dieu ! tout mon sang s'est glacé...

Mme DE SIMIANE.

Qu'avez-vous ?

DE THÉMINE.

Rien.

Mme DE SIMIANE.

Si vraiment... vous trembleé... vous vous soutenez à peine.

DE THÉMINE, hors de lui, et cherchant à se remettre.

Une nouvelle, un événement inattendu... (A part.) Ah ! c'est l'enfer lui-même qui me poursuit et me punit !

(Il passe à gauche du théâtre.)

Mme DE SIMIANE.

Qu'est-ce donc ?... confiez-le-moi.

DE THÉMINE.
Jamais... jamais... plutôt mourir...

Mme DE SIMIANE.
Et qui donc partagera vos chagrins... vos souffrances, si ce n'est moi, monsieur, moi, votre amie ?

AIR : Époux imprudent, fils rebelle. (*M. Guillaume.*)

Je sais mes droits... je les réclame !

DE THÉMINE, à part.
Ah! je succombe au regret, au remord !

Mme DE SIMIANE.
Eh! ne suis-je pas votre femme ?
Oui, je le suis... je l'ai dit : c'est mon sort !
A vous choisir si j'hésitais encor,
Je le ferais en un moment semblable !
Que tout s'oublie et s'efface à mes yeux,
J'excuse tout... vous êtes malheureux ;
Pour moi, c'est n'être plus coupable !

DE THÉMINE.
Amélie !...

Mme DE SIMIANE.
Oui, je vous aime plus que jamais, vous êtes mon amant, mon mari... mais je veux vos chagrins... je les veux !... ils m'appartiennent ; vous ne pouvez me refuser...

DE THÉMINE, à part.
Et c'est dans un pareil moment qu'il faudrait la perdre !...

Mme DE SIMIANE.
Eh bien ! parlez donc !...

DE THÉMINE.
Ce secret n'est pas le mien, c'est celui d'un ami...

Mme DE SIMIANE.
Votre frère !...

DE THÉMINE.
Je ne peux ni l'excuser, ni le justifier ; mais dans sa dou-

leur, dans son désespoir, il s'adresse à moi, il me demande conseil.

Mme DE SIMIANE, avec fermeté.

Eh bien! il faut le lui donner.

DE THÉMINE.

Et comment?

Mme DE SIMIANE, avec noblesse.

En honnête homme, en lui conseillant ce que vous feriez vous-même...

DE THÉMINE.

Mais vous ne savez pas que, méconnaissant les droits de l'amitié et de l'hospitalité, une erreur fatale, dont ses sens, sa raison, ont été la victime...

Mme DE SIMIANE.

Eh bien?

DE THÉMINE.

Eh bien!... c'est la sœur de son ami, celle même qu'il a outragée, qui implore sa pitié.

Mme DE SIMIANE, avec indignation.

Sa pitié, dites-vous? il lui doit justice, réparation; il lui doit sa fortune et sa main.

DE THÉMINE.

Et si cela est impossible, s'il ne l'aime pas, s'il en aime... s'il en adore une autre?

Mme DE SIMIANE.

Qu'importe? pense-t-il qu'un tel crime ne lui coûtera rien à expier?... qu'il soit malheureux s'il l'a mérité... mais qu'il ne soit point déshonoré... et il le serait!...

AIR : Au temps heureux de la chevalerie.

Oui, maintenant, chez nous où tout s'estime,
Tout s'apprécie à sa juste valeur,
L'opinion, qui flétrit la victime,
N'épargne pas non plus le séducteur!

Et celui-là, qui dans son cœur hésite
A réparer les torts qu'il a commis,
Aux yeux du monde, à mes yeux, ne mérite
Qu'un sentiment, c'est celui du mépris.
Aux yeux du monde, aux miens, il ne mérite
Qu'un sentiment, c'est celui du mépris !

DE THÉMINE.

Le mépris !... tenez... tenez... c'est vous qui avez porté son arrêt, lisez !...

Mme DE SIMIANE, lisant avec émotion.

« La malheureuse sœur de votre ami est perdue, désho-
« norée, et pourtant vous savez si elle est coupable !... Elle
« n'a rien exigé de vous... vous ne lui avez rien promis, et
« pourtant, si vous l'abandonnez, n'aurez-vous rien à vous
« reprocher ? J'ai profité de l'absence de mon père, je suis
« partie... je suis à la porte de ce parc, désirant votre ré-
« ponse. Si elle n'adoucit point ma situation, je n'attendrai
« pas que ma honte paraisse à tous les yeux... Le seul
« moyen qui peut m'en faire éviter l'éclat s'est déjà pré-
« senté à mon esprit ; j'ensevelirai avec moi ce funeste se-
« cret, et personne ne vous reprochera jamais le malheur
« ni la mort de la pauvre Henriette. » Henriette !... malheureuse enfant !...

DE THÉMINE, qui pendant la lecture de la lettre est resté auprès de la porte à droite, venant auprès de madame de Simiane.

Silence !... c'est son père, c'est Édouard.

Mme DE SIMIANE.

O ciel !... et cet ami, ce perfide... (Elle retourne vivement la lettre et lit l'adresse.) Gustave de Thémine !... (Elle pousse un cri.) Ah !...

(Elle s'élance par la porte à gauche et disparaît.)

SCÈNE XII.

DE THÉMINE, BONNEVAL, ÉDOUARD.

DE THÉMINE, qui est tombé dans un fauteuil à gauche.

Elle sait tout... et je la perds sans retour... Mais elle m'a tracé mon devoir, et je me rendrai du moins digne de son estime.

ÉDOUARD, s'approchant de lui, et avec émotion.

Allons... mon ami, le notaire vient d'arriver... et nous voici, mon père et moi; tu sais que nous sommes tes deux témoins.

BONNEVAL, à part et regardant son fils.

Pauvre garçon!... quel dévouement!...

ÉDOUARD.

Nous venons te prendre...

DE THÉMINE, se levant.

C'est inutile, mon mariage n'a plus lieu.

BONNEVAL.

Que dites-vous?...

ÉDOUARD.

Ce n'est pas possible...

DE THÉMINE.

Une telle union aurait fait le malheur de madame de Simiane, et le mien sans doute, car depuis longtemps j'avais conçu des idées, que d'aujourd'hui seulement je puis réaliser. (S'adressant à Bonneval.) Monsieur Bonneval, j'ai de la naissance, un nom, de la fortune, vous me connaissez... voulez-vous me donner en mariage mademoiselle Henriette, votre fille?

BONNEVAL.

Hein?... qu'est-ce qu'il dit là?...

12.

ÉDOUARD.

Y penses-tu?... es-tu dans ton bon sens?

DE THÉMINE.

Oui, mon ami... veux-tu me donner ta sœur?

ÉDOUARD.

Que tu as vue à peine quatre ou cinq fois dans ta vie.

DE THÉMINE.

Cela m'a suffi pour l'aimer... je l'aime; c'est elle que j'aime...

BONNEVAL.

Laissez-moi donc...

DE THÉMINE.

Faut-il vous le jurer?...

BONNEVAL.

Belle caution!...

DE THÉMINE.

Je n'ajouterai qu'un mot, je crois que mademoiselle Henriette ne refusera pas mes vœux, et qu'elle daignera les accueillir.

ÉDOUARD, vivement.

Si ce n'est que cela, mon père, je le crois aussi...

DE THÉMINE.

Et je vous promets en revanche de me conduire en honnête homme, en bon mari... oui, monsieur, le plus constant, le plus fidèle des maris, et vous n'en douteriez pas si vous saviez seulement ce que j'ai souffert aujourd'hui et d'angoisses et de tourments! Et vous pensiez que j'étais heureux!... Voilà la vie d'un homme à bonnes fortunes, monsieur, la voilà... faisant à la fois son malheur et celui de tous ceux qui l'entourent... aussi, je n'en veux plus... j'y renonce...

ÉDOUARD.

Oui, mon père; confident et témoin de ses chagrins, je

vous jure qu'il dit vrai ; et vous nous rendrez tous heureux. Songez donc, un beau mariage pour ma sœur. Oui, vous consentirez...

BONNEVAL.

Non, cent fois non. Quels que soient ses titres et sa fortune, je ne donnerai pas ma fille, ma pauvre Henriette, à un homme dont les procédés...

ÉDOUARD.

Lesquels?...

BONNEVAL.

Ses procédés avec madame de Simiane, à laquelle il renonce. Certainement ce n'est pas convenable ; et je le déclare, il n'aura mon consentement qu'après le sien.

SCÈNE XIII.

Les Mêmes; Mme DE SIMIANE.

Mme DE SIMIANE.

Je vous l'apporte, monsieur.

DE THÉMINE.

O ciel !

Mme DE SIMIANE, avec émotion.

Confidente des secrets d'Henriette, je savais depuis longtemps qu'elle aimait quelqu'un. Je sais maintenant que c'est M. de Thémine.

BONNEVAL.

Est-il possible !...

Mme DE SIMIANE.

Qui, dès aujourd'hui, sera digne d'un amour qu'il partage. Il sentira qu'une femme douce, bonne, vertueuse, mérite l'entière affection d'un honnête homme. Il trouvera dans sa propre estime... (Avec intention, lui tendant la main sans qu'on le voie) dans celle de ses amis, qui lui pardonnent,

(Vivement) un bonheur que n'ont pu lui donner jusqu'ici les plaisirs de l'inconstance...

DE THÉMINE.

Ah! madame!...

(En ce moment entre madame de Torigni, par la porte à droite; en apercevant de Thémine et madame de Simiane, elle va pour s'éloigner.)

Mme DE SIMIANE, courant à elle.

Restez...

DE THÉMINE.

Comment reconnaître tant de générosité?

Mme DE SIMIANE.

Ce n'est pas moi qu'il faut remercier, mais celle qui, dans ce moment et dans sa reconnaissance, vous bénit et prie pour vous.

DE THÉMINE.

Henriette!... où est-elle?...

Mme DE SIMIANE, montrant la porte à gauche.

Là, chez moi...

DE THÉMINE, veut s'élancer.

Ah!...

BONNEVAL, le retenant.

Ma fille!...

HORTENSE.

Que fait-il?...

Mme DE SIMIANE.

Son devoir, et nous, Hortense, le nôtre en l'oubliant...

(Hortense se jette dans les bras de madame de Simiane; Édouard lève au ciel des yeux pleins de joie et d'espérance; de Thémine s'élance dans l'appartement de madame de Simiane.)

LE GARDIEN

COMÉDIE-VAUDEVILLE EN DEUX ACTES

(Tirée du roman d'Indiana)

EN SOCIÉTÉ AVEC M. BAYARD.

THÉATRE DU GYMNASE. — 11 Mars 1833.

PERSONNAGES.	ACTEURS.
M. DE VARADES, jeune homme à la mode.	MM. ALLAN.
DANIEL, commis de M. de Bussières...	PAUL.
JULIEN, domestique de M. de Bussières..	—
UN DOMESTIQUE de Mme de Bussières.	—
AURÉLIE DE BUSSIÈRES, femme d'un manufacturier................	Mmes L. VOLNYS.
ZOÉ, femme de chambre de Mme de Bussières.	ALLAN-DESPRÉAUX.

A Paris, au premier acte; à Bièvre, au deuxième acte.

LE GARDIEN

ACTE PREMIER

Un salon. Porte au fond, portes latérales. Sur le devant, à droite de l'acteur, une table couverte de papiers, registres, etc. Une psyché au fond. du même côté.

SCÈNE PREMIÈRE.

DANIEL, seul, assis près de la table, sur laquelle brûlent encore deux bougies presque consumées. Il tient une lettre à la main.

Il m'a dit en partant : « Je te laisse ma femme, je te la confie!... » Non! elle ne verra pas cette lettre... il y a trop d'amertume et de tristesse! et je veux lui épargner le chagrin et l'inquiétude que me cause la santé de son mari! Encore s'il m'annonçait son retour des eaux!... il me tarde tant de le revoir chez lui, au milieu de nous!... Grâce au ciel, les intérêts de sa maison, qu'il a confiés à ma garde, ne réclament point sa présence!... Mais il est d'autres biens pour lui plus précieux et plus chers!... une jeune femme qu'il laisse seule au milieu du monde!... si aimable!... si jolie! et sans guide, sans ami... qu'un seul; et elle ne doit jamais savoir à quel point elle est aimée!...

AIR : Quand l'Amour naquit à Cythère.

Mais laissons ces tristes pensées,
J'ai de quoi m'occuper ici;
Que mes peines soient effacées
Par le travail, mon seul ami.
Oui, plus que le plaisir fidèle,
Des chagrins il sait préserver...
Et le malheureux qui l'appelle
Est toujours sûr de le trouver.

(Il laisse tomber sa tête sur sa poitrine, et garde le silence.)

SCÈNE II.

DANIEL, ZOÉ, entrant par le fond.

ZOÉ, à la cantonade.

Je parlerai à madame, quand elle sera levée... j'ai le temps, je ne repars que ce soir... (Apercevant Daniel.) Tiens!... c'est Daniel, le premier commis de monsieur... Il ne me voit pas... il rêve... eh bien! par exemple, lui qui est si économe... brûler deux bougies quand il fait grand jour!..

(Elle va souffler les deux bougies.)

DANIEL, se levant.

Qui est là?... Ah! c'est vous, Zoé!... vous, à Paris!... Pourquoi avez-vous quitté la manufacture?... je vous croyais à Bièvre...

ZOÉ.

Eh mais! comme vous dites ça!... ce n'est guère poli!...

DANIEL, brusquement.

Poli!... j'ai bien le temps!

ZOÉ.

C'est juste! vous avez tant de choses à faire...

DANIEL.

Oui... j'étais là... je travaillais assez tard, à ce que je vois...

ZOÉ.

Ah! mon Dieu!... vous ne vous êtes pas couché?...

DANIEL.

C'est possible... Qu'est-ce qui vous amène?...

ZOÉ.

Est-ce que ça vous fait de la peine de me voir?...

DANIEL.

Au contraire, Zoé, vous le savez bien; mais qu'y a-t-il de nouveau?...

ZOÉ.

Rien que des étoffes qu'on tire à force, et dont j'apporte à madame des échantillons, de quoi se faire des robes charmantes, dont elle aura l'étrenne.

DANIEL.

C'est juste.

ZOÉ.

Dame!... ça lui revient de droit... la femme d'un des premiers manufacturiers de France... si elle n'avait pas ce que son mari produit de plus beau et de plus cher... avec ça que madame le fait valoir...

AIR du vaudeville des *Maris ont tort*.

Il n'est pas d'étoffe nouvelle
Qu'elle ne fasse réussir;
Tout ce qui fut porté par elle
Semble par elle s'embellir.
Chacun nous voit d'un œil d'envie,
Et l'on dirait que le patron
A pris femme jeune et jolie
Pour achalander la maison.

DANIEL.

Vous l'aimez bien, Zoé?

ZOÉ.

Cette demande!... j'ai été élevée avec elle; créoles toutes

deux, nous ne nous sommes jamais quittées; et quand, il y a deux ans, on la maria, elle si jeune et si fraîche, à ce vieux M. de Bussières... un ancien militaire criblé de blessures, bourru, maussade...

DANIEL, d'un air sévère.

Zoé!...

ZOÉ.

Ah! je sais bien que ça vous fâche de m'entendre parler ainsi... Un brave homme, du reste, un mari excellent, s'il avait quelques années, et surtout quelques rhumatismes de moins... Ah! voyez-vous, en ménage, c'est terrible!...

DANIEL.

Vous êtes folle.

ZOÉ.

Vous ne voyez pas ça, vous!... c'est votre héros...

DANIEL.

C'est mon bienfaiteur, et désormais, Zoé, pas un mot contre lui, je ne le souffrirai pas; et vous, qui êtes bonne fille, vous ne voudriez pas me faire de la peine, et vous brouiller avec moi...

ZOÉ.

Vous l'aimez donc bien?... c'est pire qu'une maîtresse.

DANIEL.

Ah! cent fois plus, c'est un père!... Savez-vous que moi, pauvre enfant alors, je me le rappelle encore, j'étais là, dans la rue, mourant de froid et de faim... je tendais la main, et ils ne m'écoutaient pas, ils me repoussaient tous... lorsqu'un homme, qui voit couler mes larmes, s'approche de moi, et me dit : « Quel âge as-tu? — Huit ans. — Quel est ton père? — Soldat. — Où est-il? — Mort à Champaubert. — Et ta mère? — Une pauvre ouvrière malade. — Allons la voir!... » Depuis ce moment, elle n'a manqué de rien, il a protégé ses jours; elle est morte en le bénissant... et moi, orphelin, j'ai retrouvé un père, une famille... il m'a élevé, m'a placé près de lui comme son commis, dans cette maison, où plus tard il a voulu me donner un intérêt... il l'a exigé...

ZOÉ.

Et il a eu raison! Est-ce qu'il pouvait, souffrant comme il l'est, diriger lui seul une maison aussi importante?... tandis qu'avec vous, qui êtes jeune, actif, qui travaillez le jour et la nuit... cela va deux fois mieux qu'autrefois; et il y a deux ans, ce voyage en Angleterre... cette faillite que vous avez prévenue, et qui aurait peut-être entraîné la sienne...

DANIEL.

Tais-toi!... tais-toi!... je ne fais que mon devoir, rien que mon devoir... je lui donnerais mon sang, ma vie, mon bonheur même... qu'il ne me devrait ni remerciement ni reconnaissance; c'est mon devoir.

ZOÉ.

Est-ce aussi par reconnaissance que vous ne voulez pas vous marier, que vous restez garçon?...

DANIEL.

Qu'est-ce que ça vous fait?... est-ce que ça vous regarde?...

ZOÉ.

Est-il gentil! comme il répond à l'intérêt qu'on lui porte!... Car enfin vous pourriez à présent trouver un bon parti... on vous en a proposé... madame me l'a dit... et vous les avez refusés.

DANIEL.

De quoi se mêle-t-elle?... et vous aussi?... et pourquoi, je vous le demande?...

ZOÉ.

Pourquoi?... C'est que, voyez-vous, on m'a dit des choses... que je ne peux pas croire, parce que naturellement vous n'êtes pas galant, au contraire, vous seriez même volontiers sévère, bourru, grondeur... C'est votre caractère, vous ne pouvez pas vous refaire. Eh bien! malgré cela, on m'a dit que vous étiez amoureux...

DANIEL, avec colère.

Quelle indignité!... quelle calomnie!... qui a pu tenir un pareil propos?...

ZOÉ.

Ce n'est donc pas vrai?...

DANIEL, avec contrainte.

Moi... amoureux!... et de qui?

ZOÉ.

De moi, monsieur...

DANIEL, avec douceur.

De vous, Zoé!...

ZOÉ.

Comme il se radoucit!...

DANIEL.

Vous êtes bien aimable et bien jolie; mais, comme vous dites, je ne suis pas galant... je n'ai pas le temps d'être amoureux; ça vous fâche?...

ZOÉ.

Au contraire, ça me fait plaisir, parce que j'ai un conseil à vous demander.

DANIEL.

A moi?...

ZOÉ.

Oui; j'ai peur, et pourtant j'ai confiance... vous êtes un si honnête homme!... mais à cause des idées dont je vous parlais tout à l'heure, je n'osais pas... et cependant, monsieur Daniel, vous êtes le seul à qui je puisse m'adresser... car je ne peux pas dire ces choses-là à madame.

DANIEL.

Parlez vite.

ZOÉ.

Vous savez bien que monsieur et madame, qui ne vont passer à Bièvre que les six mois de la belle saison, avaient besoin d'y laisser, le reste de l'année, une personne de confiance.

DANIEL.

C'est vous qu'on a choisie.

ZOÉ.

Ce qui est bien terrible, car depuis trois mois que j'y suis...

DANIEL.

Vous vous êtes ennuyée...

ZOÉ.

Pas tout le temps. Les deux premiers mois, il y avait dans le pays beaucoup de monde qui venait de Paris pour la chasse... Cette jeune comtesse, qui est notre voisine, avait dans son château plusieurs jeunes gens qui étaient si élégants, si distingués!... un, entre autres, qui venait toujours jusque dans le petit bois de monsieur...

DANIEL.

Pour y chasser?...

ZOÉ.

Non, il ne chassait pas, il causait avec moi... et il causait si bien!... il disait qu'il m'aimait, qu'il me trouvait plus jolie que toutes les belles dames, et il s'y connaît; car c'est un noble, un grand seigneur.

DANIEL.

Et vous l'écoutiez?...

ZOÉ.

Avec tant de plaisir!... Par exemple, il ne voulait plus de nos promenades du soir dans le bois... ça... c'est vrai; car il faisait froid... Je n'y pensais pas; mais lui, il me suppliait toujours de le recevoir... dans le petit boudoir près de la chambre de madame...

DANIEL.

Vous n'y avez pas consenti?...

ZOÉ.

Sans doute; à cause des ouvriers... ou des domestiques... ans cela...

DANIEL.

Vous l'auriez reçu?...

ZOÉ.

Certainement; il voulait m'épouser...

DANIEL.

Et vous pouviez le croire!...

ZOÉ.

Dame! il me le disait... il me l'écrivait... (Lui donnant un papier qu'elle tire de sa poche.) Voyez plutôt ce billet, où il me p rie de l'attendre chez moi, la nuit; et que si je le refuse, l s'éloignera... il ne m'épousera pas...

DANIEL, vivement.

Vous avez refusé!...

ZOÉ.

Hélas! oui... J'ai eu tort, n'est-ce pas?... car il n'est plus revenu... il est parti pour Paris; et moi, depuis ce temps, je m'ennuie à Bièvre... je ne peux plus y rester. Ce mois-ci ne finira pas... et je viens prier madame de me garder ici auprès d'elle; sans cela, j'en tomberai malade.

DANIEL.

Ma chère Zoé!...

ZOÉ.

Oh! c'est sûr... Je suis si fâchée de l'avoir désolé, rebuté... aussi, ça ne m'arrivera plus... et s'il revient jamais...

DANIEL.

Êtes-vous folle?... ne voyez-vous pas, Zoé, que ce jeune homme voulait vous tromper, vous abuser?...

ZOÉ.

Ce n'est pas possible...

AIR de *Céline.*

Que n'étiez-vous là pour l'entendre!
Ah! ce n'était pas un trompeur,
Car son regard était si tendre,
Sa voix avait tant de douceur!
Il jurait de mettre sa gloire
A me complaire, à me chérir...
Eh! le moyen de ne pas croire
A ce qui fait tant de plaisir!

(Apercevant Aurélie qui entre par la porte à gauche de l'acteur.)

C'est madame!...

DANIEL.

Silence!... nous reprendrons plus tard cette conversation; et gardez-vous bien surtout...

SCÈNE III.

Les Mêmes; AURÉLIE.

AURÉLIE.

C'est toi, ma chère Zoé!... je te remercie des étoffes que tu m'as apportées; je viens de les voir, elles sont charmantes, tu en feras mes compliments à tout le monde.

ZOÉ.

Madame est bien bonne...

AURÉLIE.

Bonjour, mon cher Daniel!... (A Zoé.) Tu diras aussi aux ouvriers qu'au premier soleil, je ferai mettre les chevaux, et, bien enveloppée de ma pelisse, j'irai faire un voyage à Bièvre.

ZOÉ.

Malheureusement ce ne sera que pour une matinée.

AURÉLIE.

Pourquoi donc?... il y a encore de beaux jours... Bièvre est, dit-on, plus joli que jamais; et quand j'y passerais une semaine par hasard...

DANIEL.

Cela reposerait madame des plaisirs de Paris, et cela rendrait Zoé bien contente.

ZOÉ.

Du tout...

AURÉLIE.

Comment!....

ZOÉ, vivement.

Je veux dire que j'aimerais mieux rester ici près de madame...

DANIEL.

Cela me paraît assez difficile.

ZOÉ.

On ne vous demande pas votre avis. (A part.) Une autre fois, on s'adressera à lui!... c'est bien la peine d'avoir de la confiance!...

AURÉLIE.

Qu'est-ce donc?

ZOÉ.

Rien, madame... On m'a recommandé de voir s'il n'y avait pas de nouveaux dessins...

DANIEL.

Il y en a à l'atelier qui vous attendent.

ZOÉ, passant au milieu.

Mon Dieu! je ne repars pas encore; il sera assez temps ce soir... Il y a des gens qui, parce qu'ils sont tristes et ennuyeux, veulent que tout le monde s'ennuie.

DANIEL.

Ma chère Zoé!...

ZOÉ.

Je m'en vais, monsieur, je m'en vais, car je sens que cela me gagne déjà; et j'aime mieux que ça tombe sur madame.

(Elle lui fait la révérence, et sort en courant.)

SCÈNE IV.

DANIEL, AURÉLIE.

AURÉLIE.

Eh mais! Daniel, est-ce à vous que ce compliment s'adresse?...

DANIEL.

Une plaisanterie, madame.

AURÉLIE.

Et pourtant elle n'a pas tout à fait tort, car, moi aussi, depuis quelques jours, je vous trouve l'air triste, inquiet... Qu'est-ce donc, mon ami? qu'avez-vous?

DANIEL.

Rien, madame; un peu de préoccupation... les affaires qui me sont confiées...

AURÉLIE.

Quelque mauvaise nouvelle?...

DANIEL.

Au contraire; tout va bien, très bien.

AURÉLIE.

Mais alors vous avez donc reçu quelque lettre de M. de Bussières?... vous ne m'en avez rien dit.

DANIEL.

Oh! une lettre d'affaires, voilà tout; sans cela, je l'aurais montrée à madame.

AURÉLIE.

Qu'est-ce donc qui vous inquiète, si ce n'est sa santé?

13.

DANIEL.

Mais... la vôtre, peut-être...

AURÉLIE.

Comment!... que voulez-vous dire?...

DANIEL.

Pardon! madame; mais il me semble quelquefois que vous risquez un peu trop cette santé qui nous est si chère à tous!... les plaisirs, les bals, les soirées vous la font trop oublier; et souvent ici, à trois heures du matin, quand je travaille au bureau, j'entends la voiture de madame...

AURÉLIE.

Quoi!... vous ne dormez pas?...

DANIEL.

Cela m'est impossible, tant que tout le monde n'est pas rentré.

AURÉLIE.

Tant de soins, d'amitié!... Pauvre Daniel!

AIR d'Yelva.

Mais, je le sais, ce n'est pas tout encore :
Vous êtes là, toujours à mes côtés ;
Et loin de moi... croyez-vous qu'on l'ignore ?
Tous les périls sont par vous écartés.
Oui, les plaisirs dont le charme m'entraîne,
C'est à vous seul, à vous que je les doi...
Et s'ils n'ont plus de danger ni de peine,
   C'est que vous y pensez pour moi.

DANIEL.

Ah! je voudrais pouvoir les éloigner tous!

AURÉLIE.

J'entends... vous me blâmez, vous n'êtes pas content.

DANIEL.

Ah! je ne me permettrais pas... et pourtant, si j'osais dire à madame tout ce que je pense...

AURÉLIE.

Dites, dites toujours. Je sais la confiance que M. de Bussières a en vous, et, malgré votre air mentor, je la partage. Voyons, je vous écoute.

DANIEL.

Eh bien! puisque vous le voulez... c'est que madame a rendu le monde si exigeant!... si sévère!

AURÉLIE.

Moi!...

DANIEL.

Oui, par cette tenue, cette conduite, que j'entendais admirer autour de vous. On disait que, riche, belle, et dans l'âge des plaisirs, liée à un époux déjà vieux et souffrant, vous étiez un modèle de la tendresse la plus prévenante, des soins les plus délicats.

AURÉLIE.

Passons, passons.

DANIEL.

M. de Bussières s'est absenté...

AURÉLIE.

Et je voulais le suivre, il ne l'a pas voulu... et vous savez qu'il faut obéir.

DANIEL.

Ah! sans doute, en se privant de vos soins, si touchants et si doux, en vous laissant à Paris malgré vos prières, il n'a pas senti tout ce que le monde avait de dangers...

AURÉLIE.

Pour moi? et en quoi donc? Ces relations qui m'y attirent, c'est mon mari qui les a formées, qui me les a imposées, et si ses intérêts l'exigent...

DANIEL.

Oui, je le crois. Mais parmi les personnes que vous y voyez, que vous recevez souvent, pardon, madame, n'en est-il pas dont les assiduités?...

AURÉLIE.

Je ne vous comprends pas.

DANIEL.

Parmi les plus brillants, les plus répandus, n'en est-il pas dont le zèle indiscret ne s'attache à une femme que pour la compromettre ?

AURÉLIE.

Et qui donc ?... qui donc ? achevez...

DANIEL.

Madame !...

AURÉLIE.

Son nom !...

UN DOMESTIQUE, annonçant.

M. de Varades !...

AURÉLIE.

Ah !...

DANIEL, à part.

C'est ce que je voulais dire.

SCÈNE V.

Les Mêmes ; M. DE VARADES.

M. DE VARADES.

Madame, je viens, comme vous me l'avez permis, prendre vos ordres...

AURÉLIE, avec embarras.

Monsieur...

M. DE VARADES, apercevant Daniel, à part.

Ah ! toujours ce commis, toujours !... (A Aurélie.) Je les attendrai... (A Daniel.) Ah ! monsieur Daniel, je suis bien aise de vous voir, j'ai une excellente nouvelle à vous apprendre.

DANIEL.

A moi?...

M. DE VARADES.

Vous avez de l'instruction, des connaissances, du zèle, vous êtes un honnête garçon. J'ai répété à mon frère, le secrétaire général, tout le bien que madame m'a dit de vous, car elle prétend, et je pense comme elle, que c'est un meurtre d'ensevelir dans le fond d'une manufacture des talents aussi distingués ; et, sur ma recommandation, il vous place à un poste important, où vous êtes en passe d'arriver à tout. Ainsi préparez-vous...

DANIEL, ému.

A quitter cette maison?...

M. DE VARADES.

Dès aujourd'hui, si vous voulez... Je sais quel intérêt on vous témoigne ici, et j'ai pensé qu'on serait trop heureux de vous voir dans une position plus digne de vous.

DANIEL, de même.

Est-ce que madame vous a prié?...

AURÉLIE.

Moi! jamais!...

DANIEL.

Oh! alors, je vous remercie, monsieur. Je dois tout à M. de Bussières, et tant que lui et madame ne m'ordonneront pas de porter ailleurs mes services, je sais quels sont mes devoirs, et je mourrai plutôt que d'y manquer.

AURÉLIE.

Bien, Daniel.

M. DE VARADES.

A la bonne heure! c'est du dévouement. J'en suis fâché pour vous, et pour moi, qui vous veux du bien, oh! beaucoup! N'en parlons plus.

DANIEL.

Je n'en ai pas moins de reconnaissance... (A part.) Il veut m'éloigner.

(Il va s'asseoir auprès de la table.)

M. DE VARADES.

Mais vous, madame, vous ne me refuserez pas, je l'espère. Il s'agit d'une brillante promenade au Raincy, pour demain... Nous reviendrons dîner chez ma tante, qui compte sur vous...

AURÉLIE.

Cela m'est impossible. Présentez-lui mes excuses, je vous prie...

M. DE VARADES.

Pardon, elle ne les accepterait pas. Mais ce soir, ces dames vous décideront au bal.

AURÉLIE.

Au bal !... Mais je ne sais... c'est une invitation que j'ai acceptée un peu légèrement. Seule à Paris, et dans ma position, je dois craindre des remarques, des critiques peut-être.

M. DE VARADES.

Ah ! permettez. C'est moi qui dois venir vous offrir la main...

AURÉLIE.

Raison de plus !...

M. DE VARADES, jetant un coup d'œil sur Daniel.

Ah !... je crois comprendre... je n'insisterai pas, madame. Mais ne me permettrez-vous pas, du moins, de vous parler un instant, à vous ?

AURÉLIE.

Comment donc !... je vous écoute.

M. DE VARADES, appuyant.

A vous seule...

AURÉLIE, après un moment de silence.

Daniel... (Daniel se lève.) n'avez-vous pas un envoi à préparer pour Bièvre, aujourd'hui ?

DANIEL.

Si madame l'ordonne...

AURÉLIE.

Je vous en prie...

(Daniel salue et sort.)

SCÈNE VI.

M. DE VARADES, AURÉLIE.

M. DE VARADES.

Enfin il est parti !... c'est un zèle bien tenace !... un commis qui est toujours là, que je rencontre partout sur vos pas ou sur les miens.

AIR : De sommeiller encor, ma chère. (*Arlequin Joseph.*)

Eh mais ! c'est un état, sans doute ;
Car on a beau le renvoyer,
Il vous regarde, il vous écoute.
Il est là pour vous épier...
De ses pareils l'espèce abonde.

AURÉLIE.

Mais c'est l'ami de la maison.

M. DE VARADES.

On en voit beaucoup dans le monde,
Mais on leur donne un autre nom.

AURÉLIE, parlé.

Comment, monsieur !...

M. DE VARADES.

On en voit beaucoup dans le monde,
Mais on leur donne un autre nom.

En vérité, on le croirait chargé de vous surveiller, de vous garder à vue.

AURÉLIE.

Ah! monsieur!...

M. DE VARADES.

C'est une tyrannie pour vous!... et tout à l'heure encore j'ai cru qu'il ne sortirait pas.

AURÉLIE.

C'est qu'il ne comprenait pas, peut-être, l'importance de ce que vous avez à me révéler, car il paraît que vous avez à me parler en secret...

M. DE VARADES, tristement.

Oui, madame.

AURÉLIE.

C'est donc une confidence?...

M. DE VARADES.

Oui, madame...

AURÉLIE.

Que je puis recevoir?...

M. DE VARADES.

Et qui donc la recevrait, si ce n'est vous, qui m'accueillez avec tant de bonté... vous dont l'amitié a pour moi des conseils auxquels mon cœur aime à se rendre?...

AURÉLIE.

Des conseils!... je n'ai pas la prétention d'en donner...

M. DE VARADES.

Et moi, madame, je viens vous en demander... jamais ils ne me furent plus nécessaires, et c'est vous seule...

AURÉLIE.

Eh mais! qu'est-ce donc, monsieur?... vous m'effrayez...

M. DE VARADES.

Ma mère, qui s'occupe de mon bonheur avec une tendresse si touchante, s'alarme trop peut-être d'un air contraint, abattu, que je n'ai pu lui cacher, mais dont elle ignore la cause, et pour dissiper cette tristesse, elle s'est avisée d'un singulier moyen, elle veut me marier.

AURÉLIE.

Vous !...

M. DE VARADES.

D'abord, je me suis révolté à cette idée. Pour moi, le bonheur n'est pas là ; c'est ailleurs que je l'ai rêvé, et cependant on insiste, on me presse... Vous voyez bien que j'ai besoin de conseils... des vôtres. Vous ne me les refuserez pas.

AURÉLIE.

Mais il me semble que cela dépend de vous... si je savais ce qui peut vous plaire, je vous le conseillerais, si la personne qu'on vous propose...

M. DE VARADES, vivement.

Je ne l'aime pas...

AURÉLIE.

Vous l'aimerez peut-être.

M. DE VARADES.

Croyez-vous, madame, qu'on doive risquer son avenir sur une espérance aussi frêle, aussi légère ?... croyez-vous qu'on puisse s'enchaîner ainsi, et pour la vie, à un cœur qui, peut-être, ne comprendra jamais le vôtre ? Quel supplice de tous les jours, de tous les instants, de vivre sans amour, sans sympathie, près d'un être qui ne sait pas lire dans votre pensée !... dont le caractère âpre et froid refoule au fond de votre âme tous ces sentiments si doux, si tendres, qui cherchent à s'épancher, et qui ne sont alors qu'un malheur de plus !

AURÉLIE, entraînée.

Oh ! oui, je le sens comme vous, ce doit être affreux !... pour une femme surtout... créature faible, sans défense, forcée de baisser les yeux sous les regards d'un maître qu'on lui a donné, de subir ses brusqueries, ses caprices, ou d'aller se briser contre vos lois ! Ah ! si vous saviez...

M. DE VARADES.

Eh bien ! madame, achevez.

AURÉLIE, se remettant.

Mais non, vous serez heureux, vous... libre dans votre choix, vous trouverez un cœur qui vous comprendra, une amie.

M. DE VARADES, vivement.

Ah ! voilà ce que je demande, une amie, une sœur à qui je puisse confier mes secrets, mes espérances... qui ait des larmes pour tous mes chagrins, de la joie pour tous mes plaisirs !... L'amitié d'une femme rassure, console et n'égare jamais !... Une fois, une seule fois, j'ai cru l'avoir trouvée, ici, dans ces lieux où le cœur le plus tendre s'ouvrait au mien, où nos âmes, qui s'étaient devinées, échangeaient entre elles des promesses de confiance et de bonheur !... et ces promesses, si on les tenait comme moi, ah ! jamais rien ne viendrait nous séparer.

AIR de *Coraly*. (A. DE BEAUPLAN.)

J'ai juré de l'aimer, je l'aime...
Comme un frère, comme un ami ;
Et si j'étais aimé de même,
Son cœur ne serait point trahi.
Vous voyez... mon sort dépend d'elle,
D'un seul mot !... Faut-il, entre nous,
L'oublier, lui rester fidèle ?
Répondez !... que me conseillez-vous ?
Parlez, parlez... que me conseillez-vous ?

AURÉLIE.

Moi ! vous conseiller !... comme si votre bonheur dépendait de moi !...

M. DE VARADES.

Pouvez-vous en douter ?... et d'abord ne me refusez pas

le plaisir d'être votre cavalier, ce soir... ah! vous me l'avez promis!...

AURÉLIE.

Vous croyez?...

M. DE VARADES.

C'est la première grâce que vous demande un ami.

AURÉLIE.

Un ami, bien vrai?... j'irai...

M. DE VARADES.

Ah! madame!

SCÈNE VII.

LES MÊMES ; ZOÉ, sortant de la chambre à gauche.

ZOÉ, à la cantonade.

Ça m'est égal... je le demanderai à madame... (Apercevant M. de Varades.) Ah!...

M. DE VARADES.

Ciel!

AURÉLIE.

Eh bien!... qu'est-ce donc?... qu'avez-vous?

ZOÉ.

Rien, madame... rien... (A part.) M. Émile!...

M. DE VARADES, à part.

Cette petite Zoé ici!...

AURÉLIE, à M. de Varades.

Pardon.... c'est une jeune fille à mon service... (A Zoé.) Qu'est-ce que tu veux?

ZOÉ.

Moi, je ne veux rien, je suis si contente, si heureuse! surtout à présent.

AURÉLIE.

Et pourquoi ?...

ZOÉ.

Je ne sais pas, mais je suis contente.

AURÉLIE.

Et c'est cela que tu viens m'annoncer ?

ZOÉ.

Oui, madame, parce que M. Daniel veut qu'à l'instant je parte pour Bièvre.... pour la manufacture...

M. DE VARADES, à part.

Il a bien raison, et pour la première fois de sa vie il m'aura servi !...

ZOÉ.

C'est pour rapporter ces dessins nouveaux qui ne sont pas si pressés, et puis pour une autre raison encore... (Regardant M. de Varades.) qu'il croit bonne. Je ne dis pas... il est si sévère ! mais il se trompe, j'en suis sûre, parce que bien certainement...

AURÉLIE.

Quel bavardage! et à quoi bon ?... (A de Varades.) Je vous demande si elle sait ce qu'elle dit ?

ZOÉ.

Oh ! oui, madame, je le sais ! et la preuve, c'est que je vous demande en grâce de ne pas retourner ce soir à Bièvre...

M. DE VARADES, à part.

AIR de *La Ville et le village*.

Qu'entends-je !... que veut-elle ainsi ?...

AURÉLIE.

Pauvre Zoé ! quelle folie !

ZOÉ.

Désormais, près de vous, ici

Gardez-moi... je vous en supplie!...
Oui, n'est-ce pas, je resterai?

AURÉLIE.

Un caprice!...

ZOÉ.

Avant ce voyage,
Je l'avais toujours désiré...
(Jetant un coup d'œil sur M. de Varades.)
Et maintenant bien davantage!

M. DE VARADES, à part.

C'est fait de moi!

AURÉLIE.

Eh bien! soit, et puisque tu le veux absolument... nous ne nous séparerons plus, je te garde.

ZOÉ.

Ah! que je vous remercie! quel bonheur!...

M. DE VARADES, à part.

Quel embarras! et que devenir?...

AURÉLIE.

Je vais à ma toilette, qui est pressée, et puis je donnerai des ordres pour que tu restes ici.

ZOÉ.

Ah!... que vous êtes bonne!

AURÉLIE, à M. de Varades.

A ce soir!...

M. DE VARADES, lui donnant la main.

Madame...
(Il la reconduit jusqu'à la porte à gauche. Zoé traverse le théâtre et va à droite.)

SCÈNE VIII.

ZOÉ, M. DE VARADES.

ZOÉ.

C'est bien heureux, monsieur! vous voilà donc!... je vous revois enfin!...

M. DE VARADES.

Silence!...

ZOÉ.

Moi qui étais seule dans cette campagne, à ne rien faire qu'à penser à vous!

AIR du vaudeville de *l'Homme vert*.

De votre silence étonnée,
Je vous attendais, mais en vain;
Après une longue journée,
Je remettais au lendemain.
Je croyais toujours vous entendre...
Hélas! non... Alors je pleurais,
Car c'est bien terrible d'attendre
Quelqu'un qui n'arrive jamais!

M. DE VARADES.

Pauvre Zoé!

ZOÉ.

Je croyais que vous ne m'aimiez plus, que vous m'aviez oubliée.

M. DE VARADES.

Ah!... je l'aurais dû... après votre rigueur et vos refus..

ZOÉ, vivement.

C'était cela!... (A part.) Et Daniel qui ne voulait pas croire!... moi, j'en étais sûre... (Haut.) Quoi! vraiment, vous étiez en colère contre moi?

M. DE VARADES.

Et je le suis encore.

ZOÉ.

Ah! que je suis désolée de vous avoir fâché!... cela ne m'arrivera plus, et, dès aujourd'hui, je dirai tout à madame...

M. DE VARADES, à part.

O ciel!...

ZOÉ.

Vous voyez comme elle est bonne pour moi; et quand elle saura que vous m'aimez, que vous voulez m'épouser...

M. DE VARADES.

Gardez-vous en bien! (A part.) Je n'ai pas une goutte de sang dans les veines.

ZOÉ.

Et pourquoi donc?...

M. DE VARADES, avec embarras.

Pourquoi?... (A part.) Au moment de voir couronner tous mes vœux... (Haut.) Vous ne savez donc pas que madame de Bussières, votre maîtresse, est liée avec ma mère, qu'elles sont amies intimes; que toutes deux ont en vue pour moi un autre mariage, dont nous parlions tout à l'heure, quand vous êtes arrivée?...

ZOÉ.

O ciel!...

M. DE VARADES.

Je refuse, vous vous en doutez bien... Mais si on savait que c'est pour vous, on vous éloignerait de moi, nous serions séparés.

ZOÉ.

Eh mais! nous le sommes déjà, puisque je ne vous voyais plus. Heureusement que me voilà installée ici, à Paris...

M. DE VARADES.

C'est là le mal... Toujours près de votre maîtresse, là,

sous ses yeux, comme tout à l'heure... ne la quittant pas d'un instant, impossible de se parler...

ZOÉ.

C'est vrai ; mais je vous verrais du moins !...

M. DE VARADES.

La belle avance !... Tandis qu'à Bièvre, seule tout l'hiver, loin des regards importuns, il me serait si facile, et sans éveiller les soupçons, de diriger mes promenades à cheval de ce côté.

ZOÉ.

Quoi ! vous viendriez ?

M. DE VARADES.

Tous les jours, je vous le promets.

ZOÉ, vivement.

Ah ! j'y resterai, monsieur Émile, j'y resterai.

M. DE VARADES.

Ah ! que vous êtes jolie !... (A part.) C'est que c'est vrai, elle est charmante.

ZOÉ.

Vous trouvez ?... Vous n'êtes donc plus fâché contre moi ?...

M. DE VARADES, à demi-voix.

Je t'aime plus que jamais...

ZOÉ.

C'est fini, je retourne à Bièvre.

AIR : Il m'en souvient, longtemps ce jour. (*Une Heure de mariage.*)

Je repars, j'y serai ce soir ;
Mais vous tiendrez votre promesse ?
Ou je reviens !...

M. DE VARADES.

J'irai te voir ;
Tu peux compter sur ma tendresse,
Mais reste bien en ce séjour !

ZOÉ.

Désormais j'y suis établie,
Dussé-je, pour vous voir un jour,
Vous attendre toute la vie!

M. DE VARADES.

Silence!... quelqu'un!...

ZOÉ, regardant à droite.

Je crois que c'est Daniel...

M. DE VARADES, à voix basse.

Raison de plus!... qu'il ne soupçonne pas!... c'est un jaloux!

ZOÉ, de même.

Un jaloux; je le croyais comme vous, mais ce n'est pas vrai, il n'y pense pas.

M. DE VARADES.

N'importe; qu'il ne nous voie pas ensemble... Laisse-nous...

ZOÉ.

Tout ce que vous voudrez... Je m'en vais... A bientôt... (Regardant Daniel qui entre par la droite en rêvant.) Ce pauvre Daniel, il ne s'y connaît pas du tout!

(Elle sort par le fond.)

SCÈNE IX.

DANIEL, M. DE VARADES.

DANIEL, levant les yeux, et apercevant M. de Varades.

Ah! monsieur de Varades est seul.

M. DE VARADES.

J'étais bien sûr de ne pas l'être longtemps.

DANIEL.

Cela vous contrarie peut-être?...

M. DE VARADES.
Pas du tout : vous m'y avez habitué...
DANIEL.
Comment ?...
M. DE VARADES.
Je ne m'en plains pas... On peut s'attacher à mes traces, se retrouver sans cesse à mes côtés... que m'importe ?... Je ne crains rien, surtout quand c'est une personne aussi aimable que monsieur Daniel...
DANIEL.
Ah ! monsieur...
M. DE VARADES.
Non ; vrai, je suis enchanté de vous voir.
DANIEL, s'inclinant.
Monsieur... je ferai mon possible pour que vous soyez toujours enchanté...
M. DE VARADES.
Trop bon... vous voyez que j'ai lu dans votre pensée...
DANIEL.
A charge de revanche...
M. DE VARADES.
A la bonne heure !... C'est une lutte de bons procédés ; c'est à qui causera le plus de plaisir à l'autre...
DANIEL.
J'accepte le défi.
M. DE VARADES.
Et moi, je ne le refuse pas.
DANIEL.

AIR du *Ménage de garçon.*

J'en ai vu la preuve sincère
Dans cette place qu'aujourd'hui
Je devais, dans un ministère,
Occuper... un peu loin d'ici.

M. DE VARADES.

Cette place, on en a rougi ;
Mais il n'est rien d'égal, je pense,
A l'amitié qui vous l'offrait...

DANIEL.

Si ce n'est la reconnaissance
De celui qui la refusait.

M. DE VARADES.

J'y comptais... Par malheur, nous ne pouvons nous rencontrer partout.

DANIEL.

Pourvu que j'aie cet honneur chez ceux qui me sont chers... chez des amis, et que je puisse me placer entre eux et vous...

M. DE VARADES.

Je vous remercie de vos attentions.

DANIEL.

Ça n'en vaut pas la peine.

M. DE VARADES.

Mais, ce soir, par exemple, je crains d'en être privé.

DANIEL.

Et comment ?...

M. DE VARADES.

Je ne crois pas que vous soyez invité au bal de la marquise d'Ervilly ; et nous serons forcés alors, ce qui me désole, d'y aller sans vous, moi et madame de Bussières, dont je suis le cavalier.

DANIEL.

Vous, monsieur, ce soir?

M. DE VARADES.

Ce soir même.

DANIEL.

Je ne le pense pas.

M. DE VARADES.

Moi, j'ai de fortes raisons de le croire... Monsieur veut-il parier?

DANIEL, vivement.

De grand cœur; je suis certain de ne pas perdre.

M. DE VARADES.

Et moi, je suis sûr de gagner. (Mouvement de Daniel.) Aussi je vais, en attendant, m'occuper de ma toilette. Vous permettez... Rassurez-vous, je reviens à l'instant.

(Il sort.)

SCÈNE X.

DANIEL, seul.

Le fat!... lui, son cavalier!... lui, la conduire ce soir à ce bal, en tête-à-tête!... il s'en vante, du moins... Eh! que m'importe?... je sais ce qu'Aurélie m'a dit ce matin... je la connais... elle se respecte trop elle-même pour s'exposer ainsi... elle n'ira pas!... et, malgré cet air railleur et triomphant, nous verrons qui l'emportera du lâche qui ne s'approche d'une femme que pour la séduire et la perdre... ou de l'homme d'honneur... de l'ami véritable... (Apercevant Aurélie en robe de bal.) Ciel!...

SCÈNE XI.

DANIEL, AURÉLIE, entrant par la gauche.

AURÉLIE, tenant un écrin.

C'est bien; je n'ai plus besoin de vous... Ah! Daniel!
(Elle passe à la droite du théâtre, et se met devant la psyché.)

DANIEL.

Madame... je ne m'attendais pas... cette parure...

AURÉLIE.

Eh bien ! comment la trouvez-vous ?

DANIEL.

Très belle assurément ; surtout pour quelqu'un qui refuse d'aller au bal.

AURÉLIE.

J'ai changé d'avis. Vous qui êtes un sage, vous ne concevez pas qu'on ait des caprices ; vous allez encore me gronder ?...

DANIEL.

C'est un droit que je n'ai pas, madame...

AURÉLIE.

Mais que vous prenez quelquefois.

DANIEL.

Je ne le prendrai plus...

AURÉLIE.

Et pourquoi donc cela ?... (A part.) Pauvre Daniel !... le voilà tout ému. (Haut.) Voyons, parlez, parlez... j'en profite souvent... pas aujourd'hui !... (Avec bonté.) Mais, que voulez-vous ?... un bal, c'est bien séduisant !... le moyen de résister ?...

DANIEL.

C'est impossible, je le vois bien ; et, d'ailleurs, madame est libre.

AURÉLIE.

Libre... pas toujours ; mais du moins jusqu'au retour de mon maître... (Mouvement de Daniel.) Oui, de mon maître... Oh ! ce mot vous déplaît, je le sais ; et pourtant il est si juste !... Quand M. de Bussières est ici, ce ne sont pas mes caprices qui gouvernent, mais les siens ; et ils sont rarement aimables... Forcée de me conformer à ses goûts bizarres, à son humeur fantasque, bien me prend alors de ne pas résister !... Il faut donc que ses plaisirs soient les miens, que je le suive en esclave, couronnée de fleurs, couverte de diamants, dont sa vanité, à défaut d'amour, se plaît à me parer!... Ah! voilà une vie bien heureuse, n'est-ce pas?... et j'ai tort de profiter des derniers jours qu'il me laisse?...

DANIEL.

Ah! ce bonheur qui s'offre à vous, je n'ai pas dit qu'il fallût le laisser échapper. Je regrette de vous voir sortir seule...

AURÉLIE.

Seule... mais non.

DANIEL.

Ah! madame... et ce soir... un cavalier... En effet, M. de Varades m'a dit d'un air de triomphe...

AURÉLIE.

Quoi donc?... que j'accepte son bras... mais il n'y a là de triomphe pour personne.

DANIEL.

Pas même pour lui?...

AURÉLIE.

Daniel!... ah! Daniel, ce n'est pas bien!... vous le jugez mal; M. de Varades est un ami sincère, dévoué; et mon estime pour lui devrait le justifier à vos yeux.

DANIEL.

Aux miens, soit; mais à ceux du monde qui vous entoure... de ce monde où il y a tant d'indiscrets qui, lorsqu'ils ne voient plus rien... inventent...

AURÉLIE.

Eh! que m'importe?... A vous croire, à vous entendre, il faudrait m'interdire tous les plaisirs, toutes les distractions de mon âge... une soirée, un bal... éloigner mes amis, les fuir, comme si leur amitié était un piège, leur dévouement un danger!... Bientôt je ne pourrais faire un pas sans éveiller une curiosité, une défiance, qui finiraient par me blesser!... Oh! non pas vous, Daniel, je ne vous en veux pas... Mais, c'est assez, je vous remercie... Voyez, veuillez donner des ordres pour ma voiture.

DANIEL.

Oui, madame... (Aurélie ouvre son écrin et va mettre son collier devant la glace. — Il s'arrête.) J'oubliais... cette lettre de M. de Bussières dont vous me parliez ce matin.

AURÉLIE.

Une lettre d'affaires qui ne s'adresse qu'à vous.

DANIEL.

La voilà, madame.

AURÉLIE, attachant son collier.

Merci... vous m'avez dit ce qu'elle contient... à peu près...

DANIEL, lisant.

« Qu'il me tarde, mon pauvre Daniel, de me retrouver
« près de toi ! »

AURÉLIE.

Il ne vous oublie pas, vous !

DANIEL, continuant.

« Près de ma femme, qui doit se plaindre de mon silence...
« Ah ! qu'elle en ignore la cause !... qu'elle ne sache pas que
« ma santé, qui s'affaiblit tous les jours, me fait défendre jus-
« qu'à l'émotion d'une correspondance que son esprit et sa
« bonté me rendent si chère !... »

AURÉLIE.

Ah !...

(Elle cesse de s'occuper de sa toilette.)

DANIEL, continuant.

« Hélas ! dans mes crises, des caprices, des impatiences,
« que mes douleurs excusent peut-être... tout cela, je le sais,
« je l'avoue, doit refroidir, froisser souvent le cœur d'une
« jeune femme que le monde et le plaisir réclament ; mais,
« un peu de patience encore, et bientôt, tout me le dit, tout
« me l'annonce, je ne serai plus là pour troubler son
« bonheur ! »

AURÉLIE, très émue.

Daniel !...

DANIEL, lui tendant la lettre.

AIR du vaudeville du Baiser au porteur.

Si cet écrit, que vous deviez connaître,
Fut un secret, me pardonnerez-vous ?...
Mais j'avais fait des lettres de mon maître,
Sans vous le dire, un partage entre nous ;
J'en avais fait un partage entre nous.
Quand de bonheur pour vous elles sont pleines,
Je vous les donne, et n'y prétends jamais ;
Dans celle-ci je n'ai vu que des peines,
    Et c'est ma part que je gardais !

Cet amour dont vous doutiez, y croyez-vous, maintenant ? Le punirez-vous des fautes dont il s'accuse ainsi ?... et, lorsqu'il reviendra, voulez-vous que des mots indiscrets, un éclat, peut-être...

AURÉLIE.

Oh ! non ; car son cœur est soupçonneux, jaloux...

DANIEL, avec abandon.

Jaloux ! et comment ne le serait-il pas d'un bien, d'un bonheur que tant d'autres lui envient ?... Mais il ne vous aimerait pas, il n'aurait jamais aimé, celui qui verrait de pareils hommages, sans éprouver au fond de l'âme...

AURÉLIE.

Si vous croyez que ces plaisirs aient un danger pour moi... pour lui... eh bien ! j'y renoncerai... Ce bal, auquel je tiens beaucoup pourtant... eh bien ! je n'irai pas... êtes-vous content ?

DANIEL.

Ah ! madame !... c'est trop, c'est trop ; qui pourrait exiger un pareil sacrifice ?... M. de Bussières, s'il était ici, ne le voudrait pas ; et lui, si sévère sur les convenances, vous dirait tout le premier : « Allez à ce bal où l'on vous attend... » Mais, en l'absence de votre mari, de votre protecteur naturel, n'accordez à aucun autre un droit qui n'appartient qu'à lui ..

AURÉLIE.

J'entends... et vous remercie, Daniel, j'irai seule... Ce bal, du moins, sera le dernier... je n'y resterai qu'un instant, je vous le promets; et, de là, ce n'est pas ici que je reviendrai, non, j'ai besoin de quitter Paris... C'est à Bièvre que j'attendrai M. de Bussières; il le faut, je le veux ainsi!...

DANIEL.

Ah! madame, vous êtes un ange de vertu, de bonté!... Pardon, si je vous ai causé un instant de peine, que je voudrais racheter au prix de ma vie entière!...

AURÉLIE.

M. de Varades!

DANIEL, à part.

Ah! il peut venir à présent!...

SCÈNE XII.

Les Mêmes; M. DE VARADES.

M. DE VARADES, en costume de bal.

C'est moi, madame, qui, fidèle à ma promesse, me rends à vos ordres... Quel éclat, quel goût exquis!... jamais vous ne fûtes plus belle!... Je vois que je me suis fait attendre...

AURÉLIE, avec embarras.

Du tout, monsieur... et même je ne sais comment vous dire... je suis vraiment confuse... mais je ne puis accepter...

M. DE VARADES.

Eh quoi! ce bal où vous êtes attendue, où vous avez promis de paraître?... Ah! vous ne pouvez vous dégager...

AURÉLIE.

Aussi, j'espère bien y aller... mais seule...

M. DE VARADES.

O ciel!... vous révoquerez cet arrêt, dont je cherche en vain le motif... (Apercevant Daniel, il va à lui.) Monsieur Daniel...

DANIEL, froidement, et s'approchant de lui.

J'ai gagné!...

AURÉLIE.

De grâce, pardonnez-moi un caprice...

M. DE VARADES.

Que vous m'expliquerez à ce bal ; car, si je ne puis vous y conduire... (Regardant Daniel.) au moins je vous y rejoindrai... (Avec chaleur.) J'y serai près de vous... vous ne me défendrez pas de vous y offrir ma main...

AURÉLIE, froidement.

Je ne danserai pas, et ne resterai qu'un instant...

M. DE VARADES, avec chaleur.

N'importe... j'y suivrai vos traces... je ne vous quitterai pas...

(Daniel passe à droite.)

AURÉLIE.

Ce serait encore pire !... Vous n'êtes pas raisonnable ; et ce n'est pas là cette amitié que vous m'avez promise.

M. DE VARADES.

Plût au ciel... que vous en exigeassiez des preuves !

AURÉLIE, avec franchise.

Eh bien! j'en demande une...

M. DE VARADES.

Et laquelle ?

AURÉLIE.

N'allez pas ce soir à ce bal.

M. DE VARADES.

Ah ! madame, un pareil sacrifice...

AURÉLIE.

Est-il trop grand ?... Je n'insiste pas ; c'est moi qui me priverai de ce plaisir... Je reste.

DANIEL, à part.

C'est bien !...

M. DE VARADES.

C'en est trop! et quoi qu'il puisse m'en coûter... dès que vous vous défiez de moi... dès qu'un autre a votre confiance... (Voyant Zoé qui entre par la gauche.) C'est Zoé.

SCÈNE XIII.

Les Mêmes; ZOÉ, apportant sur son bras une pelisse.

ZOÉ.

La voiture de madame est prête... on m'a dit de vous en prévenir.

AURÉLIE.

C'est bien... je sors... Ma pelisse?

ZOÉ, la lui mettant sur les épaules.

Voici, madame.

AURÉLIE, la regardant.

Eh mais, ce châle, cette toilette... Est-ce que tu ne restes pas ici... comme c'est convenu?

ZOÉ.

Non, madame, pas encore.

AURÉLIE.

Ah! toi aussi... tu as des caprices?...

ZOÉ, vivement.

Ce n'est pas moi... c'est... (S'arrêtant sur un coup d'œil de M. de Varades.) C'est monsieur Daniel qui prétend que ma présence est nécessaire à Bièvre...

DANIEL, brusquement.

C'est vrai... et puis on l'attendra...

ZOÉ.

Ne vous fâchez pas, mon bon monsieur Daniel! le cabriolet de la manufacture est en bas, et je pars à l'instant avec Dubois, le contre-maître... (Bas à M. de Varades.) Mais vous viendrez?...

M. DE VARADES, bas.

Dès ce soir... à minuit.

ZOÉ.

Quel bonheur!...

FINALE.

Ensemble.

AIR du quatuor du *Pré aux Clercs*.

DANIEL.
L'amitié la protège,
Et je dois à mon cœur
De la sauver du piège
Où l'entraîne l'erreur.
Et pour prix de mon zèle,
Et pour prix de ma foi,
Quand je veille sur elle,
Que Dieu veille sur moi !

AURÉLIE.
L'amitié me protège ;
Son zèle, son honneur,
Me préservent du piège
Où m'entraînait mon cœur.
Plus de crainte nouvelle,
Bannissons mon effroi ;
L'amitié m'est fidèle,
Elle veille sur moi.

M. DE VARADES.
Contre moi la protège
Un austère censeur,
Qui l'entraîne et l'assiège,
Et me ferme son cœur.
Oublions l'infidèle
Qui se rit de ma foi ;
De l'amour qui m'appelle
N'écoutons que la loi.

ZOÉ.
Oui, l'amour nous protège,

Il délivre mon cœur
Du tourment qui l'assiège;
Il me rend le bonheur.
D'un ami si fidèle
Je dois croire la foi;
De l'amour qui m'appelle
N'écoutons que la loi.

M. DE VARADES, à part.

Oui, Zoé vaut mieux qu'elle;
Vengeons-nous par dépit...

(Haut.)

A la raison fidèle,

(Il passe auprès d'Aurélie.)

Je renonce au bal cette nuit.

ZOÉ, bas à de Varades.

Ah! que j'en suis ravie!
Que je vous en sais gré!

AURÉLIE, bas à de Varades.

Je vous en remercie,
Et je m'en souviendrai.

DANIEL, regardant de Varades.

Oui, le ciel a daigné seconder mes projets;
C'en est fait, les voilà... séparés désormais...

Ensemble.

ZOÉ et M. DE VARADES.

A ce soir.
Quelle ivresse!
Quel espoir!

AURÉLIE.

Oui, fidèle au devoir,
Je ne dois plus le voir.

Ensemble.

AURÉLIE.

Mais il me reste un seul espoir;
Je puis y penser sans le voir.

DANIEL.

Oui, désormais c'est mon espoir,
Ils ne peuvent plus se voir.

ZOÉ.

Ce soir, ce soir, ah! quel espoir!
Enfin, je pourrai donc vous voir!

M. DE VARADES.

Ce soir, ce soir, ah! quel espoir!
Enfin je pourrai donc te voir!

Ensemble.

DANIEL.

L'amitié la protège, etc.

AURÉLIE.

L'amitié me protège, etc.

M. DE VARADES.

Contre moi la protège, etc.

ZOÉ.

Oui, l'amour nous protège, etc.

ACTE DEUXIÈME

Un petit salon de campagne. Porte au fond; deux portes latérales. La porte à gauche de l'acteur est celle de l'appartement d'Aurélie. La porte à droite est celle de la chambre de Zoé. Au fond, du côté droit, une cheminée avec du feu; une petite table servie auprès de la cheminée. Du côté gauche, un canapé. Sur le devant, un guéridon; au fond, une croisée.

SCÈNE PREMIÈRE.

ZOÉ, seule, assise sur le canapé.

A minuit, a-t-il dit... et minuit vient de sonner. Tous les ouvriers sont rentrés, tout le monde dort... J'ai été ouvrir la petite porte du parc... je tremblais en marchant, et, à chaque arbre, j'avais une frayeur! Ah! qu'il faut de courage pour s'aimer la nuit! Aussi, je vous le demande, au lieu d'attendre à demain... Cette idée de venir à une pareille heure, par un temps affreux!... (Elle se lève, va auprès de la cheminée et arrange la table.) Il va s'enrhumer... il aura froid. Heureusement je lui ai fait un bon feu; et puis ce petit souper, tout ce que j'ai pu trouver de mieux sans donner de soupçons... « Ah! mademoiselle Zoé veut souper dans sa chambre! — Oui, vraiment. — Et il lui faut un poulet entier! » Et si j'ai faim pour deux! De quoi se mêlent-ils? est-ce que ça les regarde?... (Regardant la pendule qui est sur la cheminée.) Minuit un quart...

AIR : J'en guette un petit de mon âge. (Les Scythes et les Amazones.)

Et dans cette vaste demeure,

Mon Dieu ! quel silence effrayant !
Du rendez-vous a sonné l'heure,
Il va venir dans un instant.
C'est étonnant !... inquiète et craintive,
Naguère encor j'tremblais d'effroi
Qu'il ne vînt pas... et, malgré moi,
Je tremble à présent qu'il n'arrive !

Aussi le cœur me bat comme la première fois où je l'ai attendu... ah ! bien plus encore. Par cette belle soirée d'automne, et sous cette allée de tilleuls, ça ne me faisait rien, mais ici, dans cet appartement... Est-ce que M. Daniel aurait raison ? est-ce que j'aurais eu tort de lui promettre ?... Et pourquoi donc ? Il me dira, comme autrefois, qu'il m'aime... qu'il veut être mon mari... (Avec joie.) Moi, sa femme !... moi, une grande dame comme ma maîtresse !... Oh ! je n'en serais pas plus fière... Et pourvu seulement que je lui plaise, qu'il me trouve jolie, et que ce bonnet m'aille bien, car voilà trois fois que je l'arrange... (Apercevant M. de Varades qui entre, elle pousse un cri, et s'éloigne de la glace.) Ah !...

SCÈNE II.

M. DE VARADES, couvert d'un manteau ; ZOÉ.

ZOÉ, toute tremblante.

Ah !... c'est vous, monsieur ! On n'entre pas ainsi, sans prévenir...

M. DE VARADES.

Eh quoi ! Zoé... vous avez peur ?

ZOÉ.

Certainement, depuis une heure que je vous attends, je ne fais que cela. Mais ça n'est pas pénible, au contraire.

M. DE VARADES, lui prenant la main.

Comme ta main est froide !

ZOÉ.

C'est que, pendant cette nuit, je vous savais en route.

M. DE VARADES.

Et tu tremblais?

ZOÉ.

Oui, j'avais froid pour vous.

M. DE VARADES.

Ma chère Zoé!

ZOÉ.

Ne vous occupez pas de moi, monsieur, mais de vous. Approchez-vous du feu; quittez ce manteau... et puis donnez-moi ce chapeau qui vous embarrasse.

(Elle prend son chapeau et le met sur le canapé. M. de Varades ôte son manteau et le met sur un fauteuil près de la porte à droite.)

M. DE VARADES, à part.

Insensé que je suis! je quitte Paris pour me venger de ses caprices, pour lui laisser des regrets, je jure de ne plus la voir qu'elle ne m'ait rappelé!... Et son image est là!... Et vingt fois j'ai été près de retourner près d'elle, à ce bal... Non; c'eût été perdre le fruit de mon sacrifice...

(Pendant ce temps, Zoé est allée à la porte au fond, et a regardé un instant au dehors.)

ZOÉ, revenant.

Eh bien! si c'est ainsi que vous vous chauffez!... Vous trouvez-vous mieux?

M. DE VARADES.

Certainement. Mais, où sommes-nous, Zoé? est-ce chez vous?

ZOÉ.

Non, ma chambre à moi est là. (Montrant la porte à droite.) C'est ici le boudoir de madame (Montrant la porte à gauche), et là, sa chambre à coucher...

M. DE VARADES.

Que dis-tu?... madame de Bussières!... (A part.) Je suis

chez elle, voilà les lieux qu'elle habite... Ah! j'éprouve une émotion...

ZOÉ.

J'ai pensé que vous m'aimeriez mieux ici.

M. DE VARADES, distrait.

Oui... oui, sans doute... (A part.) Pauvre fille!...

ZOÉ.

Êtes-vous bien sûr, au moins, qu'ici, dans la maison, personne ne vous ait vu?...

M. DE VARADES.

Personne... J'ai laissé mes chevaux de l'autre côté du parc.

ZOÉ.

Et c'est pour moi que, cette nuit, vous avez renoncé à cette brillante soirée, à ces belles dames si élégantes?...

M. DE VARADES.

Oui... oui, j'avais besoin d'éloigner toutes ces idées, j'avais besoin de vous voir, Zoé...

ZOÉ.

Et moi donc!...

M. DE VARADES.

Vous, si franche, si naïve, et ce n'est pas vous qui voudriez vous faire un jeu de mes tourments, me repousser... me dédaigner.

ZOÉ.

Oh!... bien au contraire. Mais vous devez avoir faim... est-ce que vous ne voulez pas vous mettre à table?...

M. DE VARADES.

Si vraiment.

ZOÉ.

Attendez, je vais vous chercher du vin de Xérès... Ce doit être du bon vin, n'est-ce pas? et ça vous fera plaisir.

M. DE VARADES.

Oui, Zoé.

ZOÉ.

La clef est là... dans la chambre de madame...

M. DE VARADES.

Là, sa chambre?...

ZOÉ.

Non... monsieur... ne me suivez pas... je vous prie...
(Elle entre vivement dans la chambre à gauche.)

M. DE VARADES.

Quel supplice! quelle existence!... pour oublier la maîtresse, venir tromper la femme de chambre! et quand je crois me consoler, m'étourdir, je me retrouve chez elle... Ah! si elle était ici! si je pouvais la revoir un instant... Mais non, elle est au bal, plus jolie, plus séduisante que jamais. Entourée d'hommages, elle pense à moi, peut-être; et moi, je viens profaner ces lieux, où tout me rappelle ses charmes et mon amour. Ah! plutôt fuyons.

ZOÉ, rentrant et portant une bouteille.

Eh bien! me voici... Où allez-vous donc? (Lui montrant la table.) Tenez, monsieur, mettez-vous là, auprès du feu. Je vais vous servir.

M. DE VARADES.

Y penses-tu? Là, près de moi...

ZOÉ.

Oh! non... je n'oserai jamais...

M. DE VARADES, la forçant de s'asseoir.

Et moi, je le veux, je l'exige.

ZOÉ, assise.

Ah! que je suis contente! Il est donc vrai, vous le voulez bien, vous me regardez comme votre femme, comme votre égale?

M. DE VARADES.

Comme ce qu'il y a de plus joli au monde... et comme tout ce que j'aime...

ZOÉ, à part.

Ah! si M. Daniel l'entendait, lui qui ne veut pas croire...

M. DE VARADES.

Eh bien! tu ne manges pas?

ZOÉ.

Oh! je n'ai pas faim... je n'ai pas le temps; je suis si heureuse! Vous vous rappelez donc vos promesses... celle que vous m'aviez écrite, et que j'ai toujours là...

M. DE VARADES.

Peux-tu penser que j'aie rien oublié?... (A part.) Allons, tâchons de nous faire illusion, et persuadons-nous que je suis auprès de sa maîtresse...

ZOÉ.

Ah! ne me regardez pas comme ça. Il y a dans vos yeux quelque chose de si tendre...

M. DE VARADES, à part.

AIR : Lui et moi. (PLANTADE.)

COUPLETS.

Premier couplet.

Lieux habités par Aurélie,
Charme magique et séducteur!
(Montrant Zoé.)
Ombre des nuits, femme jolie,
Tout vient aider à mon erreur.
(A Zoé.)
Je revois celle que j'adore,
Et, grâce aux attraits que voilà,
(A part.)
Auprès d'elle, je suis encore
Avec celle qui n'est pas là.

(Zoé se lève et vient auprès de M. de Varades, qui la prend dans ses bras.)

Deuxième couplet.

De ton amant qui te supplie
Daigne enfin combler les souhaits;
Un baiser... un seul... Aurélie.
  (Se reprenant.)
Non, c'est Zoé que je disais.
Oui, voilà celle que j'adore;
Et grâce à ce prestige-là,
  (A part.)
Auprès d'elle, je suis encore
Avec celle qui n'est pas là.

(Il l'embrasse.)

ZOÉ.

Monsieur, monsieur... taisez-vous donc!

M. DE VARADES, écoutant.

Silence... une voiture vient d'entrer dans la cour.

ZOÉ, allant à la fenêtre.

Une voiture... Ah! mon Dieu! des lumières... une voix... celle du cocher de madame...

M. DE VARADES.

C'est elle!

ZOÉ.

Je suis perdue.

M. DE VARADES, à part.

Elle ici!... dans cette maison... Elle me fuyait donc, et je la retrouve...

ZOÉ.

Partez, monsieur, partez, au nom du ciel!

M. DE VARADES.

Et par où?... pour la rencontrer...

ZOÉ.

Restez alors, mais que faire? où vous cacher?

M. DE VARADES, montrant la porte à gauche.

Là...

ZOÉ.

Y pensez-vous ? la chambre de madame...

M. DE VARADES, montrant la porte du cabinet à droite.

Eh bien! celle-ci.

ZOÉ.

La mienne!... non, monsieur... je ne veux pas... (De Varades s'élance dans la chambre à droite, et emporte son manteau.) Ah! c'est madame...

SCÈNE III.

ZOÉ, AURÉLIE.

AURÉLIE, en robe de bal, et jetant en entrant sa pelisse sur le canapé où est le chapeau de M. de Varades, qui se trouve ainsi caché.

Non!... qu'il se couche!... qu'il se repose!... je le veux.

ZOÉ.

Quoi! c'est vous, madame?...

AURÉLIE.

Oui, j'ai quitté le bal de bonne heure... et, au lieu de rentrer à Paris... à l'hôtel, je suis venue tout de suite ici, où je serai tout arrivée pour demain...

ZOÉ.

Comment! madame?

AURÉLIE.

Certainement... Tu n'as pas voulu rester avec moi à Paris... et moi je viens avec vous tous à Bièvre... comme je vous l'avais promis...

ZOÉ.

Oh! nous serons tous bien contents... moi la première...

certainement j'éprouve un plaisir!... mais seule, madame, au milieu de la nuit!...

AURÉLIE.

Eh! qu'importe?... quel danger peut-il y avoir? et quand il y en aurait eu... Daniel était là pour m'en préserver...

ZOÉ.

Daniel!...

AURÉLIE.

Oui... il m'escortait à cheval... d'un peu loin, je ne m'en doutais pas... je ne m'en suis aperçue qu'ici, en descendant de voiture. Il paraît qu'il avait des ordres à donner pour la manufacture... il le dit, du moins ; je ne le crois pas... c'est pour moi, moi seule, mais le moyen de se fâcher d'un zèle si touchant, si dévoué!... et puis, il était si content de me voir quitter Paris pour me réfugier ici, car je lui ai promis d'y rester et j'y resterai jusqu'au retour de mon mari.....

ZOÉ.

Si longtemps!...

AURÉLIE.

Hein?...

ZOÉ.

Si madame voulait passer dans sa chambre?...
(Elle se place devant la table, comme pour la cacher.)

AURÉLIE.

Tout à l'heure... mais... laissez-moi...

ZOÉ.

C'est que... si madame veut que je la déshabille...

AURÉLIE.

Non, pas encore... j'écrirai avant de me coucher... oui, j'écrirai... (Voyant la table.) Ah! qu'est-ce donc?... tu m'attendais?...

ZOÉ.

Oui... madame... oui...

AURÉLIE.

Comment!... tu savais?... Ah! je comprends, encore Daniel!... Il t'avait prévenue?...

ZOÉ.

Oui... madame... oui...

AURÉLIE.

Que d'attentions!... de dévouement!... (A Zoé.) C'est inutile, je ne prendrai rien... (Zoé porte la table vers la porte du fond.) Va, Zoé... va donner des ordres pour lui... qu'on lui fasse du feu, qu'on lui serve à souper... pauvre garçon!...

ZOÉ, regardant le cabinet.

Ce n'est pas lui qui est le plus à plaindre... (Hésitant à s'en aller.) Je vais vite, et je reviens près de madame... si madame avait besoin de moi...

AURÉLIE.

Eh! non... va donc, va... je veux être seule... va...

ZOÉ.

Oui, madame... oui... (A part.) Ah! mon Dieu! est-ce qu'il va rester là toute la nuit?

(Elle sort et emporte la table.)

SCÈNE IV.

AURÉLIE, puis M. DE VARADES.

AURÉLIE, seule.

Oui, seule... j'en ai besoin... toute la soirée j'ai éprouvé un trouble, une agitation... Quitter Paris si tôt, sans le revoir, sans le remercier de ce qu'il a fait pour moi; car c'était si bien, si généreux à lui de ne pas venir à ce bal... qui, du reste était d'un ennui... et où j'étais si malheureuse... J'avais le cœur serré, en songeant que j'allais fuir loin de lui... mes yeux le cherchaient partout; et, là-bas comme ici, je me disais à moi-même. .

AIR : Faisons la paix.

Il n'est pas là (Bis.)
Cet ami qui pour moi respire ;
Ici tout me déplaît déjà,
Et tout à mon cœur semble dire :
Il n'est pas là !

M. DE VARADES, qui, pendant le couplet, est sorti du cabinet, passe derrière Aurélie, et lui dit à voix basse :

Si, madame... il est près de vous.

AURÉLIE, poussant un cri.

Ah !

M. DE VARADES.

Pardon, madame... pardon.

AURÉLIE.

Que faites-vous ici, monsieur ?... quelle témérité !...

M. DE VARADES.

De grâce, écoutez-moi.

AURÉLIE.

Non, monsieur, non... laissez-moi... sortez...
(Elle passe à gauche.)

M. DE VARADES.

Oh! jamais, jamais!... et puisque je vous ai suivie jusqu'en ces lieux...

AURÉLIE.

Suivie!... vous étiez là ?...

M. DE VARADES.

Eh bien! non; j'ai précédé vos pas... je suis arrivé ce soir... il y a longtemps... j'étais instruit de tout...je savais que vous vouliez m'éviter, me fuir... je le savais, madame!... Cette défense de vous accompagner, de vous retrouver au bal, de vous revoir... quelques ordres que j'ai surpris... me fallait-il davantage pour m'éclairer sur vos démarches, sur vos projets?...

AURÉLIE.

Et vous avez osé?...

M. DE VARADES.

J'étais si malheureux! ma tête s'est égarée... mon cœur m'a conduit dans cette retraite, où j'ai pénétré en secret... en secret, madame!... pour vous voir, vous parler, ne fût-ce qu'un instant!...

AURÉLIE.

Mais vous me perdez, monsieur!...

M. DE VARADES.

Non, non... Dites-moi quel est mon crime, pour me chasser de votre présence, pour me fuir jusqu'ici! Oh! dites, dites, que je sache tout, que je me justifie!

AURÉLIE.

Ah! vous me faites trembler!...

M. DE VARADES.

Et que craignez-vous donc, quand mon respect vous répond de moi?... quand, dans la crainte de vous offenser, de vous déplaire, je cache au fond de mon cœur, et au risque d'être à jamais malheureux, l'amour qui me consume?...

AURÉLIE, traversant le théâtre.

Monsieur...

M. DE VARADES.

Pardon; pardon! ce mot m'est échappé... c'est la première fois... Aurélie, oui, je vous aime, je n'aime que vous!... mon sort, mon bonheur, ma vie, tout dépend de vous!... jugez donc si je puis vous perdre!...

AURÉLIE.

Ah! voilà ce que je craignais!... Vous voyez bien que j'avais raison de vous fuir... Songez donc que je ne suis plus libre, que je ne puis vous aimer sans être coupable...

M. DE VARADES.

Oh! non, non, vous ne l'êtes pas!... vous, si malheureuse,

soumise à un esclavage... à une tyrannie, qui vingt fois m'ont fait rougir pour vous... Vous, coupable!... et de quoi?... d'écouter un ami qui donnerait sa vie plutôt que de vous causer un chagrin, un regret... qui respecte en vous ce qu'il y a de plus pur et de plus parfait au monde... et qui, en ce moment encore, mourrait content s'il entendait de votre bouche un mot d'espoir, un mot de pardon... Oh! dites que vous me pardonnez!...

AURÉLIE.

Entendez-vous?... on monte l'escalier...

M. DE VARADES.

Je m'éloigne... mais un mot... un seul mot... et si vous m'aimez...

(On frappe à la porte du fond.)

AURÉLIE.

On frappe!
(M. de Varades, au fond, et montrant la porte du cabinet à droite, dont il se rapproche doucement, et qu'il ouvre. — On frappe encore.)

AURÉLIE, allant vers le fond.

Qui est là?...

DANIEL, en dehors.

Moi... Daniel.

M. DE VARADES, sur la porte du cabinet.

Toujours lui...
(Il entre dans le cabinet, dont il ferme la porte. Aurélie va ouvrir celle du fond.)

SCÈNE V.

AURÉLIE, DANIEL, puis ZOÉ, qui entre un instant après.

DANIEL.

Pardon, madame, c'est moi...

AURÉLIE, troublée.

Vous, Daniel!... Eh! mon Dieu! que me voulez-vous? qu'avez-vous à me dire, à l'heure qu'il est?...

DANIEL.

J'ai su que madame n'était pas rentrée chez elle; et comme je craignais qu'elle ne fût inquiète, je venais la prévenir...

AURÉLIE.

Et de quoi?

DANIEL.

Voilà ce que c'est : quelqu'un s'est introduit dans le parc, ce soir, avant notre arrivée...

AURÉLIE.

Ah! vous penseriez...

ZOÉ, qui vient d'entrer.

Ah! mon Dieu!

DANIEL.

Oui, madame, un homme qui s'est glissé du côté du moulin, en se dirigeant par ici.

AURÉLIE, troublée.

Par... ici...

DANIEL.

Ne tremblez pas ainsi, madame.

AURÉLIE.

Moi!... en effet, vous me faites une peur... mais peut-être s'est-on trompé...

ZOÉ.

Madame a raison, on s'est trompé, j'en suis sûre.

DANIEL, brusquement.

Qu'en savez-vous?... du reste, nous verrons bien, car tous les ouvriers sont sur pied... il ne peut leur échapper; et s'ils le rencontrent, malheur à lui!...

AURÉLIE.

Ah! mon Dieu!...

DANIEL.

Ils sont armés, et s'il résiste...

ZOÉ.

Quelle horreur!

AIR du vaudeville de *Turenne*.

Ah! j'en suis plus morte que vive!

AURÉLIE.

Y pensez-vous! moi je défends ici
Qu'on l'attaque ou qu'on le poursuive!

ZOÉ.

Madame a raison... Dieu merci!

AURÉLIE.

Certainement! Quelque étourdi,
Quelque imprudent, qui, dans la nuit profonde,
Peut-être en ces lieux s'égara!

DANIEL, avec humeur.

S'égarer?

ZOÉ.

Sans doute! cela
Peut arriver à tout le monde.

Et si c'était quelque chasseur des environs...

DANIEL.

A cette heure? quelle idée!...

AURÉLIE, avec impatience.

Enfin, un chasseur, un braconnier... qu'importe? quel qu'il soit, je ne veux pas qu'on expose pour cela les jours d'un homme, d'un malheureux; d'ailleurs, quel danger?... voici le jour... (A Zoé.) Portez cette pelisse dans ma chambre, où je vais rentrer.

ZOÉ, vivement, en prenant la pelisse sur le canapé.

Oui, madame... (A part.) Quel bonheur!

AURÉLIE.

Vous, Daniel, allez, qu'on lui fasse grâce.

DANIEL.

Puisque madame le veut... et au fait, elle a raison, le bruit, l'éclat pourraient compromettre... (Apercevant sur le canapé le chapeau de M. de Varades. A part.) Ciel!... il est ici...

AURÉLIE.

Que tout le monde rentre; et vous-même, je vous en prie... reposez-vous... allez... Viens-tu, Zoé?

ZOÉ.

Oui, madame, je vous suis... (A part.) Et je reviens... Ce vilain Daniel, qui ne s'en va pas...

AURÉLIE, à Daniel, qui gagne la porte de sortie.

Adieu, Daniel, songez à ce que je vous ai dit.

DANIEL.

Soyez tranquille... fiez-vous à moi....

(Il sort par la porte du fond, qu'il referme. Zoé est déjà rentrée dans l'appartement. Aurélie, restée seule, fait quelques pas vers le cabinet, lorsque Zoé revient.)

ZOÉ.

Madame, tout est prêt.

AURÉLIE.

Allons, c'est bien, mademoiselle, j'y vais.

(Elles rentrent dans l'appartement, en jetant un regard sur le cabinet.)

SCÈNE VI.

DANIEL, seul. Il rentre vivement.

Il est ici... j'avais cru déjà reconnaître près des murs du parc ses deux chevaux et son domestique... mais je craignais de me tromper... à présent, j'en suis sûr... c'est lui... Il a trompé ma surveillance, mais il est en mon pouvoir... ici... oui, ici!... et si je m'en croyais... (S'arrêtant.) Que vais-je faire?... un éclat, du scandale... ah! plutôt mourir!... Et pourtant, ce déshonneur, c'est bien lui qui l'apportait, le lâche !... c'est lui qui osait... Ah ! jamais je n'ai souffert ce que je souffre en ce moment.

AIR : En amour comme en amitié. (*Un tour de Colalto.*)

Que ne puis-je, au gré de mes vœux,
Lui dire : Viens, je te défie !
En ce moment que je serais heureux
De lui donner la mort, ou de perdre la vie !
Mais il faut se taire et souffrir !
O honte !... ô contrainte cruelle !
Pour elle, hélas ! il peut vivre... et pour elle
Moi je n'ai pas le droit de mourir !
Je n'ai pas même le droit de mourir !

Allons... ce n'est pas lui, c'est elle que je sauve... Oui, au prix de ma vengeance, il faut l'aider à s'évader... qu'il parte, qu'il s'éloigne... et plus tard, peut-être... plus tard... (Allant au cabinet à droite.) Allons...

SCÈNE VII.

DANIEL, ZOÉ.

(Zoé est rentrée, et s'est arrêtée dans le fond pendant les derniers mots ; au moment où Daniel va tourner la clef, elle s'élance, et tombe à genoux.)

ZOÉ.

Ah ! n'ouvrez pas !...

DANIEL.

Zoé !...

ZOÉ.

N'ouvrez pas !...

DANIEL.

Grand Dieu !...

ZOÉ.

Grâce !... grâce !... ne me perdez pas !...

DANIEL.

Vous perdre !...

ZOÉ.

Il y a là...

DANIEL.

Qui donc ?...

ZOÉ.

Vous, qui êtes si sévère, vous allez être furieux contre moi...

DANIEL.

Achevez... qui donc ?

ZOÉ.

Eh bien !... quelqu'un... celui dont je vous parlais hier... M. de Varades, qui est venu ici... pour moi...

DANIEL, vivement.

Pour vous !... c'était vous !... vous ne me trompez pas ? c'était... (L'embrassant.) Ah ! Zoé ! ma petite Zoé ! vous me rendez la vie...

ZOÉ.

Vrai !... par exemple, c'est bien sans intention !

DANIEL.

Pour vous... un amant !... Ah ! c'est bien... c'est très bien !... (Se reprenant.) Non, c'est mal... Zoé... c'est très mal...

ZOÉ.

Dame !... entendez-vous !... lequel des deux ?... et puisque au fait il veut m'épouser...

DANIEL.

Imprudente que vous êtes ! pouvez-vous le croire ?... il ne veut que vous tromper, je vous le prouverai...

ZOÉ, pleurant.

Jamais !... il m'épousera...

DANIEL.

Silence, voici madame ; ne craignez rien, j'obtiendrai votre pardon, je m'en charge ; laissez-nous seulement...

ZOÉ.

Oui, monsieur Daniel. Que de bonté!... que d'amitié!... (En s'en allant.) C'est égal, il m'épousera...

(Elle sort par le fond.)

SCÈNE VIII.

DANIEL, AURÉLIE, en négligé.

DANIEL.

Je respire!...

AURÉLIE.

Daniel!... encore ici... je croyais... je vous avais dit...

DANIEL.

Pardon, madame!... je suis resté, heureusement; car cet homme dont je vous ai parlé, qui s'est introduit dans le parc... que j'avais ordonné de poursuivre...

AURÉLIE.

Grand Dieu!...

DANIEL, montrant le cabinet à droite.

Il est là, dans ce cabinet!...

AURÉLIE.

Quoi! vous savez?...

DANIEL.

Oui, je sais qu'il venait ici pour tromper, pour séduire...

AURÉLIE.

Qui donc?

DANIEL.

Zoé, votre femme de chambre.

AURÉLIE.

Ah! quelle indignité!...

DANIEL.

N'est-ce pas, madame; c'est affreux, c'est infâme!... s'introduire dans une maison, où il est accueilli avec tant de bonté, pour y apporter la séduction, la honte...

AURÉLIE.

Zoé!... non, non, c'est impossible, cela ne se peut pas...

DANIEL.

S'il ose le nier, madame, c'est moi qui me charge de le convaincre. Mais je vous demande grâce pour elle, réservez toute votre colère pour le coupable.

AURÉLIE.

C'est bien, Daniel, laissez-moi... (A part.) Zoé!

DANIEL.

Il faut qu'il sorte, madame; mais en secret, car personne ne doit savoir...

AURÉLIE.

AIR : Tu ne vois pas, jeune imprudent. (*Les Chevilles de Maître Adam.*)

A vos conseils judicieux,
A votre amitié je me fie;
Dans ce secret rien que nous deux;
Mais laissez-moi, je vous en prie.

DANIEL.

C'est bien... je sors... point de pitié!

AURÉLIE.

Ah! je punirai tant d'audace!

DANIEL.

Qu'il vienne à présent... l'amitié
Peut sans crainte céder la place.

SCÈNE IX.

AURÉLIE, ensuite M. DE VARADES.

AURÉLIE, seule.

Oh! qu'il m'a fait souffrir!... Je n'ai jamais éprouvé ce

que je sens là... Zoé!... Oh! c'est un supplice que je ne puis supporter plus longtemps!... (Courant à la porte du cabinet.) Monsieur!... monsieur!...

M. DE VARADES, venant à elle avec empressement.

Aurélie!... enfin vous êtes seule, je puis tomber à vos pieds...

AURÉLIE, reculant.

Aux miens! prenez garde, vous vous trompez.

M. DE VARADES.

Qu'est-ce donc?... d'où vient ce trouble?...

AURÉLIE.

Vous me le demandez... vous qui n'avez pénétré jusqu'à moi que pour me tromper, qui, tout à l'heure encore, me juriez un amour... ah! j'en rougis de honte! un amour dont une autre était l'objet.

M. DE VARADES.

Madame...

AURÉLIE.

Je le connais... une jeune fille dont vous avez égaré la raison par ce langage, ces serments peut-être qui ont égaré la mienne!... une malheureuse que vous me donniez pour rivale, à moi!... Zoé, ma femme de chambre... ah! monsieur!...

M. DE VARADES.

Aurélie!... ah! je vous en supplie, au nom de mon honneur, du vôtre, calmez ces transports jaloux...

AURÉLIE.

Jaloux!... eh bien, oui!... Vous avez arraché de mon âme une paix que rien, jusqu'à vous, n'avait troublée. J'étais heureuse, ou plutôt j'étais soumise à mon sort, résignée à souffrir, mais pure, mais tranquille du moins... C'est alors que vous m'avez entourée de pièges, de séductions... Mon faible cœur, qui n'a jamais trompé, pouvait-il croire à la trahison?... Il s'abandonnait avec confiance à ces charmes enivrants d'un langage nouveau pour lui ; je croyais à votre franchise, à votre tendresse... je vous aimais enfin !...

M. DE VARADES.

Vous... ô ciel !...

AURÉLIE.

Oui, je vous aimais ; c'était mon premier, mon seul amour... Je puis l'avouer à présent, car vous m'avez rendue à moi-même.

AIR nouveau. (Musique de M. HORMILLE.)

COUPLETS.

Premier couplet.

Vous m'avez rendu tous mes droits,
Mon repos, mon indifférence ;
Aussi, j'en conviens, je vous dois
Une grande reconnaissance.
Car, grâce à ce soin complaisant,
Dont mon honneur vous remercie,
Je ne vous aimai qu'un moment,
Je vous hais pour toute la vie.

Deuxième couplet.

M. DE VARADES.

Ah ! je ne puis encore, hélas !
Croire à ce que je viens d'entendre,
Et de vous mon cœur n'osait pas
Espérer un aveu si tendre.
Je bénis un ressentiment
Dont mon amour vous remercie...
Et pour moi l'erreur d'un moment
Fera le bonheur de ma vie.

AURÉLIE, étonnée.

Que dites-vous ?

M. DE VARADES.

Que, grâce au ciel, ma ruse a réussi ; et que ce Daniel, toujours attaché à vos pas comme un mauvais génie, pour vous effrayer et pour vous épier...

AURÉLIE.

Eh bien!

M. DE VARADES.

Il a fallu lui donner le change... et il est persuadé maintenant que je venais ici pour Zoé.

AURÉLIE.

O ciel! la compromettre!

M. DE VARADES.

A ses yeux seulement, et pour vous sauver; mais il se taira, j'en réponds, et plus tard mes bienfaits pour cette pauvre enfant...

AURÉLIE.

Zoé! c'est donc ainsi qu'il a pu croire... Ah! vous ne me trompez pas... non, non, c'est impossible; ce serait infâme, savez-vous?

M. DE VARADES.

Moi, en aimer une autre?...

AURÉLIE, vivement.

Non, je vous crois... j'ai besoin de vous croire... j'ai été injuste envers vous, que j'ai outragé, méconnu; mais aussi, j'étais si malheureuse! j'avais le cœur brisé. Moi qui n'avais qu'un ami au monde, il fallait douter de lui, le perdre, le haïr! c'était un supplice au-dessus de mes forces, un mal affreux, horrible, que je n'avais pas encore senti... Ah! c'est que je n'avais jamais aimé...

M. DE VARADES.

AIR : Ainsi que vous, je veux, mademoiselle.

Qu'entends-je, ô ciel!

AURÉLIE.

Ah! par pitié! par grâce!

Ah! laissez-moi!

M. DE VARADES.

De vous dépend **mon sort.**

Ce mot, par qui tout mon crime s'efface,
Que de vous je l'entende encor!
Oui, cet aveu qui tous deux nous enchaîne,
Et que j'implore dans ce jour,
Je le devais tout à l'heure à la haine,
Que je le doive à votre amour,
Que je le doive enfin à votre amour!

AURÉLIE.

Que me demandez-vous?... Savez-vous que de ce mot-là dépend ma vie tout entière?... savez-vous que ce mot est fatal à prononcer... que s'il était entendu par un autre que par vous, si j'étais trahie, il me perdrait, et vous peut-être avec moi... le savez-vous?

M. DE VARADES.

Et qu'importe!... mon sort n'est-il pas enchaîné au tien? doutes-tu de mon courage, Aurélie?... Me crois-tu incapable de te suivre, de te défendre, de t'arracher aux mains d'un tyran? Ah! je tombe à tes pieds, ne me repousse pas... m'aimes-tu?...

(Il se jette à ses genoux.)

AURÉLIE.

Ah oui!... je suis coupable... je vous aime!

M. DE VARADES.

Aurélie!...

(En ce moment paraît Daniel à la porte du fond, qu'il a ouverte.)

AURÉLIE, aperçoit Daniel, et pousse un cri.

Ah!...

M. DE VARADES, se relevant.

Il devait être là...

SCÈNE X.

Les Mêmes; DANIEL.

DANIEL.

Madame, pardonnez-moi... j'accours... (Apercevant M. de Varades.) Je... je...

AURÉLIE, vivement.

Que venez-vous faire ici?... qui vous a appelé?... que cherchez-vous?...

DANIEL.

Madame...

AURÉLIE, hors d'elle-même.

Parlez... parlez... qu'est-ce qui vous amène chez moi?

DANIEL, regardant M. de Varades.

Madame... cette personne dont je vous parlais... et que Zoé...

AURÉLIE.

Cette personne s'est justifiée. Je n'accuse pas Zoé, je ne lui en veux plus, et je défends que désormais il en soit question devant elle, ou devant moi.

DANIEL, à part.

Ah! mon Dieu!... elle a tout pardonné... ils sont d'accord...

AURÉLIE.

Mais parlez donc!... sous quel prétexte venir ainsi chez moi, toujours sur mes pas, à mes côtés?... Que voulez-vous?...

DANIEL.

Pardon... c'est une nouvelle que j'apportais à madame... et que je reçois à l'instant par Julien, qui vient d'arriver à cheval...

AURÉLIE.

Julien?... le domestique de mon mari...

DANIEL.

Il m'annonce le retour de M. de Bussières à Paris.

AURÉLIE.

O ciel!...

M. DE VARADES.

Que dit-il?

DANIEL.

En arrivant ce matin, il a su que madame était à Bièvre, il vous prie de l'y attendre, car dans deux heures il y sera lui-même...

AURÉLIE.

Ici... M. de Bussières... ah! je comprends maintenant le motif de cette surveillance dont vous m'entouriez tous les jours, à tous les instants... de cet espionnage... (Mouvement de Daniel) oui, de cet espionnage continuel... insupportable... Loin de moi, loin de ces lieux, il me persécutait encore, par vous, qui vous êtes chargé de lui rendre compte de mes démarches, de ma conduite, de mes plaisirs; c'est un devoir que vous avez rempli, trop bien peut-être.

DANIEL.

Ah! madame!...

AURÉLIE.

A son retour, vous l'attendiez avec impatience pour lui faire votre rapport... eh bien! allez, faites-le... dites-lui ce que vous avez si bien épié... inventez encore... que m'importe?...

M. DE VARADES, à demi-voix.

Aurélie!...

DANIEL.

Ah! vous ne croyez pas...

AURÉLIE.

Ou plutôt... c'est un plaisir que vous n'aurez pas... je saurai en prévenir l'effet, et s'il faut qu'il l'apprenne... ce sera par moi, par moi seule... je lui dirai tout avant vous...

DANIEL.

Madame!...

AURÉLIE.

Laissez-moi, sortez, je vous chasse!

DANIEL.

Moi!... moi... chassé!... comme un valet... après tant de zèle, de dévouement... chassé!...

AURÉLIE.

Sortez, vous dis-je...

DANIEL.

J'obéis, madame... je sors... (Il s'éloigne. — A part, au moment de sortir.) Partir!... oh! pas encore.

(Il sort.)

M. DE VARADES, à demi-voix.

Elle est à moi!

SCÈNE XI.

AURÉLIE, M. DE VARADES, ensuite JULIEN.

AURÉLIE, dans le plus grand désordre.

Ici, dans deux heures... Oh! je ne l'attendrai pas!

M. DE VARADES.

Que voulez-vous faire? grand Dieu!...

AURÉLIE.

Après l'aveu que vous avez reçu de moi, qu'il a entendu... Oh! oui, il était là... il sait tout, je n'ai plus à hésiter, c'en est fait!...

M. DE VARADES.

Aurélie... que dites-vous?... votre mari...

AURÉLIE.

Mon mari... il me tuerait...

M. DE VARADES.

O ciel!...

AURÉLIE.

Ce matin, je pouvais l'attendre, le revoir... maintenant c'est impossible... Je fuirai ces lieux... Il faut partir...

(Elle traverse le théâtre.)

M. DE VARADES.

Partir ?

AURÉLIE.

Eh ! oui, sans doute... mon amour, vous le savez, je vous l'ai dit, je suis coupable... coupable aux yeux de mes gens, de mon mari... aux vôtres peut-être ?...

M. DE VARADES.

Oh ! jamais, jamais !

AURÉLIE.

Oui, j'ai reçu vos serments ici tout à l'heure... vous les tiendrez. Que mon sort s'accomplisse !... (Elle court vers la porte du fond.) Holà ! quelqu'un ! (A M. de Varades.) Sonnez, monsieur... (M. de Varades hésitant.) Sonnez donc !...
(M. de Varades tire le cordon qui est auprès de la cheminée : Aurélie court au guéridon, prend une plume et écrit.)

M. DE VARADES.

Que voulez-vous faire ?...

AURÉLIE, écrivant.

Mon devoir... ce que vous me conseilleriez vous-même... ce que j'ai dit à Daniel enfin... (Écrivant.) Du moins, je ne tromperai pas mon mari en le quittant... je le préviens de ma fuite... il saura tout, et mes aveux... (Julien entre.) Ah ! c'est vous, Julien, vous attendiez ma réponse ?... Tenez ! remontez à cheval à l'instant... repartez pour Paris... remettez cette lettre à votre maître... allez !...

(Il sort. Elle retombe accablée.)

M. DE VARADES.

Aurélie, oh ! revenez à vous, calmez ce trouble où je vous vois... oui, je suis à vous... et bientôt...

AURÉLIE, se levant.

Oui, dans deux heures... je serai partie... avec vous... et Zoé...

M. DE VARADES, à part.

O ciel !

AURÉLIE.

Elle seule m'accompagnera.

M. DE VARADES.

Zoé ?

AURÉLIE.

C'est la seule en qui j'aie confiance, elle a été élevée avec moi; elle ne m'abandonnera pas.

M. DE VARADES.

Mais, madame...

AURÉLIE.

D'ailleurs, nous l'avons compromise; elle ne peut rester ici ; et, complice de notre fuite, son sort désormais me regarde. Adieu, je vais tout disposer... Vous, hâtez notre départ.

(Elle rentre dans son appartement.)

SCÈNE XII.

M. DE VARADES, ZOÉ, qui entre avec crainte et lentement.

M. DE VARADES, à part.

Partir, partir !... je n'y pensais pas d'abord, mais, ma foi ! n'importe... allons tout préparer.

ZOÉ, avec timidité.

Eh bien, monsieur Émile ?...

M. DE VARADES, à part.

Elle, nous accompagner, nous suivre... oh ! tout serait perdu, il faut l'éloigner.

ZOÉ.

Madame vous a vu... vous a parlé... elle sait tout...

M. DE VARADES.

Oui, sans doute, et vous ne pouvez plus rester ici, vous ne pouvez plus la revoir.

ZOÉ.

Elle est donc bien en colère?

M. DE VARADES.

Certainement! et il faut quitter cette maison... il faut partir à l'instant même.

ZOÉ.

Est-il possible!... Et où aller?...

M. DE VARADES, à part.

Pauvre fille!... (A Zoé, à demi-voix.) A Paris... chez ma mère... chez moi.

ZOÉ, effrayée.

Chez vous?...

M. DE VARADES, vivement.

Silence!... Rien qui puisse vous compromettre... je ne vous accompagnerai pas; vous partirez seule... ma mère, à qui je vais écrire, vous recevra... veillera sur vous...

ZOÉ.

Mais vous me disiez hier que votre mère ne consentirait pas à notre mariage?...

M. DE VARADES.

Aussi ne faudra-t-il pas lui en parler. Je ne vous présente à elle que comme une jeune fille qu'elle doit protéger, et là, cachée à tous les yeux, vous attendrez ou ma présence, ou un mot de moi.

ZOÉ.

Sera-ce bien long?

M. DE VARADES.

Demain... après-demain... que sais-je!... pourvu que vous partiez... que votre maîtresse ne vous aperçoive pas.

ZOÉ.

Soyez tranquille... Mais notre mariage, qui s'en occupera?

M. DE VARADES.

Moi... moi seul.

ZOÉ.

Quoi! vraiment... et l'église, et la mairie?

M. DE VARADES.

Je m'en charge.

ZOÉ.

Ah! que je suis contente!... C'est donc bien vrai? Et les témoins?

M. DE VARADES, avec impatience.

Qui vous voudrez... nous avons le temps d'y penser...

ZOÉ, fâchée.

Comment! monsieur?...

M. DE VARADES.

Tout ce qu'il vous plaira... parlez... commandez... l'or... les bijoux... (Lui remettant un portefeuille.) Tenez, prenez.

ZOÉ, refusant.

Du tout.

M. DE VARADES.

De la part d'un mari...

ZOÉ.

Ah! oui, vous avez raison.

M. DE VARADES, vivement.

Mais éloignez-vous sur-le-champ... (A part.) Et mon départ, à moi... des ordres à donner... (Haut à Zoé.) Adieu... adieu... songez à ce que je vous ai dit, et que dans un instant vous soyez loin de ces lieux.

ZOÉ.

Je pars...

(M. de Varades sort par la porte du fond.)

SCÈNE XIII.

ZOÉ, puis DANIEL.

ZOÉ.

Ah! quel bonheur!... c'est comme un songe, moi sa femme... j'en étais bien sûre, je l'ai toujours dit... et ce Daniel, qui prétendait...

DANIEL, à la cantonade.

Oui, Julien, attendez-moi.

ZOÉ.

C'est lui, ah! que c'est bien fait! (D'un air triomphant.) Eh bien! monsieur Daniel, eh bien!...

DANIEL, brusquement.

Eh bien! qu'y a-t-il?

ZOÉ.

Il y a que je suis pressée... que je m'en vais... que je n'ai pas le temps de causer; mais que je suis bien contente, car, grâce au ciel, c'est moi qui avais raison... il m'épouse.

DANIEL.

Cet amoureux de tantôt?...

ZOÉ.

Eh oui! M. de Varades.

DANIEL.

Est-il possible?...

ZOÉ.

Silence!... c'est encore un secret. Vous serez un de mes témoins... d'abord, parce que vous avez été toujours si bon pour moi et puis ensuite pour vous prouver... et j'espère que maintenant vous n'en douterez pas...

DANIEL.

Plus que jamais...

ZOÉ.

Est-il obstiné!... Quand il me fait partir à l'instant pour Paris, où il ira me rejoindre pour notre mariage.

DANIEL.

Quoi! cette voiture de poste que madame a donné ordre de préparer... c'est pour vous?

ZOÉ.

Nullement, je pars à l'insu de madame, et il ne faut pas le lui dire.

DANIEL, à part, et vivement.

Il veut l'éloigner, je comprends. (Haut avec chaleur à Zoé.) Et vous ne voyez pas que dans ce moment une autre...

ZOÉ, vivement.

Quoi!... qu'est-ce que c'est?...

DANIEL, se reprenant.

Rien!... rien... (A part.) Qu'allais-je faire? (A Zoé.) Je vous crois.

ZOÉ.

C'est bien heureux. (A part, en s'en allant.) Pauvre garçon!... il est si étonné qu'il ne peut pas en revenir.

(Elle rentre dans sa chambre.)

SCÈNE XIV.

DANIEL, seul.

Compromettre Aurélie aux yeux de sa femme de chambre... ah! ce serait la perdre que de la sauver à ce prix... Il est un autre moyen d'éclairer madame de Bussières malgré elle, et sans exposer son honneur... un moyen qui n'exposera que moi, et, pour récompense, je n'ai à attendre que sa haine, son mépris. Encore ce sacrifice...

SCÈNE XV.

DANIEL, sur le devant du théâtre à droite; M. DE VARADES, venant du fond, et allant à la porte de l'appartement d'Aurélie, puis, entr'ouvrant la porte, et s'adressant à AURÉLIE, qui paraît en costume de voyage.

M. DE VARADES.

Venez, nous n'avons pas de temps à perdre, et puisque la chaise de poste est prête...

(Daniel remonte le théâtre jusqu'à la porte du fond.)

AURÉLIE.

Je me soutiens à peine...

M. DE VARADES.

Songez qu'à chaque instant M. de Bussières peut arriver.

AURÉLIE.

Et Zoé, pourquoi ne vient-elle pas?

M. DE VARADES.

J'ai tout arrangé... elle nous rejoindra plus tard; partons...

(Daniel à la porte du fond, et se croisant les bras.)

AURÉLIE.

Daniel! Daniel!...

M. DE VARADES.

Encore lui!...

DANIEL.

Pardon, madame, de paraître encore dans ces lieux, d'où vous m'avez chassé... je voulais parler à monsieur.

M. DE VARADES.

En d'autres temps, monsieur, je suis pressé... je pars.

DANIEL.

Justement!... je n'ai donc que ce moment pour vous demander raison d'une injure qui m'est personnelle.

M. DE VARADES.

Tout ce que vous voudrez, mais dépêchons-nous. De quoi s'agit-il?

AURÉLIE.

O ciel!

DANIEL.

Mille pardons, madame, de m'occuper devant vous d'une affaire qui ne vous concerne en rien; mais monsieur va épouser une jeune personne que j'aime...

M. DE VARADES.

O ciel!

DANIEL.

Et je ne le souffrirai pas...

AURÉLIE.

Qu'est-ce que cela signifie?...

M. DE VARADES, à Aurélie.

J'ignore ce qu'il veut dire, et quelque erreur l'abuse, vous le savez mieux que personne.

DANIEL.

A d'autres... vous voulez en vain me tromper, et la perfide aussi... (A Aurélie.) Car c'est moi que l'on trompe, madame, et celle qui s'entend avec lui pour me trahir... pour m'abuser... c'est Zoé.

AURÉLIE.

Zoé!...

DANIEL.

La voici...

SCÈNE XVI.

Les Mêmes; ZOÉ, sortant de sa chambre.

DANIEL, courant à Zoé, qu'il prend par la main.

Venez... venez, mademoiselle.

ZOÉ.

Eh! qu'est-ce donc? qu'y a-t-il? de quoi vous plaignez-vous?

DANIEL.

Je me plains de ce que vous l'aimez... de ce qu'il vous aime... de ce qu'il veut vous épouser.

ZOÉ.

Mais taisez-vous donc, devant madame!

DANIEL, vivement.

Peu importe à madame, qui ne vous en veut pas, qui vous pardonne; mais, moi, je ne pardonnerai ni à vous, ni à lui, car vous ne savez pas que, moi aussi, je vous aime...

ZOÉ, vivement à M. de Varades.

O ciel!... quelle trahison!... et moi qui lui ai tout confié!...

AURÉLIE, vivement à Zoé.

Eh! quoi donc?... que savez-vous?... il y a donc quelque chose?... parlez.

DANIEL, arrêtant Aurélie.

Pardon, madame; c'est à moi de l'interroger.

ZOÉ.

Et de quel droit, s'il vous plaît?

DANIEL.

De quel droit?... Ah! vous ne voulez pas que je sois furieux, que je sois jaloux, quand je sais qu'il vous fait la cour!

M. DE VARADES.

Madame sait bien...

DANIEL.

Depuis trois mois.

AURÉLIE.

Depuis trois mois!...

ZOÉ.

Eh bien! quand il serait vrai...

M. DE VARADES, en colère.

Monsieur!...

DANIEL.

Vous l'entendez, madame! et on veut que je me contraigne... quand elle a encore là, sur elle, une lettre où il la prie de céder à ses vœux, où il lui promet de l'épouser!

M. DE VARADES, furieux.

C'en est trop!

DANIEL, avec colère.

C'est cette lettre-là, monsieur, dont je vous demande raison; voilà l'injure dont je veux me venger.

ZOÉ, pleurant.

Eh! est-ce que cela vous regarde?... vous ai-je jamais rien promis?... et est-ce ma faute, à moi, si je ne vous aime pas... et si je l'aime... si j'en suis aimée?...

M. DE VARADES, voulant la retenir.

Zoé...

ZOÉ, pleurant.

Non, monsieur, il vaut mieux tout dire, tout avouer à madame; aussi bien, c'est d'elle que je dépends, et non pas de ce vilain jaloux. (Tombant aux genoux d'Aurélie.) Oui, madame, je suis coupable, que voulez-vous? il m'aimait tant, il n'aimait que moi...

M. DE VARADES, voulant l'arrêter.

Zoé!...

ZOÉ.

Puisque madame le sait, pourquoi le nier?... pourquoi vous en cacher encore?...

AURÉLIE.

Lui! M. de Varades...

ZOE.

Eh! ne l'accusez pas, il me disait vrai; il n'a jamais

voulu me tromper, ni m'abuser... c'est l'honneur, la loyauté même; il voulait m'épouser... il me l'a promis. (Lui donnant la lettre.) Tenez... tenez, voyez plutôt.

M. DE VARADES.

Je ne souffrirai pas...

ZOÉ, se relevant.

Et moi... je le veux, pour vous justifier à ses yeux, pour qu'elle vous rende son estime, et à moi son amitié. Oui, madame, je ne partirai maintenant, et je ne l'épouserai, que si vous y consentez, que si vous m'en donnez la permission.

AURÉLIE, froidement, après un instant de silence, et après avoir encore regardé la lettre.

Ma permission, je la donne, Zoé, mais je doute que monsieur veuille en profiter; ce serait supposer qu'il est digne de vous... (Avec mépris) et je ne le pense pas...

ZOE.

Comment, madame ?...

AURÉLIE, froidement, à Zoé.

Laissez-nous, je vous parlerai plus tard.

ZOÉ, en s'en allant, à M. de Varades.

Soyez tranquille, nous nous marierons !... comptez sur moi, toujours.

(Elle rentre dans sa chambre.)

M. DE VARADES, à Aurélie.

Un mot, seulement...

AURÉLIE, avec dignité.

Sortez, monsieur...

M. DE VARADES, bas à Daniel en sortant.

Je compte sur vous !...

DANIEL, de même.

Quand vous voudrez !... Vous ne partez plus maintenant.

SCÈNE XVII.

AURÉLIE, DANIEL, puis JULIEN.

AURÉLIE, le retenant.

Non, Daniel, non, vous n'irez pas !...

DANIEL, avec joie.

Qu'importe ?... je puis mourir à présent.

AURÉLIE.

Vous vivrez pour vos amis, pour Zoé, qui est encore digne de vous, et puisque vous l'aimez...

DANIEL, froidement.

Non, madame, je ne l'aime pas... je n'aime personne ; mais j'ai voulu vous éclairer, vous sauver, et c'est pour en avoir le droit que j'ai supposé des projets...

AURÉLIE.

Pour me sauver... ah ! vous ne le pouvez plus... mon sort est décidé...

JULIEN, entrant vivement.

La voiture de monsieur entre dans la cour.

AURÉLIE.

Ah !... je ne reparaîtrai jamais devant lui !...

DANIEL, à Julien.

C'est bien, c'est bien !... (Julien sort.) Allez le recevoir, madame... allez...

AURÉLIE.

Moi !... mais vous ne savez pas... perdue, perdue sans retour ! je lui ai tout écrit, il sait tout, et dans mon délire, une lettre que je lui ai envoyée...

DANIEL, la tirant de sa poche.

La voilà...

AURÉLIE.

Ma lettre !...

DANIEL.

J'ai empêché Julien de partir, et sous prétexte que votre mari allait arriver, j'ai repris cette lettre.

AIR : Un jeune Grec, assis sur des tombeaux.

Non pas pour lui, mais pour vous... la voici.

AURÉLIE.

D'un tel ami j'ai mérité le blâme !
Pour me punir, monsieur, donnez-la-lui.

DANIEL.

Je ne le puis... c'est le tromper, madame :
Dans cet écrit vous-même lui disiez
Que la vertu n'était plus qu'un vain songe...
Qu'oubliant tout, désormais vous n'étiez
    Plus digne de lui... Vous voyez
    Que cette lettre est un mensonge.

AURÉLIE.

Ah !... c'est à vos genoux...

DANIEL, la retenant.

Écoutez... écoutez la voix de M. de Bussières... c'est lui, allez, madame, allez.

AURÉLIE.

Mon mari...

(Elle s'arrête un instant, essuie ses larmes, et sort précipitamment par le fond.)

DANIEL, seul.

Je la remets pure et chaste dans ses bras. (Avec une expression douloureuse.) O mon bienfaiteur !... nous sommes quittes maintenant !

LE
MOULIN DE JAVELLE

COMÉDIE-VAUDEVILLE EN DEUX ACTES

EN SOCIÉTÉ AVEC M. MELESVILLE.

Théatre du Gymnase. — 8 Juillet 1833.

PERSONNAGES. ACTEURS.

LE RÉGENT, sous le nom de M. François,
   commis aux aides. . . . . MM. ALLAN.
L'ABBÉ DUBOIS, son ministre, sous le nom
   de M. Prudhomme. . . . . BOUFFÉ.
PORTO-CARRERO, secrétaire du prince
   de Cellamare. . . . . FIRMIN.
D'AUBIGNY, officier. . . . . DAVESNE.
VERDIER, intendant du Régent. . . . . . BORDIER.

BABET, maîtresse de M. François . . . . . Mmes ALLAN-DESPRÉAUX.
TOINON, maîtresse de M. Prudhomme . . . JENNY VERTPRÉ.
LA DUCHESSE DU MAINE. . . . . . GRÉVEDON.
JUSTINE, } Jeunes ouvrières . . . . . { FORGEOT.
ROSE, }   { HABENECK.

GRISETTES, OFFICIERS, MOUSQUETAIRES, VALETS.

En 1718. — Au moulin de Javelle, au premier acte; au Palais-Royal, au deuxième acte.

LE
MOULIN DE JAVELLE

ACTE PREMIER

Un jardin de cabaret hors barrières, au temps de la régence. A gauche de l'acteur, le corps de logis avec des cabinets particuliers ; sortie au fond, donnant sur la cour ou sur le boulevard extérieur. A droite, des charmilles conduisant dans les bosquets du jardin : une table de ce côté.

SCÈNE PREMIÈRE.
PORTO-CARRERO, LA DUCHESSE DU MAINE.

(Tous deux sont déguisés en bourgeois de l'époque. Ils entrent mystérieusement. La duchesse sort du cabinet n° 4, Porto-Carrero arrive par le fond à droite.)

LA DUCHESSE.

Entrez ici, mon cher Porto-Carrero, et parlons bas!

PORTO-CARRERO, regardant autour de lui.

D'honneur, le lieu est singulièrement choisi pour une conférence politique. Le moulin de Javelle!... Un cabaret hors barrières, où toutes les petites grisettes de Paris donnent rendez-vous à leurs galants! Et la duchesse du Maine sous un pareil déguisement...

LA DUCHESSE.

Silence!

PORTO-CARRERO.

AIR : J'ai vu partout dans mes voyages. (*Le Jaloux malgré lui.*)

Mais c'est assez votre coutume,
Et votre esprit aventureux
Doit se plaire sous ce costume
Et modeste et mystérieux!
Oui, fuyant une cour ingrate,
Parfois la reine des amours
Et déguisée...

LA DUCHESSE, souriant.

Et diplomate!
Vous, monsieur, vous l'êtes toujours!
Et secrétaire diplomate,
Vous, monsieur, vous l'êtes toujours.

PORTO-CARRERO.

Pas avec vous, du moins.

LA DUCHESSE.

Vous avez reçu mon petit mot?

PORTO-CARRERO.

J'ai suivi les intentions de Votre Altesse. (Montrant son habit.) Le plus stricte incognito. J'ai renvoyé la voiture et les gens de l'ambassade; les couleurs espagnoles pouvaient nous trahir.

LA DUCHESSE.

Cellamare est prévenu?

PORTO-CARRERO.

Il ne bouge plus de l'Arsenal.

LA DUCHESSE.

Et quelles nouvelles de Perpignan?

PORTO-CARRERO.

D'excellentes. Le gouverneur est un homme sûr et loyal, et moyennant la somme promise, il ouvrira ses portes aux troupes de Philippe V.

LA DUCHESSE, avec joie.

A merveille! Mais avant d'aller plus loin, mon cher abbé, parlez-moi à cœur ouvert, et avec toute la franchise d'un secrétaire d'ambassade ; ce n'est pas vous en demander trop ! dois-je me fier à la parole d'Alberoni ?

PORTO-CARRERO.

Qui peut vous en faire douter, madame la duchesse?

LA DUCHESSE.

Il est Italien, et premier ministre !

PORTO-CARRERO.

Son intérêt vous répond de sa sincérité. Pourvu que la régence et la tutelle du jeune Louis XV soient données au roi d'Espagne, il consent à en déléguer les pouvoirs à M. le duc du Maine ; et comme vous avez tout empire sur votre époux...

LA DUCHESSE, souriant.

C'est moi qui gouvernerai la France ! Ce n'est que justice, car cette régence nous appartenait : et sans la faiblesse de mon mari et les intrigues de ce misérable Dubois que je hais presque autant que son patron !... Impudent personnage ! il a voulu faire un régent de son ancien élève pour devenir ministre de sa puissance, comme il l'était de ses plaisirs ! Effronté parvenu, qui se venge de son origine obscure en nous rabaissant jusqu'à lui, en faisant déclarer les princes du sang déchus de leurs prérogatives, en se servant de sa police pour livrer aux brocards de la ville les correspondances secrètes des premières dames de la cour !

PORTO-CARRERO, avec malice.

Quoi ! les intrigues de ces dames ? Quelle horreur !

LA DUCHESSE.

Il ne respecte rien. Ce n'est pas pour moi que je parle.

PORTO-CARRERO.

Parbleu! (A part.) Elle était en tête de la liste. (Haut.) Et c'est un pareil homme qui aspire aux plus hautes dignités de l'Église!

LA DUCHESSE, avec mépris.

Il aura beau faire, il sera toujours plus fourré de vices que d'hermine! mais j'y mettrai bon ordre; et pour nous débarrasser à la fois de nos deux ennemis, il faut que le Régent soit en route, cette nuit, pour l'Espagne.

PORTO-CARRERO.

Cette nuit!

LA DUCHESSE.

Il ira faire sa cour aux belles Castillanes! ça le changera.

PORTO-CARRERO.

L'enlever au milieu de Paris, de ses officiers! prenez garde; malgré son amour effréné pour les plaisirs, ses folies, ses dissipations, le vainqueur de Steinkerque et de Nerwinde a ici de la popularité.

AIR de Lantara.

Il sait aimer, boire et se battre,
Gloire et plaisir ont pour lui des attraits,
Et je crois, témoin Henri-Quatre,
Que les princes mauvais sujets
En France ont toujours du succès!
Du peuple l'amour l'environne;
Car il a, pour mieux le gagner,
L'esprit qui plaît, la bonté qui pardonne,
Et des défauts qui font tout pardonner!

LA DUCHESSE, avec impatience.

Qui vous demande son panégyrique, monsieur? et qui vous parle de l'enlever au milieu de Paris? (Baissant la voix.) C'est ici qu'il va venir.

PORTO-CARRERO.

Le prince?...

LA DUCHESSE, plus bas.

Sans doute! une petite grisette dont il est amoureux fou! Pour échapper aux soupçons de madame de Parabère et des autres maîtresses en titre, c'est ici qu'il lui a donné rendez-vous... Sa cour l'ignore, mais nos limiers m'en ont avertie! (Montrant une porte à gauche.) J'ai fait aussitôt retenir cet appartement pour épier ses démarches, des gens sûrs entourent la maison, et s'il y met le pied...

PORTO-CARRERO.

Par Notre-Dame *del Pilar!* voilà un plan dont Alberoni serait jaloux!... mais une voiture?...

LA DUCHESSE.

Elle est prête.

PORTO-CARRERO.

Les relais?

LA DUCHESSE.

Disposés sur toute la route, dont les commandants nous sont dévoués!

PORTO-CARRERO.

Et pour s'emparer de la personne du jeune roi?

LA DUCHESSE.

Il nous faut un homme de tête, d'exécution, qui ne sache nos secrets qu'à moitié; j'ai notre affaire : un jeune officier qui croit avoir à se plaindre... il y en a toujours; je l'ai fait prévenir, et... Chut! le voici, pas un mot de plus!

SCÈNE II.

LES MÊMES; D'AUBIGNY.

PORTO-CARRERO, remontant et regardant dans la coulisse à droite.

Ah! ce jeune officier qui vient de ce côté? une très bonne tournure.

LA DUCHESSE, bas et d'un air indifférent.

Oui. Je n'y avais pas pris garde.

PORTO-CARRERO, bas et souriant.

Oh! que si! Mais vous avez raison; en conspiration comme en amour, il ne faut jamais avoir à rougir de ses complices.

D'AUBIGNY, s'approchant.

Madame la duchesse!

LA DUCHESSE, allant au-devant de lui.

Approchez, monsieur d'Aubigny, et soyez sans crainte : (Montrant Porto-Carrero.) Monsieur est des nôtres!... Eh bien! les gardes-françaises?...

D'AUBIGNY.

Je quitte plusieurs officiers qui, comme moi, madame, ont servi dans le régiment du Maine, et sont dévoués à M. le duc, à Votre Altesse; mais ils demandent, avant tout, l'assurance qu'il ne sera rien tenté de contraire au roi et à leur honneur.

LA DUCHESSE, regardant Porto-Carrero.

Qui pourrait en douter?

D'AUBIGNY.

AIR : Un page aimait la jeune Adèle. (*Les Pages du duc de Vendôme*.)

Pourvu qu'une armée étrangère
Ne mette pas le pied sur notre sol,
Pourvu que sur notre frontière
Ne flotte pas l'étendard espagnol !

LA DUCHESSE.

Des alliés!

D'AUBIGNY.

Qu'un seul avance,
Et nos soldats vont contre eux se ranger,
En s'écriant : « Mon parti, c'est la France,
Et l'ennemi, c'est l'étranger ! »

LA DUCHESSE, d'un air embarrassé.

Rassurez-vous, et dites-leur bien que nous ne voulons qu'affranchir Sa Majesté d'une tutelle odieuse et rendre la paix au royaume.

PORTO-CARRERO.

C'est évident! on ne conspire jamais que pour être plus tranquille!

LA DUCHESSE, d'un air caressant.

Et pour réparer les injustices faites au mérite; à ce titre, monsieur d'Aubigny, vous avez des droits! Vous demandiez un régiment, vous l'aurez, et s'il est d'autres moyens de vous prouver mon estime...

PORTO-CARRERO, à part, en souriant.

Il fera son chemin.

D'AUBIGNY, avec un soupir.

Je suis pénétré de vos bontés, madame; mais l'ambition me touche moins que le désir de me venger! De ce grade, que l'on m'a refusé pour le vendre sous mes yeux à une créature de ce Dubois, dépendaient mon avenir, mes projets de bonheur!

LA DUCHESSE.

Comment?

PORTO-CARRERO.

Quelque amour contrarié?

LA DUCHESSE.

Il serait possible! pauvre jeune homme!

D'AUBIGNY.

Que je me venge, c'est tout ce que je demande!... J'ai voulu réclamer; mais, étranger à Paris, à la cour, n'y connaissant personne, je n'ai trouvé que des refus, des humiliations! et sans votre généreux appui...

LA DUCHESSE.

Vous voyez bien que notre cause est commune.

AIR du vaudeville de *Voltaire chez Ninon*.

Il faut renverser sur-le-champ

Un pouvoir et des chefs infâmes ;
Tout se prostitue et se vend,
Tout est gouverné par les femmes.
Par moi tout changera ce soir !
Car, maint exemple nous l'enseigne,
Quand une femme est au pouvoir...

PORTO-CARRERO, souriant.

C'est toujours un homme qui règne !

Aussi, tous les hommes doivent vous seconder.

D'AUBIGNY.

Vous n'avez qu'à ordonner, madame.

LA DUCHESSE.

C'est bien, monsieur d'Aubigny ; les moments sont précieux. (Elle tire de son sein un papier cacheté.) Ce billet, au président de Mesmes, pour que le Parlement s'assemble au premier signe.

D'AUBIGNY.

J'y cours !

LA DUCHESSE.

Que vos amis se tiennent prêts pour une expédition hardie, et revenez ici dans une heure, chercher vos instructions. (Bas à Porto-Carrero.) Nous, allons rejoindre le duc qui nous attend dans cette chambre, pour expédier tous les ordres.

AIR de la valse de *Robin des Bois*.

Un tel projet, j'en conviens, doit me plaire,
Et tout entier mon cœur vient s'y livrer ;
Oui, des dangers, des complots, du mystère...
Ah ! c'est vraiment charmant de conspirer !

PORTO-CARRERO.

Comme en amour, il faut du soin, du zèle !

LA DUCHESSE, à d'Aubigny.

Être discret !

PORTO-CARRERO, de même.
Surtout entreprenant !

LA DUCHESSE.
Comme en amour, il faut être fidèle !

PORTO-CARRERO.
Fidèle à tous !...

LA DUCHESSE, riant.
C'est de l'amour en grand !

Ensemble.

TOUS.
Un tel projet, j'en conviens, doit me plaire, etc.
(La duchesse fait un signe à d'Aubigny, et entre avec Porto-Carrero dans une chambre à gauche, dont la porte se referme aussitôt.)

SCÈNE III.

D'AUBIGNY, seul.

Me voilà donc lancé dans une conspiration ! après tout, il ne s'agit que de renverser un ministre, un Dubois ; et c'est encore servir mon pays ! mais, quand j'aurai satisfait ma vengeance, en serai-je plus avancé ?... Cette pauvre Babet, si bonne, si jolie ! que rien n'a pu me faire oublier ! où la chercher, où la retrouver ? je me suis vainement informé... (Il regarde vers le fond à droite.) Qu'est-ce que c'est ? une troupe de jeunes filles, de petites grisettes qui descendent de fiacre ; en effet, c'est ici, m'a-t-on dit, qu'elles se réunissent d'ordinaire ! des minois charmants, en honneur !... Eh bon Dieu ! cette taille, ces traits... (Il se met de côté.) Serait-il possible ?

SCÈNE IV.

D'AUBIGNY, BABET, JUSTINE, ROSE, Plusieurs Griset-
tes avec les costumes du temps. Elles entrent gaiement en se donnant
la main.

TOUTES.

AIR de la contredanse de la Semaine des Amours.

Au plaisir, aux jeux, à l'amour,
Notre âge
Nous engage;
Au plaisir, aux jeux, à l'amour,
Donnons au moins un jour !

JUSTINE.

Jusqu'au dimanch', nuit et jour,
On travaille sans peine...
Mais pour s'reposer d'la s'maine
Faut qu'la danse ait son tour !

TOUTES.
Au plaisir, aux jeux, à l'amour, etc.

JUSTINE.
Qui est-ce qui a payé le fiacre, mesdemoiselles ?

BABET.
C'est moi, puisque vous n'aviez pas d'argent !

D'AUBIGNY, à part.
C'est bien elle !

ROSE.
Nous te rendrons ça. Allons-nous nous amuser !... une journée complète.

BABET.
Ah çà ! mesdemoiselles, un peu de tenue.

JUSTINE.

Pardi!... Qui est-ce qui me prête une épingle pour remettre mon bonnet?

BABET.

Et Toinon? elle n'est donc pas venue?

JUSTINE.

Bah! une bégueule! elle avait un dîner de famille; je ne lui en ai pas parlé! (Regardant de côté.) Il paraît que M. François se fait attendre!

ROSE.

C'est joli!

BABET.

Il est peut-être retenu à son bureau! dame! un commis aux aides n'a pas tout son temps.

ROSE.

Oh! Babet le défend toujours.

JUSTINE.

Elle a raison, parce qu'il est très aimable, M. François!

TOUTES.

Très galant.

ROSE.

Une figure distinguée.

JUSTINE.

Certainement... pour un commis!

BABET, souriant.

C'est bon! je vous plaisanterai aussi sur vos bons amis, que nous allons trouver ici par hasard, comme d'habitude! Allons, venez...

(Elles font un mouvement et se trouvent en face de d'Aubigny, qui s'est approché.)

BABET.

Que vois-je? monsieur d'Aubigny!

D'AUBIGNY.

Babet !

BABET.

Vous à Paris !

D'AUBIGNY.

Depuis quelques jours seulement, et je ne m'attendais pas... (Regardant les petites grisettes.) Mais puis-je vous parler un moment sans témoins ?

ROSE, à ses compagnes.

Sans doute, sans doute ! venez, mesdemoiselles... (Bas, à Babet.) C'est un amoureux ?

BABET, de même.

Du tout, n'allez pas croire... c'est un jeune homme de mon pays.

JUSTINE, de même aux autres.

Oui, je sais ! comme tous ceux qui viennent nous demander au magasin ! (A Babet.) Nous n'en dirons rien à M. François. (Haut.) Au jardin, mesdemoiselles, il y a une balançoire ; ça fait tourner la tête, c'est charmant !

TOUTES.

Au plaisir, aux jeux, à l'amour,
Notre âge
Nous engage ;
Au plaisir, aux jeux, à l'amour,
Donnons au moins un jour !

(Elles sortent en riant par le fond à droite.)

SCÈNE V.

BABET, D'AUBIGNY.

D'AUBIGNY.

Je ne reviens pas de ma surprise, chère Babet !

BABET.

Vous ignoriez que j'étais à Paris ?

D'AUBIGNY.

Je savais seulement que vous aviez quitté Dijon, sans confier à personne les motifs de ce brusque départ ; et j'allais y retourner, pour tâcher de découvrir vos traces !

BABET.

Comment ! vous ne m'aviez pas oubliée ?

D'AUBIGNY.

Vous oublier, Babet ! le ciel m'est témoin que, pendant cette longue absence, mon amour s'est encore augmenté ; et je vous aime plus que jamais !

BABET, tristement.

Vraiment ! Ah ! que vous m'affligez, et que je regrette maintenant de vous avoir revu !

D'AUBIGNY, surpris.

Qu'entends-je ?

BABET.

Écoutez-moi, monsieur d'Aubigny, et surtout ne vous emportez pas, ne vous mettez pas en colère ; car cela me trouble, et j'ai tant de choses à vous dire ! Nous étions bien enfants, bien peu raisonnables, lorsque nous nous jurions une tendresse éternelle ! Élevée près de vous, par les bontés de votre famille, je vous aimai dès que je me connus, sans me douter que c'était mal, que votre rang, votre naissance me le défendaient ! (En soupirant.) On me l'apprit plus tard. A peine étiez-vous parti pour votre régiment, à peine avions-nous perdu votre bonne mère, ma seule protectrice, que votre oncle, le conseiller au parlement, effrayé de votre attachement pour moi, et craignant votre retour à Dijon, me reprocha mon ingratitude, m'accusa de coquetterie, de séduction, et me menaça de vous déshériter, si je ne m'éloignais sur-le-champ !

D'AUBIGNY.

Et vous avez consenti ?

BABET.

Je le devais à la mémoire de votre mère, à vous!... Je me résignai, je partis pour Paris, où j'espérais trouver un parent, le seul qui me restait; mais, hélas! quand j'arrivai, il n'était plus!

D'AUBIGNY.

O ciel!

BABET.

C'est alors que je me vis sans ressource, sans appui, au milieu de cette ville immense!... exposée à des dangers que je soupçonnais sans les connaître, et que je redoutais plus que la misère et l'abandon! je n'avais qu'un moyen de m'y soustraire, le travail. Je suivis les conseils d'une bonne femme qui m'avait recueillie; j'entrai dans un magasin, persuadée que partout, quand on le veut bien, on peut rester honnête, et je ne me suis pas trompée; car, sans blâmer celles de mes compagnes qui pensent autrement, j'ai mérité l'estime des autres et conservé la mienne.

D'AUBIGNY, attendri.

Chère Babet, et c'est moi qui suis cause!... que de torts à vous faire oublier!... mais maintenant vous avez un ami, un défenseur près de vous; je reprends tous mes droits... (Remarquant son trouble.) Eh! mais, vous tremblez? vous détournez les yeux!

BABET, avec embarras.

C'est que je ne vous ai pas tout dit.

D'AUBIGNY, étonné.

Comment?

BABET, timidement.

Vous ne vous fâcherez pas?

D'AUBIGNY, inquiet.

Non; mais...

BABET, de même.

Vous me le promettez!

D'AUBIGNY, cherchant.

Qu'est-ce donc? (Comme frappé d'une idée subite.) Dieux! vous en aimez un autre!

BABET.

Monsieur d'Aubigny!...

D'AUBIGNY, très agité.

Vous en aimez un autre?

BABET, baissant les yeux.

Eh bien! s'il était vrai?...

D'AUBIGNY.

S'il était vrai!...

BABET.

Pourquoi ne l'avouerais-je pas sans rougir, à mon frère, à mon ami?

D'AUBIGNY.

Votre frère!...

BABET.

Je ne pouvais être à vous, monsieur d'Aubigny; votre naissance, les menaces de votre oncle...

D'AUBIGNY, avec emportement.

Que m'importe sa fortune! j'aurais tout bravé pour vous donner mon nom!

BABET.

A moi!... vous vous en seriez bientôt repenti; et jamais je n'entrerai dans une famille qui me mépriserait! J'ai aussi quelque fierté; je suis bien jeune; je connais peu le monde; mais j'ai compris qu'une pauvre fille, pour être heureuse, ne devait pas avoir d'ambition, ne devait aimer que son mari; et ce mari, je l'ai trouvé : un honnête homme, de mon rang, de mon état, en qui j'ai placé ma confiance...

AIR : Voilà trois ans qu'en ce village. (*Léocadie.*)

Il m'aime de toute son âme,

Il m'épouse sans en rougir;
Et moi, sans redouter le blâme,
Comme époux je peux le chérir;
Il faut que dans un bon ménage,
Tout soit égal, et, Dieu merci!
Je n'ai rien... lui pas davantage!
Voilà (bis) pourquoi je l'ai choisi!

Jugez-moi, maintenant; suis-je donc si coupable?

D'AUBIGNY, atterré.

Ah! Babet!... et voilà ma récompense! quand je n'étais occupé que de vous, quand, pour m'affranchir de ma famille, pour m'assurer un sort indépendant, je m'expose peut-être...

BABET, avec intérêt.

Vous vous exposez! et à quoi?

D'AUBIGNY, s'arrêtant.

Vous le saurez! Il faut que je m'éloigne, un devoir sacré... mais je reviendrai bientôt; je verrai ce rival.

BABET.

O ciel! que prétendez-vous?

D'AUBIGNY, lui serrant la main avec expression.

Faire valoir mes droits!... Souvenez-vous que j'ai vos premiers serments, que nulle puissance humaine ne peut vous enlever à mon amour, et malheur à celui qui oserait le tenter!

(Il sort par la seconde coulisse à droite.)

BABET, le suivant.

Monsieur d'Aubigny! monsieur d'Aubigny! (Elle s'arrête.) Il ne m'entend plus! Ah! que je le plains; il méritait d'être aimé! mais un moment de réflexion le calmera, j'en suis sure; il me rendra son amitié, il est si généreux, si bon, si aimable!... pas tant que M. François, cependant... (Avec joie, et regardant de côté.) Ah! c'est lui! quel bonheur qu'ils ne se soient pas rencontrés!

SCÈNE VI.

BABET, M. FRANÇOIS, JUSTINE, ROSE, et LES AUTRES GRISETTES.

(M. François entre par la droite, entouré de petites grisettes ; il est vêtu d'un habit très simple, recouvert d'une steinkerque bleue à brandebourgs ; il porte l'épée à poignée d'acier uni. Toutes sautent autour de lui.)

M. FRANÇOIS.

AIR : Vivent les fillettes.

Vivent les fillettes,
Et vive l'amour !
C'est chez les grisettes
Qu'il fixe sa cour.

Fraîcheur et jeunesse,
Corps souple et léger ;
Plus d'une duchesse
Voudrait bien changer.

Vivent les fillettes, etc.

Sans rouge et sans mouche,
Vivent les appas
Que Zéphyre touche
Et n'abîme pas !

Vivent les fillettes, etc.

JUSTINE, le pinçant.

Je parie que vous avez oublié mes rubans ?

ROSE, de même.

Mes bonbons ?

M. FRANÇOIS, gaiement.

Ah ! mesdemoiselles, je me vengerai !

(Il les embrasse en leur donnant des paquets de rubans et de bonbons.)

BABET, s'approchant un peu fâchée.

Eh bien! monsieur, que faites-vous donc?

M. FRANÇOIS, tendrement, et lui baisant la main.

Pardon! c'était pour avoir le droit d'arriver jusqu'à vous.

JUSTINE, ne voyant plus d'Aubigny, et bas à ses compagnes.

Elle a renvoyé l'autre! c'est bien; elle se forme!

BABET, à demi-voix.

Comme vous venez tard!

M. FRANÇOIS, de même.

Ne m'en parlez pas! j'étais au supplice, un travail pressé avec notre contrôleur...

BABET, de même.

Lui avez-vous demandé la permission pour notre mariage?

M. FRANÇOIS, hésitant.

Oui, oui, j'aurai son agrément, et j'espère même de l'avancement, une place au Palais-Royal, dans la maison même du Régent.

BABET, à demi-voix.

Une place! et laquelle?

M. FRANÇOIS.

Je vous le dirai, ce n'est pas là ce qui m'inquiète.

BABET, de même.

Et quoi donc?

M. FRANÇOIS, tendrement.

C'est vous, chère Babet, cette défiance, cette réserve continuelle que vous opposez sans cesse à mon amour!... on dirait que vous n'osez m'aimer qu'à l'abri d'un contrat. Ah! si votre cœur était réellement épris!

BABET, bas et avec amour.

Ingrat! plaignez-vous, je vous le conseille, quand je ne

pense qu'à vous, que je ne suis heureuse qu'auprès de vous.

M. FRANÇOIS, avec joie.

Vrai?

BABET, bas.

Si vous me trompiez, je serais si malheureuse! si à plaindre!

JUSTINE, se mettant entre M. François et Babet, et les séparant.

Ah çà! les amoureux, les conversations particulières sont défendues.

BABET, avec humeur.

Quel ennui! on ne peut pas causer.

JUSTINE.

Ce n'est pas pour faire du sentiment à vous deux que nous sommes venues hors barrières, il faut que M. François soit aimable pour tout le monde.

M. FRANÇOIS, gaiement.

C'est juste, je vais commander le dîner.

AIR du Verre.

Allons, mes belles, dépêchons,
La carte sera bientôt faite;
La gaieté, qui fuit les salons,
Se réfugie à la guinguette!
Je conçois pourquoi, dans Paris,
Plaisirs et bonheur n'entrent guère :
Les amoureux et les commis
Les retiennent à la barrière!

TOUTES.

Les amoureux et les commis
Les retiennent à la barrière!

(Il s'est assis devant la table, a pris la plume, et va écrire la carte.)

BABET, l'empêchant d'écrire.

Non pas! c'est nous qui vous traitons; vous avez accepté.

M. FRANÇOIS.

Soit, mais à une condition, c'est que demain vous viendrez toutes souper chez moi, au Palais-Royal.

TOUTES.

Au Palais-Royal?

M. FRANÇOIS, se reprenant.

C'est-à-dire près du Palais, rue de Richelieu, une petite porte à droite...

JUSTINE.

Certainement, nous irons! C'est amusant de souper chez un garçon, on met tout sens dessus dessous.

BABET, bas aux grisettes.

Du tout, mesdemoiselles, j'espère que vous ne toucherez à rien!

ROSE, aux autres.

Tiens! ne dirait-on pas que c'est déjà son ménage?

JUSTINE, regardant à droite.

Ah! mesdemoiselles, je viens de voir Toinon!

BABET.

Elle est ici?

M. FRANÇOIS.

Qu'est-ce que c'est que Toinon?

JUSTINE.

La fille de boutique de la lingère à côté de chez nous; une mijaurée qui m'a dit ce matin qu'elle allait dîner chez sa tante, qui arrive de Bretagne.

BABET.

Sa tante? elle n'en a pas.

M. FRANÇOIS, riant.

Très bien!

JUSTINE, regardant.

Et elle est avec un monsieur.

TOUTES, avec curiosité.

Un jeune homme?

JUSTINE.

Non!

ROSE.

Joli garçon?

JUSTINE.

Au contraire. Nous allons rire! chut! les voici.

(M. François, Babet, Justine, Rose et les autres grisettes se placent sur le côté à gauche, pendant que M. Prudhomme et Toinon entrent par la droite.)

SCÈNE VII.

LES MÊMES; TOINON, donnant le bras à M. PRUDHOMME, et entrant par la droite.

M. PRUDHOMME.

AIR : Vivent les fillettes.

Vivent les fillettes,
Et vive l'amour,
C'est chez les grisettes
Qu'il fixe sa cour!

De leur inconstance
Je crains peu l'effet,
Car je suis d'avance
Certain de mon fait.

Vivent les fillettes, etc.

(A la cantonade.)

Garçon! la fille! un cabinet particulier!

TOINON.

Certainement; c'est si mal composé, toutes ces guinguettes!

JUSTINE, aux autres.

C'te pimbêche !

BABET, jouant l'étonnement.

Ah ! mesdemoiselles, c'est Toinon !

TOUTES.

Toinon !

TOINON, déconcertée.

Ah ! mon Dieu ! (Aux autres.) Ah ! bonjour, bonjour !

M. PRUDHOMME.

Qu'est-ce donc ?

TOINON, d'un air agréable.

Mes meilleures amies que je vous présente ; (Bas.) les plus mauvaises langues du quartier... (Haut.) Je suis enchantée... (Bas.) Si j'avais su, je ne serais pas venue !

BABET.

Eh ! mais, vous deviez dîner chez votre tante de Bretagne.

TOINON, embarrassée.

Elle est un peu malade, et c'est mon respectable oncle, M. Prudhomme, un marchand tapissier, qui a voulu me distraire.

BABET, à M. François.

Oui, son oncle...

M. FRANÇOIS.

A la mode de Bretagne...

M. PRUDHOMME, s'avançant.

Rencontre charmante, parbleu ! ces petites mines éveillées !

(Il passe devant les grisettes, qu'il caresse, et se trouve nez à nez avec M. François, qui le regarde et se met à rire. Les petites filles remontent vers le fond.)

M. PRUDHOMME, stupéfait.

Ah !...

M. FRANÇOIS, bas.

C'est toi, l'abbé ?

M. PRUDHOMME, bas.

Monseigneur !

M. FRANÇOIS, bas.

Chut !

M. PRUDHOMME, bas.

J'entends, ce déguisement !... Soyez tranquille, je vais vous seconder.

BABET, à M. Prudhomme.

Vous connaissez M. François?

M. PRUDHOMME.

M. François? oh! beaucoup; nous avons fait nos caravanes ensemble.

M. FRANÇOIS, lui faisant signe.

Hein !

M. PRUDHOMME.

C'est-à-dire nos voyages; nous nous sommes connus...

M. FRANÇOIS, l'interrompant.

Dans les aides...

M. PRUDHOMME.

Oui, dans les aides! (Bas.) Drôle d'état que vous avez choisi là, Monseigneur! ça a l'air d'une épigramme. (Haut.) Moi, je me suis lancé dans le commerce, je suis devenu tapissier, marchand tapissier, et, jusqu'à présent, j'ai assez bien fait mes affaires.

(Les grisettes reviennent sur le devant de la scène.)

M. FRANÇOIS.

Oui, il est assez bien dans ses meubles.

M. PRUDHOMME.

Grâce à M. François, qui m'a aidé à m'établir, et je lui revaudrai ça, parce que c'est un brave homme que M. François. (Il lui frappe sur l'épaule.) Bon vivant! (Même geste.) oh! oh! M. François!

(Même geste.)

M. FRANÇOIS, bas et se frottant l'épaule.

Dis donc, l'abbé, tu me déguises trop!

BABET, bas à M. François.

Comme il est familier avec vous!

M. FRANÇOIS, bas à Babet.

Oui, c'est une mauvaise habitude qu'il a prise; mais il nous amusera.

M. PRUDHOMME.

Et moi aussi. (Bas au Régent.) Vive l'incognito pour dire la vérité aux princes!

M. FRANÇOIS, de même.

Avec ça que tu te gênes pour me la dire ailleurs. (Haut.) Ah çà! si nous réunissions les deux repas?

TOUTES.

Bien vu!

TOINON.

Si ça convient à mon respectable oncle...

M. PRUDHOMME.

Sans doute, mes petits amours, ça sera plus gai. (A mi-voix.) Et puis, ma chère Toinon, je te conseille de laisser là notre parenté, personne n'en est dupe.

TOINON.

Vous croyez? à la bonne heure! Ça m'ennuyait déjà d'avoir un oncle, moi qui n'ai que des cousins.

M. FRANÇOIS, appelant.

Garçon!

(M. Prudhomme et M. François remontent.)

JUSTINE, à Toinon.

Ce n'est donc pas ton parent?

TOINON, bas.

Non, un vieux garçon très riche, qui veut m'épouser.

BABET, bas.

Tu l'aimes donc ?...

TOINON, bas.

Du tout.

BABET, bas.

Et tu l'épouseras ? ah ! bien, moi, je ne me marierai que selon mon cœur.

TOINON, bas.

Bah ! si on écoutait son cœur, on n'en finirait pas.

M. FRANÇOIS, revenant sur le devant du théâtre.

Voilà qui est arrangé, nous passons la journée ensemble. Et demain, mademoiselle Toinon, c'est chez moi, vous serez des nôtres.

TOINON, minaudant.

Trop honnête ! Il est très bien ce M. François.

BABET, à part.

Elle lui fait des mines ! qu'elle a mauvais ton, cette petite fille !

TOINON, à M. Prudhomme.

Je lui trouve un faux air d'un homme de qualité ; et moi, d'abord, les gens de qualité, c'est ma passion.

M. PRUDHOMME, avec ironie.

Oh ! parbleu ! pour vous plaire, il ne faudrait pas moins qu'une altesse royale, ou le régent lui-même !

BABET.

Ah ! que le ciel nous préserve de jamais le rencontrer. Un prince qui passe sa vie à tromper de pauvres filles.

M. PRUDHOMME.

Rassurez-vous, on le lui rend bien.

AIR : Le luth galant qui chanta les amours.

TOINON.

Est-il possible? on le trompe parfois!

M. PRUDHOMME.

Et pourquoi pas? et princes et bourgeois
Sont sujets à ces coups... la trace s'en découvre
Sur le front des héros où le laurier les couvre.
(Avec emphase.)
« Et la garde qui veille aux barrières du Louvre
  « N'en défend pas nos rois! »

TOINON.

Eh bien.! j'en suis fâchée pour lui, parce que, sans le connaître, j'ai un faible pour cet homme-là.

M. FRANÇOIS, avec complaisance.

Vraiment!

TOINON.

Il est si brave, il se bat si bien, et a tant de bonnes qualités; d'abord il aime les femmes, c'est toujours bon signe!

M. PRUDHOMME.

Oui, mais il les aime trop, il est trop libertin.

M. FRANÇOIS.

Ah! ça, c'est un peu la faute de son digne précepteur; il a été si mal élevé!

TOINON.

Juste! Ce mauvais sujet de Dubois, ah! (A M. Prudhomme.) Par exemple, voilà un homme que je ne voudrais pas envisager! il est si vicieux!

M. FRANÇOIS, toussant en regardant M. Prudhomme.

Hum!

M. PRUDHOMME, froidement.

C'est possible, il a deviné son siècle.

M. FRANÇOIS, riant.

Il l'a devancé.

TOINON.

Et puis, un homme qu'on dit si médiocre, qui n'a nul talent.

M. PRUDHOMME, vivement.

Un instant... je vous ai passé les vices, parce que les vices ça peut être une bonne chose, pour parvenir; mais ça ne suffit pas, et celui qui de rien est devenu ministre, celui qui tient en échec Alberoni et l'Espagne, celui qui, déjouant toutes les coalitions, vient de faire signer le traité de la Triple Alliance, celui-là n'est pas un homme sans talent : un coquin, si vous le voulez, ce sont des mots, et j'y consens; mais une bête! non pas, et je le prouverai!

TOINON.

Comme M. Prudhomme prend feu, est-ce que par hasard il aurait la pratique de cet abbé du diable ?

M. PRUDHOMME.

Précisément; je dois meubler son palais dès qu'il sera cardinal.

M. FRANÇOIS, riant.

Eh bien! par exemple, voilà une prétention...

M. PRUDHOMME.

Il aura le chapeau.

M. FRANÇOIS.

Il ne l'aura pas! je le jure bien.

M. PRUDHOMME.

Bah! qu'est-ce que vous en savez?

M. FRANÇOIS.

AIR du vaudeville de la Famille de l'Apothicaire.

Vraiment cela serait nouveau.

M. PRUDHOMME.

Personne plus que lui, j'espère,
N'aura mérité le chapeau.

M. FRANÇOIS.

Le pape pourra bien en faire
Un des plus illustres prélats,
Un évêque, un prince de Rome...

Mais je le défie, en tout cas,
D'en jamais faire un honnête homme.

BABET.

Mon Dieu ! laissons tout cela et occupons-nous du dîner.

M. PRUDHOMME.

C'est juste, le dîner... Garçon !... (Aux jeunes filles.) Avez-vous commandé quelque chose ?

BABET.

Pas encore !

TOINON.

Qu'est-ce que nous prendrons ?

M. PRUDHOMME.

Ce qu'il y a de mieux !

M. FRANÇOIS.

Cela regarde les dames. (Il appelle.) Garçon !

BABET.

Des friandises.

JUSTINE.

Une matelote.

M. FRANÇOIS, appelant.

Garçon !

TOINON.

Ah ! oui, une matelote, c'est ma passion, avec des croûtes.

BABET.

Une volaille, de la friture.

M. FRANÇOIS.

Les garçons ne paraissent pas.

TOINON.

Ah ! c'est qu'il y a une noce, une grande société...

BABET.

Nous n'en finirons pas, si nous ne mettons pas le couvert nous-mêmes.

TOUTES.

Oui, oui, mettons le couvert.

BABET.

Vous nous aiderez, monsieur François.

M. FRANÇOIS, souriant.

Volontiers.

BABET, aux grisettes.

Allons vite chercher des verres, des assiettes.

TOUTES.

C'est ça !

(Elles se dispersent au fond et sortent de différents côtés. Le Régent et Dubois restent seuls sur le devant de la scène. Ils se regardent un instant, sans parler.)

DUBOIS, à mi-voix.

Comment, Monseigneur, vous au moulin de Javelle !

LE RÉGENT.

Pourquoi pas ? tu y es bien, l'abbé !

DUBOIS.

Et pour une grisette !

LE RÉGENT.

C'est vrai ; je suis amoureux fou ! je l'aime plus que je n'ai aimé dans toute ma vie.

DUBOIS.

C'est beaucoup dire... Je ne m'étonne plus si on ne vous voit nulle part ; plus de petits soupers ; vos bons amis, Nocé et Saint-Simon jettent les hauts cris, et l'autre jour à l'Opéra, à la reprise de *Cadmus,* la petite Florence et la Maupin voulaient m'arracher les yeux.

AIR du vaudeville de *Partie et Revanche.*

Elles criaient à la disette,
Et certes n'auraient pas prévu
Que, près d'une simple grisette,
Mon noble élève, à notre insu,

Prenait des leçons de vertu !
N'y persistez pas davantage,
Car mon crédit en baisse de moitié.

LE RÉGENT.

Comment cela?

DUBOIS.

Quand vous devenez sage,
Chacun me croit disgracié !
Oui, Monseigneur, quand vous devenez sage,
Chacun me croit disgracié !

Et je vous prie de ne plus vous déranger.

LE RÉGENT.

Ah ! mon ami, celle-ci, ce n'est pas comme les autres.

DUBOIS, ironiquement.

Je sais bien, la dernière n'est jamais comme les autres, elle est la dernière.

LE RÉGENT.

Une vertu !

DUBOIS, de même.

En magasin ! je ne la connais donc pas?

LE RÉGENT.

Je l'espère bien, parbleu !... Imagine la candeur en personne, et si je dois bénir le hasard qui me l'a fait rencontrer. Il y a un mois environ, à la nuit tombante, je me rendais dans le jardin du palais, sous ce costume, pour certaine aventure. J'aperçois, dans une allée, un groupe de mauvais sujets de notre connaissance, poussant de longs éclats de rire, et courant çà et là ; je m'approche pour prendre part à la joie ; c'était une pauvre jeune fille qu'ils poursuivaient de leurs propos malins, de leurs discours fort peu édifiants ; pâle, tremblante, la pauvre enfant cherchait en vain un refuge, et ne savait où fuir ; je parais, et soudain elle s'élance, se jette presque dans mes bras, en me criant d'une voix émue : « Monsieur ! monsieur ! vous paraissez un honnête homme ; de grâce, protégez-moi, ne souffrez pas que l'on m'insulte! » Un coup d'œil éloigne aussitôt les indiscrets, et juge de ce que je devins, en voyant près de moi cette figure ravissante, ces yeux baignés de larmes; c'était le ciel qui me l'envoyait.

DUBOIS.

Il l'adressait bien!

LE RÉGENT.

Tu te trompes! sa confiance, son abandon, m'inspirèrent un respect que jamais grande dame ne me fit éprouver. Dès ce moment, je la vis tous les jours; et chaque jour je l'aimai davantage; tu penses bien que pour être accueilli, il a fallu promettre d'épouser...

DUBOIS.

Elles demandent toujours cela pour la forme; ça met l'innocence à son aise.

LE RÉGENT.

Oh! c'est sérieux; elle est d'une sévérité... enfin, l'abbé, tu ne me croiras pas; mais jusqu'à présent...

DUBOIS.

Comment! Monseigneur, depuis un mois?...

LE RÉGENT.

Foi d'Altesse!

DUBOIS.

Quelle inconséquence!

LE RÉGENT.

Que veux-tu, elle m'impose! et puis elle est si bonne, si aimante; je crois vraiment que j'ai des scrupules. Mais te voilà, je me retrouve! Il faut qu'elle soit à moi, il le faut à tout prix! dussé-je me faire connaître! et si elle m'aime déjà sous le nom de François, crois-tu qu'elle puisse me résister quand elle saura qui je suis?

DUBOIS, secouant la tête.

Hum! prenez garde, l'amour est une étrange chose, que l'on ne commande pas.

LE RÉGENT, gaiement.

Eh bien! moi, je te commande à toi, qui n'es pas l'Amour, de me seconder, d'avoir de l'esprit, de trouver un moyen pour me ménager ce soir un tête-à-tête avec Babet... d'abord, tu occuperas ces petites.

DUBOIS.

Ah! Monseigneur, j'ai bien d'autres affaires; ce diable d'Alberoni, qui ne me sort pas de la tête!

LE RÉGENT, avec impatience.

Bah! Alberoni, nous le retrouverons toujours, tandis que Babet...

DUBOIS.

La vieille Maintenon intrigue.

LE RÉGENT.

Un reste d'habitude.

DUBOIS.

La Du Maine remue ciel et terre.

LE RÉGENT.

Bon! elle a assez à faire de mettre un peu d'ordre dans ses amants.

DUBOIS.

Et Cellamare lui-même...

LE RÉGENT.

Il ne pense qu'à ses maîtresses.

DUBOIS.

Mais il conspire à ses moments perdus, et un ambassadeur en a tant!

LE RÉGENT.

Folie! je ne veux pas que tu me parles d'affaires aujourd'hui; je ne veux songer qu'à Babet; et si tu ne m'aides pas...

DUBOIS.

Moi, vous aider! et la décence, et les convenances! tout ce que je peux vous dire, c'est que ce soir, en reconduisant ces demoiselles, car il faudra bien les reconduire, je pourrais combiner un embarras de fiacres, pour que vous vous trouviez dans le vôtre, seul avec Babet; mais ne m'en demandez pas davantage.

LE RÉGENT, l'embrassant.

Ah! tu es le héros des abbés!

DUBOIS, humblement.

Monseigneur, je ne suis que l'abbé d'un héros!

LE RÉGENT.

Chut! ce sont elles!

(Les grisettes reviennent en sautant, en dansant et portant des verres, des assiettes et du linge.)

TOUTES.

Voilà! voilà!

BABET.

Ce n'est pas sans peine.

TOINON.

Nous pouvons mettre le couvert au numéro 10.

BABET.

En attendant le dîner, Toinon va nous faire des crêpes.

JUSTINE et LES GRISETTES.

Ah! oui, des crêpes; elle les fait excellentes.

TOINON.

Monsieur Prudhomme, vous les retournerez.

DUBOIS.

Moi?

TOINON.

Et ne les jetez pas dans les cendres!

DUBOIS.

Par exemple...

LE RÉGENT, bas.

Allons, l'abbé, un peu de complaisance, retourne les crêpes, puisque ça les amuse; depuis que tu es ministre tu n'es plus bon à rien.

(Il va auprès de la table avec les autres grisettes.)

TOINON, à Dubois, lui jetant un tablier à la figure.

Allons, monsieur le chef, habit bas, et ne faites pas la moue, je vais aller chercher de quoi faire la pâte; et (lui passant la main sous le menton) si vous êtes bien gentil, pour votre récompense, je vous chanterai au dessert la nouvelle chanson du cocher de Verthamont sur ce vilain Dubois.

DUBOIS.

Hein?

TOINON, chantant en mettant une serviette devant elle.
« Où allez-vous, monsieur l'abbé?
« Vous allez vous casser le nez;
« Vous allez sans chandelle
« Eh bien!... »

Vous verrez, elle est très jolie. Venez, mesdemoiselles.

BABET, au prince, lui donnant des assiettes.

Portez cela, monsieur François.

LE RÉGENT, en riant.

C'est délicieux!

BABET.

Il va tout casser. Ah! que les hommes sont gauches!

(Elles l'emmènent en riant, et sortent par le fond à gauche.)

SCÈNE VIII.

DUBOIS, seul, ôtant son habit.

« Où allez-vous, monsieur l'abbé?... » Il paraît que tout n'est pas bénéfice dans les incognitos! Bah! j'en ai entendu bien d'autres, et si ça se bornait à des chansons! Mais ce caprice... (Il met le tablier de cuisine devant lui et le bonnet de coton sur la table.) A-t-on jamais vu un secrétaire d'État en tablier et en bonnet de coton? allez donc présider le conseil après ça; je sais bien que c'est toujours tenir la queue de la poêle!...

SCÈNE IX.

TOINON, DUBOIS.

TOINON, avec une serviette devant elle, et remuant la pâte des crêpes avec une cuillère.

La pâte vient très bien.

(Elle pose le saladier sur la table.)

DUBOIS.

Eh bien! arrange cela, car je n'y entends rien; je ne suis pas bien fort.

TOINON, toujours remuant la pâte.

Vous ne savez pas une histoire?

DUBOIS.

Quoi donc?

TOINON, à mi-voix.

Je viens de l'apprendre à la cuisine. Il y a une grande dame, déguisée, au numéro 4.

(Elle montre la porte de la duchesse.)

AIR : De sommeiller encore ma chère. (Arlequin Joseph.)

Elle est là, dit-on, en cachette.

DUBOIS.

C'est quelque dame de la cour,
Qui vient sans doute à la guinguette
Pour quelque aventure d'amour.

TOINON.

Ces dames si grandes, si belles,
Donnent ici leur rendez-vous...
Eh! mais... nous n'allons pas chez elles,
Pourquoi viennent-elles chez nous?

DUBOIS.

C'est amusant! Et comment sais-tu que c'est une grande dame?

TOINON.

Le petit Fritot, l'aide de cuisine, a vu, près du petit bois, une voiture, et puis, autour de la maison, cinq ou six hommes à cheval, enveloppés de larges manteaux.

DUBOIS.

Cinq ou six?

TOINON.

Peut-être plus; et comme l'un d'eux est venu respectueusement recevoir ses ordres, il a pensé que c'étaient des gens de sa suite.

DUBOIS.

C'est juste : mais c'est original, cette dame qui ne va en partie fine qu'avec un piquet de cavalerie. Qui diable ça peut-il être? Si je regardais par le trou de la serrure...

TOINON.

Comment! monsieur...

DUBOIS.

Pendant que tu fais les crêpes. (Il va à la porte du numéro 4, et regarde par le trou de la serrure.) Tais-toi donc, elle est en face de la porte.

TOINON, à la table et remuant la pâte.

Les hommes sont-ils curieux!

DUBOIS, à part.

Que vois-je! la duchesse du Maine, déguisée!... c'est impayable! et voilà une aventure dont je réjouirai le Régent et toute la cour.

TOINON.

Est-ce que vous connaissez la dame?

DUBOIS.

Justement, et beaucoup. (A Toinon, qui veut aller à lui.) Mais, silence donc! que je sache avec qui elle est; avec le beau garde du corps Ancenis ou le prieur de Saint-Martin... (Regardant.) Hein!... Porto-Carrero, le secrétaire d'ambassade! Ah! madame la duchesse, des liaisons secrètes avec l'Espagne. (Toinon traverse le théâtre, et vient auprès de Dubois.) Et moi, qui les croyais occupés d'intrigues galantes.

TOINON.

A mon tour, que je regarde.

(Elle regarde par le trou de la serrure.)

DUBOIS.

Non, elle n'est pas curieuse! Eh bien! vois-tu le monsieur?

TOINON.

Le monsieur! j'en vois deux.

DUBOIS.

Pas possible!

TOINON, s'éloignant de la porte.

Quel luxe! on voit bien que c'est une duchesse; car, nous autres bourgeoises...

DUBOIS, qui, pendant ce temps, a regardé aussi; à part.

Le duc du Maine, le mari, et tous trois réunis en secret, et déguisés... Damnation! c'est ce que je croyais, complot, conspiration; et moi qui donnais dans le piège comme un benêt.

TOINON, qui est revenue auprès de la table.

Eh bien! monsieur, qu'avez-vous donc? comme vous voilà troublé!

DUBOIS.

Moi, du tout.

TOINON, s'approchant de Dubois.

Si, vraiment, vous m'avez dit que vous la connaissiez, et c'est peut-être une ancienne à vous?

DUBOIS.

Quelle idée!

19.

TOINON.

Et vous êtes jaloux!

DUBOIS, à demi-voix.

Pas le moins du monde; mais je voulais seulement savoir...

TOINON.

Et moi, je ne le souffrirai pas, et si vous approchez seulement de cette porte...

DUBOIS, à demi-voix.

Silence, au nom du ciel!

TOINON.

Je ferai un tel bruit qu'il faudra bien qu'elle sorte.

DUBOIS.

C'est ce qu'il ne faut pas; et, je t'en prie, je t'en supplie, ma petite Toinon, laisse-moi écouter.

TOINON.

Non, monsieur, retournez à vos crêpes, c'est moi seule qui dois savoir...

DUBOIS, qui a été prendre sur la table le saladier où est la pâte, et qui passe au milieu du théâtre, pendant que Toinon regarde à la porte du numéro 4; à part.

Ah! si j'osais éclater! mais ce serait tout perdre; et, dans un moment pareil, être dans les crêpes! crêpes funèbres que le diable emporte! (Haut.) Eh bien! Toinon, eh bien!

TOINON, écoutant.

Ils parlent d'un nommé Dubois, un de leurs domestiques, sans doute.

DUBOIS, s'efforçant de rire.

Ah! ah! Dubois!

TOINON.

Ils ont dit : « Un coquin, un scélérat, un infâme! »

DUBOIS, à part.

Plus de doute, il s'agit de moi; les traîtres!

TOINON, écoutant, et répétant ce qu'elle entend.

« Lui et son maître, nous les tenons. »

DUBOIS, s'approchant toujours, et tenant le saladier.

Vraiment !

TOINON.

« Ils ne peuvent plus nous échapper. »

DUBOIS, à part.

Dieu ! le piquet de cavalerie ! je comprends maintenant ; piège, embuscade, on sait que le Régent est ici, la maison est cernée...
(Oubliant qu'il tient le saladier, il baisse la main et répand toute la pâte.)

TOINON.

Eh bien ! que faites-vous donc ! les crêpes que vous renversez...

DUBOIS.

C'est, ma foi ! vrai. (A part.) On serait retourné à moins, et comment prévenir le prince ! comment le sauver surtout ? Ah ! Dieu soit loué ! le voici.

SCÈNE X.

Les Mêmes ; LE RÉGENT.

LE RÉGENT.

Eh bien ! mademoiselle Toinon, on vous attend, on vous appelle ; car il paraît qu'avant le souper il s'agit d'un bal ; je paie les ménétriers.

TOINON.

Un bal ! emportons tout, je cours ôter mon tablier.
(Elle sort et emporte le saladier.)

DUBOIS.

Ah ! Monseigneur, je vous cherchais.

LE RÉGENT, vivement.

Moi aussi, l'abbé. Jamais Babet n'a été plus aimable, plus tendre ; elle ne me résistera plus longtemps ; elle est à moi.

DUBOIS.

Il ne s'agit pas de cela.

LE RÉGENT.

Si, vraiment ; et pendant que ces petites filles vont danser, dans le tumulte du bal, il me sera facile de la déterminer, de l'entraîner.

DUBOIS, avec impatience.

Mais, Monseigneur...

LE RÉGENT.

Tais-toi donc, les instants sont précieux.

DUBOIS.

A qui le dites-vous?

LE RÉGENT.

Charge-toi seulement de me faire avancer un fiacre ; prends-le à l'heure ; et pas trop vif.

DUBOIS.

Mais, écoutez-moi, de grâce.

LE RÉGENT.

Ah! tu ne veux pas... (Appelant à haute voix.) Garçon ! un fiacre !... (A un garçon qui a paru à sa voix.) Va vite... (Lui donnant une pièce de monnaie.) Qu'il m'attende à la porte.

(Le garçon sort.)

DUBOIS, toujours à demi-voix.

Comment, morbleu! quand nous sommes menacés, quand un complot infernal...

LE RÉGENT.

Encore! je crois qu'il en invente pour se rendre nécessaire.

DUBOIS, hors de lui.

Je vous dis que je suis la conspiration à la piste.

LE RÉGENT.

Va-t'en au diable !... il n'y a de conspirateur que toi contre mon repos et mes plaisirs.

DUBOIS, à part.

Allons, il faudra le sauver malgré lui, et sans qu'il s'en doute. (Haut.) Mais un mot seulement.

(Le Régent le repousse et court à Babet, qui entre avec toutes les grisettes.)

SCÈNE XI.

Les Mêmes: BABET, TOINON, JUSTINE, ROSE, toutes les Grisettes.

LES GRISETTES.

AIR : Vive, vive l'Italie.

Quel plaisir! vite à la danse!
Car c'est le bal qui commence,
Ce bruit nous donne d'avance
Du bonheur en espérance!
Quel plaisir! vite à la danse!
Oui, c'est le bal qui commence,
Et je ne dois pas, je pense,
Manquer une contredanse...

DUBOIS, au Régent, et repoussant les jeunes filles qui l'entourent.

Écoutez!...

BABET.

Prenons place.

DUBOIS.

Morbleu!

LE RÉGENT.

Ne vas-tu pas crier?

DUBOIS, aux jeunes filles qui le pressent.

Un moment...

(Au Régent.)

Mais de grâce...

TOINON, le prenant par le bras.
Je vous prends pour mon cavalier...

DUBOIS, au Régent.
Un danger trop affreux !

LE RÉGENT, regardant Babet.
Jamais je ne fus plus heureux !...

DUBOIS.
Ah ! j'enrage !...

TOINON, voulant l'entraîner.
A nous deux !

DUBOIS, hors de lui.
Au diable !... je suis furieux !...

TOUTES, riant et l'entraînant.
Quel plaisir ! vite à la danse ! etc.

(Elles sortent en riant et en entraînant Dubois. Le Régent les suit, emmenant Babet sous son bras.)

SCÈNE XII.

LA DUCHESSE, PORTO-CARRERO, UN VALET enveloppé d'un manteau.

(Ils entrent mystérieusement par la porte à gauche. La duchesse a paru à la fin du chœur et a suivi le Régent des yeux.)

LA DUCHESSE.
Ils s'éloignent ! (Au valet.) Tu l'as bien remarqué ? une steinkerque bleue, à brandebourgs ? il a demandé un fiacre, fais vite avancer le nôtre ; les meilleurs chevaux, c'est toi qui conduiras ! que nos gens soient prêts à l'escorter.

PORTO-CARRERO.
Et, dès que le Régent sera monté, ventre à terre jusqu'au premier relais... (Le valet sort. — A la duchesse.) Et la petite ?

LA DUCHESSE.
Elle ira faire un tour à Madrid ! Vous, Carrero, prévenez

Cellamare, et partez au plus vite pour l'Espagne. Ayez quelques heures d'avance...

PORTO-CARRERO.

Ma chaise de poste m'attend à l'hôtel ! le temps de prendre mes papiers !... Mais, votre jeune officier...

LA DUCHESSE.

Ah ! le voici.

SCÈNE XIII.

Les Mêmes; D'AUBIGNY.

(La nuit vient peu à peu.)

LA DUCHESSE, vivement.

Eh bien ! le président...

D'AUBIGNY.

Vos ordres sont exécutés, madame : le Parlement va s'assembler.

LA DUCHESSE, d'un air résolu.

Voici l'instant d'agir. (Lui donnant un papier.) Tenez, monsieur d'Aubigny, prenez cet ordre signé du duc du Maine, rassemblez vos amis, deux compagnies des gardes françaises, et volez aux Tuileries ! Le jeune roi court des dangers; pour sa sûreté, vous le conduirez à Sceaux, sur-le-champ.

D'AUBIGNY.

Le roi...

LA DUCHESSE.

Vous m'avez entendue...

D'AUBIGNY.

Madame...

LA DUCHESSE.

Point d'observations !...

D'AUBIGNY.

Mais pourtant...

LA DUCHESSE, sèchement.

J'ai compté sur votre courage, monsieur; en manqueriez-vous au moment du péril?

D'AUBIGNY, vivement.

Un pareil doute!...

LA DUCHESSE.

Il suffit! Allez et songez qu'un gentilhomme n'a qu'une parole! (Regardant par la coulisse à droite.) Notre fiacre est à la porte... Ah! l'imprudent, il a des lanternes! il faut tout faire éteindre et donner mes derniers ordres. (A Porto-Carrero.) Suivez-moi.

(Ils sortent de côté.)

D'AUBIGNY, seul.

Elle a raison! ce n'est plus le moment de réfléchir; mais Babet, j'aurais voulu la défendre des pièges... (Regardant au fond à droite.) Ah! grand Dieu! c'est elle qu'un inconnu entraîne de ce côté.

(Il remonte vers le fond.)

SCÈNE XIV.

D'AUBIGNY, de côté, LE RÉGENT, entraînant BABET, qui résiste faiblement.

LE RÉGENT, à Babet.

Allons, venez, il est tard!

BABET, émue.

Que diront ces demoiselles?

LE RÉGENT.

Elles ne manqueront pas de cavaliers! personne ne nous a vu disparaître. La voiture est là...

BABET, avec crainte.

Comment! seule avec vous?

LE RÉGENT, tendrement.

Que craignez-vous de votre amant, de votre époux?

D'AUBIGNY, s'approchant vivement.

Son époux! jamais!

BABET, avec un cri.

Monsieur d'Aubigny!

LE RÉGENT, à part.

Au diable l'importun!... (Haut et fièrement.) Que voulez-vous, monsieur?

D'AUBIGNY, vivement.

Vous punir de tant d'audace; car si j'ignore qui vous êtes, vos desseins ne se trahissent que trop.

LE RÉGENT, avec hauteur.

Qu'est-ce à dire, mon officier?

BABET, d'un air suppliant.

Au nom du ciel!...

D'AUBIGNY, vivement.

Sortez, monsieur!

LE RÉGENT, avec un geste expressif.

Volontiers, si vous voulez me montrer le chemin.

D'AUBIGNY.

C'est tout ce que je demande.

BABET, regardant au fond.

Grand Dieu! et personne pour les arrêter!

D'AUBIGNY, à mi-voix et d'un ton méprisant.

C'est peut-être vous faire plus d'honneur que vous ne méritez.

LE RÉGENT, bas et souriant.

N'est-ce que cela? Soyez tranquille, mon gentilhomme, vous pouvez croiser l'épée avec moi sans rougir!

(Il entr'ouvre son habit et lui montre un cordon bleu.)

D'AUBIGNY, frappé et d'une voix étouffée.

Un grand seigneur...

LE RÉGENT, à voix basse.

AIR : La trompette guerrière. (*Robert le Diable*.)

Eh! qu'importe? silence!
Marchons, marchons soudain,
Il n'est plus de distance
Les armes à la main!

(Tirant son épée.)

Au jardin...

D'AUBIGNY, de même.

Il fait nuit!

LE RÉGENT.

Nous y verrons assez!

BABET.

O mon Dieu! de terreur tous mes sens sont glacés!

D'AUBIGNY, au Régent, à demi-voix.

Mais ce déguisement...
Votre nom... votre rang...

LE RÉGENT.

Eh! qu'importe! silence!
Marchons, marchons soudain,
Il n'est plus de distance
Les armes à la main!

(Ils sortent de côté, sur la ritournelle de l'air.)

BABET, éperdue et se soutenant avec peine.

Monsieur d'Aubigny! arrêtez! au secours!... et personne!... Je me meurs!

(Elle retombe inanimée sur la chaise auprès de la table.)

SCÈNE XV.

BABET, presque évanouie, DUBOIS.

DUBOIS, rentrant par le fond à droite.

C'est bien ce que je croyais... et ces gens à manteaux ! ils parlent espagnol, ils sont armés, j'en ai compté une douzaine, à moins que la frayeur ne m'ait fait voir double ; et si ce petit Savoyard que j'ai envoyé à M. de Nocé n'arrive pas à temps, c'est fait de nous ! (Courant à Babet qu'il aperçoit.) Ah ! mon Dieu ! cette petite évanouie !

BABET, revenant un peu à elle, et d'une voix étouffée.

Sauvez-le ! sauvez-le !

DUBOIS.

Comment ! Que s'est-il donc passé ? (Lui frappant dans les mains.) Mon enfant, ma chère enfant, revenez à vous ! parlez ; où est M. François ?

BABET, montrant le jardin.

Là, courez vite, il se bat.

DUBOIS.

Il se bat !

(On entend le cliquetis des épées.)

BABET, avec horreur et se bouchant les oreilles.

Ah ! tenez ! entendez-vous ?

DUBOIS, courant à la coulisse.

Arrêtez !... Bonté divine ! il ne nous manquait plus que ça, faire le coup d'épée comme un sous-lieutenant ! (Criant.) Malheureux ! vous ne savez pas avec qui... Allons, si je le nomme, j'éveille les autres ; il y a de quoi devenir fou ! Ah ! les voici !

SCÈNE XVI.

LE RÉGENT, sans sa steinkerque, TOINON, JUSTINE, ROSE, TOUTES LES JEUNES FILLES, VALETS, avec des flambeaux, BABET et DUBOIS, courant au prince.

LES GRISETTES.

Qu'est-ce que c'est?

BABET, courant au prince.

Vous êtes blessé?

LE RÉGENT.

Non, Babet, tu le vois bien.

BABET.

Ah! mon Dieu! et lui?

LE RÉGENT.

Très légèrement, ce ne sera rien; mais la nuit était froide, je lui ai donné ma steinkerque; de plus et pour retourner chez lui, je l'ai forcé de monter dans le fiacre que j'avais fait demander pour nous et qui attendait à la porte; nous nous en irons à pied.

(Musique à l'orchestre.)

DUBOIS.

Eh! mais, quel est ce bruit?

LE RÉGENT.

C'est le fiacre qui part.

DUBOIS, courant à la coulisse à droite.

Et ce galop de chevaux, ces cavaliers qui l'entourent et l'escortent bride abattue.

LE RÉGENT, regardant aussi.

C'est ma foi, vrai! va-t-il vite pour un fiacre, c'est étonnant.

SCÈNE XVII.

Les Mêmes; LA DUCHESSE, entrant par la coulisse à droite, avec PORTO-CARRERO.

(Le prince, Dubois et les grisettes sont un peu dans le fond à gauche.)

LA DUCHESSE, à part.

La voiture s'éloigne avec le prince; je triomphe, me voilà régente... (Elle aperçoit le Régent entouré des jeunes filles.) Dieu! c'est lui! je suis jouée!

LE RÉGENT, à Babet et lui offrant son bras.

Partons, Babet, je suis votre cavalier. (Aux autres.) A demain, mesdemoiselles, chez moi...

TOUTES.

A demain notre souper.

PORTO-CARRERO, bas, à la duchesse.

A demain notre revanche!

(La duchesse paraît accablée; le Régent baise la main de Babet et fait ses adieux aux jeunes filles, tandis que Dubois, qui aperçoit la duchesse et Porto-Carrero, les nargue à la dérobée.)

ACTE DEUXIÈME

Un petit salon au Palais-Royal. Portes à gauche et à droite, et porte au fond. Un canapé sur le devant, à droite de l'acteur; à gauche, une table; des bougies allumées.

SCÈNE PREMIÈRE.

LE RÉGENT, seul, assis auprès de la table.

C'était un brave gentilhomme qui se battait fort bien. Il a parbleu manqué de me... et certainement, si je le retrouve, je ferai quelque chose pour lui, en le priant, par exemple, de ne plus venir une autre fois troubler mes rendez-vous, parce qu'il y a des circonstances où l'on ne doit jamais déranger un galant homme; après cela, je conçois sa jalousie, sa colère : Babet m'a tout raconté hier, lorsque je la reconduisais; car je l'ai reconduite chez elle à pied, bras dessus, bras dessous, en bons bourgeois de la rue Saint-Denis, et le trajet ne m'a point paru long; il y avait dans ses discours tant de charme, tant de candeur! elle m'a appris comment M. d'Aubigny l'aimait, comment il voulait l'épouser; je le crois parbleu bien! et si j'étais à sa place, si seulement j'étais libre. (Riant en lui-même.) Ah! ah! ah! voilà une folie! pas plus folle que bien d'autres. (Il se lève.) Babet vaut bien la veuve Scarron, que notre oncle Louis-le-Grand n'a pas craint de me donner pour tante; il est vrai qu'il était dévot, et que je ne le suis pas, et qu'il avait pour conseiller un saint homme, son confesseur; moi je n'ai que ce coquin de Dubois, qui ne me laisserait jamais faire une pareille sottise; et tous ces roués qui m'entourent, ce Nocé, ce Conflans, ce Brancas... je tremble pourtant devant eux et devant leurs railleries; je n'ose pas être vertueux quoique souvent j'en meure d'envie, et une fois lancé, je vais plus loin qu'eux tous. Je dois convenir aussi que c'est amusant, et ce soir, par exemple, ce souper de grisettes, de la gaieté, de la franchise, cela me délassera un peu des dames de la cour, et de madame de Parabère, qui n'en saura rien; j'avais bien envie de ne pas même prévenir ces messieurs, parce que ces petites filles, si innocentes, si naïves, ils en auront bientôt fait des duchesses! mais d'un autre côté, il n'y avait que ce moyen-là d'être un peu seul avec Babet; car aujourd'hui enfin il faut qu'elle cesse de me résister, il faut qu'elle soit à moi. (A demi-voix.) Je l'aime tant et depuis si longtemps, que, si on le savait ici, je serais perdu de réputation... Hein! qui vient là?

(Voyant entrer Verdier, il se rassied auprès de la table.)

SCÈNE II.

LE RÉGENT, VERDIER.

VERDIER.

Je viens prendre pour ce soir les ordres de Son Altesse.

LE RÉGENT.

Un souper de douze couverts dans le petit salon; voici la liste des convives qui sont admis.

(Lui donnant un papier.)

VERDIER, lisant.

Quatre messieurs seulement.

LE RÉGENT.

Oui, et puis moi, et Dubois qui est de toutes les bonnes fêtes. (A part.) D'ailleurs je l'ai promis à mademoiselle Toinon qui compte sur M. Prudhomme. (Haut.) Pour les dames...

VERDIER.

Celles d'avant-hier...

LE RÉGENT.

Du tout.

VERDIER.

AIR : Il n'est pas temps de nous quitter. (*Voltaire chez Ninon.*)

Quoi! la duchesse...

LE RÉGENT.

Eh! non, vraiment!
Que nous importent les duchesses!

VERDIER.

O ciel!... c'est donc d'un plus haut rang?
Des altesses?...

LE RÉGENT.

Oui, des altesses!
Des princesses, des majestés!
(A part.)
Si la fraîcheur, la gentillesse,
Aujourd'hui, parmi nos beautés,
Étaient des titres de noblesse.

(Il se lève et vient sur le devant de la scène. — Haut.)

Mais, grâce au ciel, mon cher Verdier, tu ne les connais pas, elles ne sont jamais venues ici, et c'est bien ce qui en fait le charme... ce soir à neuf heures, et nous n'en sommes pas loin, elles seront à la petite porte de la rue de Valois, tu les recevras.

VERDIER.

Je leur offrirai la main pour descendre de voiture.

LE RÉGENT, avec indignation.

Une voiture! j'espère bien qu'elles viendront à pied; si cependant elles arrivaient en fiacre, ce qui m'étonnerait, que la grande porte leur soit ouverte.

VERDIER.

Un fiacre! il n'en est jamais entré dans la cour du palais.

LE RÉGENT.

Que celui-là soit privilégié et traité avec tous les égards dus au mérite... qu'il renferme !

VERDIER.

Oui, Monseigneur.

LE RÉGENT.

Tu feras attendre les personnes... là, dans la salle du conseil.

(Montrant la porte à droite.)

VERDIER.

Oui, Monseigneur. (A part.) Qui diable ça peut-il être?

LE RÉGENT.

Mais il y en a une qui arrivera avant les autres... (A part.) Du moins elle me l'a bien promis... (Haut.) Mademoiselle Babet; tu entends.

VERDIER.

Oui, Monseigneur, un nom déguisé.

LE RÉGENT, lui frappant sur l'épaule et d'un ton ironique.

Tu as de l'esprit, Verdier.

VERDIER.

Un peu de tact, un peu de finesse, et voilà tout.

LE RÉGENT, à part, le regardant.

Un imbécile, qui ne voit et n'entend rien. (Haut.) Enfin, dès que mademoiselle Babet paraîtra, tu la feras entrer de ce côté.

(Montrant la porte à gauche.)

VERDIER.

Oui, Monseigneur, et votre Altesse peut être sûre...

LE RÉGENT.

C'est bien, va-t'en.

(Il s'assied auprès de la table.)

VERDIER, continuant ses salutations.

C'est trop d'honneur.

LE RÉGENT.

Comme tu voudras, mais laisse-moi. (Verdier sort.) Car il ne sera pas dit que le souper se passera sans chansons, et j'ai là quelques couplets à achever.

(Chantant.)
Eh! bon, bon, bon,
Que le vin est bon!
Buvons à nos sultanes.

Eh! voici justement l'abbé.

SCÈNE III.

LE RÉGENT, DUBOIS, qui entre d'un air soucieux par la porte à droite.

LE RÉGENT, le regardant
va m'aider.

DUBOIS.

A quoi, Monseigneur?

LE RÉGENT.

A finir une chanson de table, une chanson profane.

DUBOIS.

Miséricorde!

LE RÉGENT.

Cela te scandalise, l'abbé, tu as une pudeur si farouche!

DUBOIS.

Mon Dieu! je vous abandonne ma pudeur, faites-en ce que vous voudrez, si vous pouvez en faire quelque chose; mais, à votre tour, il faut que vous m'abandonniez...

LE RÉGENT.

Eh! qui donc?

DUBOIS.

Le duc du Maine et sa femme.

LE RÉGENT.

Non.

DUBOIS.

Eh bien! sa femme seulement, je m'en contenterai.

LE RÉGENT, avec impatience.

Toujours la duchesse! il ne fait que m'en parler; je crois vraiment que tu en es amoureux.

DUBOIS, avec ironie.

C'est pour cela que je veux l'enlever à mes rivaux.

LE RÉGENT, riant.

Cela ferait crier trop de monde, et tu as déjà tant d'ennemis !

DUBOIS, avec colère.

Eh, morbleu! il ne s'agit pas ici de mes ennemis; mais des vôtres, que je surveille; et je vous invite seulement...

LE RÉGENT, se levant.

Moi, je t'invite à souper pour ce soir, un repas délicieux.

DUBOIS, avec impatience.

Monseigneur...

LE RÉGENT.

Tu y trouveras mademoiselle Toinon, et ces demoiselles que j'attends.

(Il traverse le théâtre et va s'asseoir sur le canapé.)

DUBOIS, de même.

Au nom du ciel...

LE RÉGENT.

Et au lieu de m'aider, tu es venu là, me déranger, au milieu d'une chanson que je composais.

DUBOIS.

Jour de Dieu! des chansons! des orgies, lorsque nous sommes sur un volcan, lorsqu'il se trame en ce moment une conspiration...

LE RÉGENT.

Quelle folie!

(Chantant.)
« Eh! bon, bon, bon,
« Que le vin est bon! »

DUBOIS.

Vous voilà; vous ne croyez à rien...

LE RÉGENT.

Et toi, l'abbé, tu crois à tout, excepté en Dieu.

DUBOIS.

Tout ce que vous voudrez, des sarcasmes, des injures, j'y suis fait; mais vous m'écouterez, et, puisque vous me refusez la duchesse, vous ne me refuserez pas du moins une petite arrestation sans conséquence.

(Il s'approche du Régent.)

LE RÉGENT.

Sans conséquence...

DUBOIS.

Un banquier, rien que cela! un banquier espagnol qui, pour se dérober à ses créanciers, part cette nuit avec Porto-Carrero.

LE RÉGENT.

Tout ce qu'il te plaira, pourvu que tu ne me parles plus d'affaires.

DUBOIS, se mettant à la table et écrivant.

Soit. Je ne vous dirai pas qu'hier un complot était dirigé contre vous, qu'hier, et dans cette voiture que vous avez cédée à M. d'Aubigny, on devait vous enlever, vous conduire en Espagne.

LE RÉGENT.

Quelles balivernes!

DUBOIS.

Vous ne le croiriez pas; aussi je n'en dis mot, je ne parle pas, j'agis.

LE RÉGENT, le regardant pendant qu'il écrit.

Il a le diable au corps pour rêver des complots. Sais-tu, l'abbé, que je te plains et que tu dois être malheureux, toujours dans la crainte, la défiance; aussi, une justice à te rendre, c'est que tu es généralement détesté.

DUBOIS.

C'est ce qu'il faut; je serais bien fâché d'avoir leur estime.

LE RÉGENT.

De ce côté-là, sois tranquille...

DUBOIS.

Tant mieux, Monseigneur; s'ils me méprisent, je le leur rends bien, et nous sommes quittes; je ne m'en porte pas plus mal, au contraire, et je ne vois pas la nécessité d'être aimé d'eux. (Se levant et allant auprès du Régent.) Vous, par exemple, le meilleur et le plus généreux des hommes, vous ont-ils épargné les outrages et les calomnies? ne vous ont-ils point, témoin ce Lagrange-Chancel, à qui vous avez fait grâce, accusé en prose, comme en vers, des plus horribles attentats? le fer, le poison, que sais-je? et pourquoi? parce que vous êtes bon, loyal, clément; et que personne n'a, plus que vous, ressemblé à votre aïeul Henri IV; mais vous en ferez tant que vous lui ressemblerez jusqu'au bout; ils vous assassineront.

LE RÉGENT.

Dubois !

(Il se lève et passe de l'autre côté.)

DUBOIS.

Tandis que moi, qui tâche tout uniment de ressembler à Richelieu, je suis comme lui haï, détesté, abhorré, mais comme lui je serai riche, heureux, puissant, et comme lui je mourrai tranquillement dans mon lit. Voilà à quoi sert l'amour du peuple.

LE RÉGENT.

Infâme !

DUBOIS.

C'est possible; mais j'ai raison. (Lui présentant le papier.) Signez!

LE RÉGENT.

Un instant. (Il lit le papier.) Oui, un banquier espagnol qui a fait banqueroute à Londres, d'où il s'est enfui. (Regardant Dubois, qui est debout derrière lui auprès de la table.) Qu'est-ce que ça te fait?

DUBOIS.

L'ambassadeur d'Angleterre demande à le faire arrêter en France, et il n'y a pas de temps à perdre, car il part cette nuit pour l'Espagne avec l'abbé Porto-Carrero, secrétaire du prince de Cellamare.

LE RÉGENT, signant.

Ça, c'est juste, le couvert de l'ambassade ne doit pas protéger les fripons; qu'on l'arrête...

(Il signe.)

DUBOIS, appuyant.

Et qu'on examine ses papiers, c'est tout ce que je demande (A part, sur le devant de la scène, pendant que le Régent signe.) parce qu'en visitant les siens, on visitera ceux du secrétaire d'ambassade, un hasard que j'aurai soin de commander... (Haut, au Régent.) Maintenant, Monseigneur, amusez-vous; moi, je veille.

(Il va pour sortir.)

LE RÉGENT.

Est-ce que tu ne souperas pas avec nous?

DUBOIS.

Si j'ai le temps.

LE RÉGENT.

Tâche, car j'ai à te parler.

DUBOIS, se rapprochant vivement.

Et de quoi?

LE RÉGENT.

De cette petite Babet, que j'attends!

DUBOIS, avec humeur.

Encore elle!... est-ce que vous ne devriez pas déjà vous occuper d'une autre, vous qui, parmi nos roués, avez une si belle réputation usurpée...

LE RÉGENT, piqué.

Halte-là! c'est ce que nous verrons!...

DUBOIS.

Vous aurez beau faire, vous ne serez jamais, comme disait le feu roi, qui s'y connaissait, qu'un *fanfaron de vices*.

LE RÉGENT.

Et toi, l'abbé, tu es de ce côté-là un vrai brave.

DUBOIS.

Brave comme César!... (Écoutant.) On monte l'escalier.

LE RÉGENT.

C'est Babet.

DUBOIS.

A merveille! je m'en vais.

LE RÉGENT.

Tu fais bien.

DUBOIS.

N'est-ce pas, Monseigneur? Savoir arriver, et surtout s'en aller à propos, voilà le moyen de faire son chemin à la cour.

LE RÉGENT, lui frappant sur la joue.

Aussi je t'aime, à condition que tu ne reviendras plus.

DUBOIS.

C'est convenu, à moins d'un danger réel.

LE RÉGENT.

Dans le cas seulement où mon pupille, où le jeune roi serait menacé..

DUBOIS.

Je vous le jure, et alors, je frappe discrètement trois coups à cette porte. (Montrant la porte à gauche.) Tenez, comme on le fait en ce moment...

(On entend frapper trois petits coups bien distincts à la porte.)

LE RÉGENT.

C'est Babet; tais-toi, et va-t'en.

(Il éteint les bougies qui sont sur la table, et va ouvrir la porte.)

SCÈNE IV.

LE RÉGENT, allant ouvrir la porte à gauche, **BABET.**

LE RÉGENT.

Vous voilà, Babet, donnez-moi la main.

(Elle entre dans l'appartement; pendant ce temps, Dubois, marchant sur la pointe du pied, passe derrière elle et sort par la porte à gauche, qu'il referme sur lui.)

BABET.

Ah! mon Dieu! quelle obscurité, et puis, dans cette mansarde, où vous m'avez dit que vous demeuriez, je crains toujours de me cogner la tête.

LE RÉGENT.

N'ayez pas peur; grâce au ciel, vous n'êtes pas si grande que ceux qui l'habitent. Pour de la lumière, on va nous en apporter, je l'avais ordonné.

BABET.

Vous avez donc un domestique?

LE RÉGENT.

Oui, vraiment.

BABET.

Vous ne me l'aviez pas dit. C'est donc depuis que vous espérez cette nouvelle place?

LE RÉGENT.

Oui, Babet.

BABET.

Et il paraît que vous êtes servi...

LE RÉGENT, souriant.

Comme un prince, c'est-à-dire horriblement mal.

BABET.

Voilà ce que c'est, si vous faisiez comme moi, je n'ai jamais à gronder ma femme de chambre.

LE RÉGENT.

Je crois bien ; elle est si jolie, et elle vous habille si bien.

BABET.

Monsieur François, finissez.

LE RÉGENT.

Asseyez-vous, de grâce.
(Il la conduit vers le canapé : ils s'asseyent tous deux ; Babet est à la gauche du Régent.)

BABET.

Volontiers ; mais il me tarde de voir votre appartement, je veux dire le nôtre, celui qui bientôt m'appartiendra, et de faire connaissance avec notre petit mobilier... Eh ! mais, voilà un canapé qui n'est pas mal ; moi, je n'ai que deux chaises, et elles sont en paille ; celui-là est rembourré.

LE RÉGENT.

Il n'y a rien de trop beau pour vous, qui êtes ma reine et ma souveraine.

BABET.

Ah ! oui, je m'en suis déjà aperçue ; vous êtes très galant, et vous faites pour moi des dépenses qui me fâchent ; une fois marié, il faudra de l'économie ; je m'en charge.

LE RÉGENT.

Ce ne sera pas la peine, j'espère bien monter en grade et arriver à une place supérieure.

BABET.

A quoi bon ?

LE RÉGENT.

Vous n'avez donc pas d'ambition ?

BABET.

Pas du tout.

AIR du vaudeville du Baiser au porteur.

Dans mes rêves de jeune fille,
Ce n'est pas là ce que je désirais ;
Un bon ménage, une famille,
Des enfants que j'élèverais,
Voilà, voilà ce que je souhaitais.
Oui, je voulais, dans ma tendresse,
Un bon mari, dont l'sort s'unit au mien,
Pour l'rendre heureux et pour l'aimer sans cesse
(Le regardant tendrement.)
Je vous vois, et ne veux plus rien.

LE RÉGENT.

Quoi ! vraiment, la fortune, l'opulence...

BABET.

J'aurais pu l'avoir un jour, en épousant ce pauvre M. d'Aubigny ; car lui, c'est bien autre chose que vous, c'est un gentilhomme.

LE RÉGENT.

Et vous me préférez à lui ?

BABET.

Oui ; l'on aime mieux son égal que son maître.

LE RÉGENT, à part.

O ciel ! (Haut.) Et si j'étais grand seigneur, vous ne m'aimeriez donc plus ?

BABET, d'un air détaché.

Ma foi! non (Gaiement), à moins que je ne fusse aussi grande dame.

LE RÉGENT.

C'est trop juste; et s'il ne tenait qu'à toi de demander, de désirer, que voudrais-tu?

BABET.

Vous! vous, comme vous êtes, et pas autre chose.

LE RÉGENT, hors de lui.

Ah! voilà ce que je n'ai jamais entendu, ce qu'on ne m'a jamais dit. Babet, tu ne sais pas quelle ivresse, quelles délices inconnues j'éprouve auprès de toi!

BABET.

Eh bien! monsieur François...

LE RÉGENT.

Ah! reste! de grâce, ne me retire pas cette main qui est à moi, qui m'appartient, car je te consacre mes jours, tu es tout pour moi; et, à son amant, à son mari, on peut bien accorder...

BABET.

Ah! que c'est mal à vous!... Laissez-moi, mon ami, laissez-moi, dans huit jours je serai votre femme, votre compagne; mais d'ici là...

LE RÉGENT.

Babet, un seul baiser...

BABET.

Oh, non! je vous en prie, ce n'est pas pour moi, c'est pour vous! c'est votre bien que je vous prie de défendre. (Se levant et résistant plus faiblement.) Ah, dame! si vous n'y mettez pas du vôtre!...

AIR de *Céline*.

Que voulez-vous que je devienne?
Ayez de la raison pour nous;

Moi, j'ai déjà bien de la peine,
Mon amour n'est que trop pour vous.
Il vous seconde assez... de grâce,
Mon ami, soyez généreux...
Comment voulez-vous que je fasse
Si je suis seule contre deux ?

LE RÉGENT, l'embrassant.

Babet, Babet, ne me résiste plus ! (On frappe trois coups à la porte à gauche ; à part.) O ciel ! ce que m'a dit Dubois... Y aurait-il réellement conspiration ? en voudrait-on aux jours ou à la liberté du roi ?

(Il va du côté de la porte à gauche.)

BABET.

Qu'avez-vous ?

LE RÉGENT.

Rien ; c'est pour le souper que j'avais commandé, et l'on vient me prévenir.

BABET.

Il y a peut-être un accident.

LE RÉGENT.

Justement ; je vais voir ce que c'est et je reviens ; attendez-moi ici.

BABET.

Si je peux vous aider, me voilà.

LE RÉGENT.

Non, non, je reviens, vous dis-je, ou je vous envoie M. Prudhomme. Ne vous impatientez pas, c'est tout ce que je vous demande.

(Il sort par la porte à gauche, qu'il referme.)

SCÈNE V.

BABET, seule.

Eh bien! il s'en va, il me laisse, et sans lumière encore ; si je savais seulement où sont les nappes et les serviettes, je mettrais le couvert ; mais encore faut-il y voir clair, et pas de briquet seulement, ni briquet ni allumettes! (Allant à la table qu'elle cherche à ouvrir.) Et des tables sans tiroirs. Ah! quelle maison, comme c'est monté!... on voit bien que c'est un ménage de garçon ; mais, patience, lorsque j'y serai, ce sera un peu mieux. (Allant vers le fond.) Ah! une porte; celle de la cuisine, sans doute. (Tournant un bouton doré.) Et en tournant le loquet...

(La porte s'ouvre, et Babet recule, étonnée, en voyant entrer avec des flambeaux Toinon et ses compagnes.)

SCÈNE VI.

BABET, TOINON, JUSTINE, ROSE, Grisettes.

LES GRISETTES.

AIR de la Tentation.

Quel éclat! plus je le regarde,
Moins je crois à ce que je vois!
Dieu! quelle superbe mansarde
Habite ce monsieur François!

TOINON.

Je connais plus d'un ménage
Fort gentiment arrangé,
Mais jamais j'n'ai vu, je gage,
De garçon si bien logé.

TOUTES.

Quel éclat! oui, plus je regarde, etc.

BABET.

Qu'est-ce que cela veut dire? et où sommes-nous donc?

TOINON.

Nous ne le savons pas plus que toi; en descendant du fiacre, où nous étions six... six dans un fiacre, sans cavalier!... aussi nous sommes chiffonnées! c'est une horreur! On ne croirait jamais que nous sortons de chez nous... enfin, un grand monsieur a ouvert la voiture, nous a fait monter par un escalier sans lumière...

BABET.

C'est comme moi.

TOINON.

Et nous nous sommes trouvées dans le salon à côté de celui-ci; un grand salon doré, avec des glaces, des peintures et des girandoles de bougies; ça nous a tellement éblouies que nous n'y avons plus rien vu; pendant ce temps, le monsieur avait disparu, et les deux battants s'étaient refermés.

BABET.

Savez-vous que c'est effrayant!

TOINON.

Pas tant; moi, je m'y ferais; et c'est en ouvrant toutes les portes que nous sommes arrivées jusqu'ici.

BABET.

Ah! mon Dieu! mon Dieu! Qu'est-ce que ça signifie?

TOINON.

Nous le saurons... n'as-tu pas peur qu'on nous mange? nous sommes trop pour cela; si j'étais seule, je ne dis pas; ça m'inquiéterait, et encore...

JUSTINE, qui s'est assise sur le canapé.

Ah! mesdemoiselles! le bon canapé! qu'on y est bien!

TOINON et LES AUTRES, allant auprès de Justine.

Eh! c'est du lampas...

JUSTINE.

De quinze à vingt livres l'aune.

TOINON.

A vingt-cinq, mesdemoiselles; nous n'en avons jamais eu de si beau au magasin; regarde donc, Babet.

(Pendant que toutes les jeunes filles, formées en groupe à droite, regardent, Dubois sort de la porte à gauche, qu'il referme.)

SCÈNE VII.

LES MÊMES; DUBOIS.

DUBOIS, à part.

Je suis tranquille, le prisonnier restera là jusqu'à ce que le Régent vienne l'interroger. *(Apercevant les grisettes.)* Dieu! toutes ces petites filles réunies, et le Régent qui m'a défendu de rien avouer encore à Babet!

TOINON, se retournant.

Ah! M. Prudhomme!

BABET.

Quel bonheur! il va nous dire où nous sommes.

(Elles l'entourent.)

TOINON.

Et quels sont ces beaux appartements?

BABET.

Nous, qui croyions être dans la mansarde de M. François.

TOINON.

Est-ce que nous nous serions trompées de porte?

BABET.

Mais, parlez donc, monsieur Prudhomme.

TOINON.

Parlez vite...

TOUTES.

Oui, parlez vite.

DUBOIS.

M'y voici, mes petits anges; c'est une surprise que nous vous ménagions, et qui a réussi; car vous êtes surprises; je le suis aussi, nous le sommes tous; voilà même ce que j'appelle une surprise...

BABET.

Mais, comment se fait-il?...

TOUTES.

Oui, comment se fait-il?...

DUBOIS.

De la manière la plus simple; c'est moi, maître tapissier, qui ai meublé ces appartements, ce qui m'a procuré quelque crédit auprès de l'intendant; c'est par ce crédit que j'ai fait avoir à M. François une place au Palais-Royal.

BABET.

Celle qu'il espérait obtenir, et dont il me parlait hier?

DUBOIS.

Précisément, il ne voulait vous l'apprendre que ce soir.

TOINON.

Est-elle heureuse cette Babet!

BABET.

Et quelle place?

DUBOIS.

Une place qui tient encore aux aides où il était, une place de sommelier, commis juré, dégustateur; c'est lui qui goûte tous les vins que boit le Régent, et je vous réponds qu'il a de l'occupation; du reste, un emploi superbe qui lui donne un logement dans les combles.

TOINON.

C'est bien loin de la cave.

DUBOIS.

C'est égal, il descend, il aime à descendre! Et, comme aujourd'hui il n'y a personne dans cette partie du château, comme le prince et toute sa famille sont depuis hier dans leur résidence d'été, M. François a eu l'idée de vous recevoir ici, sans vous en prévenir, et sans que personne le sache.

TOINON, gaiement.

Nous sommes donc au palais?

JUSTINE, de même.

Dans les appartements du prince ?

TOUTES, sautant de joie.

Ah! que c'est joli! que c'est amusant!

TOINON.

A nous le château!

TOUTES.

A nous le palais !

TOINON.

Nous voilà princesses pour toute une soirée; allons-nous nous amuser!

JUSTINE.

C'est M. François qui sera le prince.

TOINON.

Et Babet, sa maîtresse! madame de Parabère,

BABET.

Eh bien! par exemple, m'en préserve le ciel !

AIR : Lise épouse l'beau Germance. (Fanchon la Vielleuse.)

TOINON.

Fait-elle la renchérie!
Un emploi qu'chacun envie !

JUSTINE.

Que plus d'un' dam' de la cour
Sollicite chaque jour!

TOINON.
Une place enfin, ma chère,
Qui n'est pas sans agréments,
Et qui n'a pas, d'ordinaire,
Les plus mauvais appoint'ments.

Moi, je me contenterai d'être de la famille royale, je serai mademoiselle de Beaujolais.

JUSTINE.
Moi, mademoiselle de Valois...

BABET.
Et M. Prudhomme...

TOINON.
Le confident du prince !

BABET.
L'abbé Dubois?

TOINON.
Il a une mine à ça.

TOUTES, sautant autour de lui.
Ah! monsieur l'abbé! monsieur l'abbé!

(Elles le quittent et vont causer dans le fond.)

DUBOIS, sur le devant du théâtre.
On ne peut pas échapper à sa destinée, il était impossible que je ne fusse pas ce que je suis, c'était écrit. (A Babet, qui a pris sur la table un papier qu'elle déchire.) Eh bien! eh bien! qu'est-ce qu'elle fait là?

BABET.
Je suis toute défrisée, et je mets des papillotes.

DUBOIS, ramassant la moitié du papier que Babet a déchiré.
Ah! mon Dieu! (A part et lisant.) une pension qu'il accordait au duc de Villeroi, son ennemi; quelle faiblesse! quelle injustice! heureusement (Montrant le papier.) voici la pension supprimée; elle croyait ne faire que des papillotes, et elle fait des économies. Ah! si on introduisait les grisettes dans

le gouvernement! (A Justine, qui se dirige vers la porte à gauche.) Eh bien! eh bien! où allez-vous?
(Il court à elle.)

JUSTINE.

Voir où donne cette porte.

DUBOIS, à part.

Et notre prisonnier d'État à qui elle rendrait visite. (Il ferme la porte et met la clef dans sa poche.) Du tout, on n'entre pas.

TOUTES.

Et pourquoi donc? (Elles l'entourent.) Ah! monsieur Prudhomme!

TOINON, le caressant.

Ah! monsieur l'abbé!

DUBOIS.

C'est encore une surprise! le dessert qui est là, et on ne peut pas, avant le souper, vous surtout, vous, Toinon, qui êtes friande...

TOINON.

Ce n'est pas vrai.

DUBOIS.

Vous aimez ce qui est bon.

TOINON, d'un air caressant et lui frappant la joue.

Ce n'est pas à vous à dire ça!

DUBOIS.

A-t-elle de l'instinct! (A part.) On dirait qu'elle me connaît réellement. (Haut.) Écoutez, mes petites amours, M. François va revenir, il a de l'occupation dans ce moment; il donne des ordres, ce qui ne l'amuse pas beaucoup.

BABET.

Qu'il se dépêche donc; car je meurs de faim.

TOINON.

Moi aussi.

DUBOIS.
Permettez-moi de vous laisser un instant.

JUSTINE.
Nous ne le voulons pas.

TOUTES.
Nous ne voulons pas.

DUBOIS.
C'est pour l'aider; il m'attend, et quand je suis là, voyez-vous, cela va plus vite, parce que moi, vrai!... dans la poêle à frire... avant une demi-heure, le souper, et, d'ici là, faites tout ce que vous voudrez, vous êtes les maîtresses.

(Il sort par le fond.)

SCÈNE VIII.

LES MÊMES, xcepté Dubois.

TOINON.
Voilà bien de l'embarras pour un souper.

BABET.
Ce sera trop beau, ce pauvre François va se ruiner.

TOINON.
Tiens! quand on aime! aussi je n'empêche pas M. Prudhomme, je le laisse faire.

JUSTINE.
Malgré cela, de s'en aller ainsi, ce n'est pas galant.

TOINON.
Il n'y a pas de mal, parce que tout à l'heure, là, dans cette chambre, où il nous a dit qu'était le dessert...

TOUTES.
Eh bien?

TOINON.
Eh bien! j'ai entendu le dessert remuer.

BABET.

Est-elle bête!

TOINON.

Pas tant; j'ai idée qu'il y a quelqu'un. (A mi-voix.) Dites donc, si c'était une femme.

BABET.

Une femme! ici, près de M. François!

TOINON, faisant signe de se taire.

Silence! (Elle s'approche à pas de loup de la porte à gauche et frappe légèrement; après un instant d'intervalle on répond.) Vous entendez?

TOUTES.

Qu'est-ce que ça veut dire?

BABET.

Et cette porte qui est fermée.

TOINON.

Comment l'ouvrir?

BABET, regardant la porte du fond par laquelle Dubois vient de sortir.

Ah! cette porte, cette serrure sont pareilles, et si la même clef pouvait...

(Elle retire la clef de la serrure.)

TOINON, prenant la clef.

AIR de la Rente viagère.

Chut! c'est convenu;
Par ce moyen, je l'espère,
Bientôt, ma chère,
Nous saurons l'affaire,
Et le mystère
Sera connu.
(Cherchant à ouvrir.)
Dieu! c'est désolant,
Ça n'ouvre pas.

TOUTES.

Ah! quel dommage!

TOINON, *tournant la clef.*
Si fait, du courage ;
Mais tournons-la bien doucement.

(*Regardant de tous côtés avant d'ouvrir.*)

TOUTES, *à demi-voix.*
Chut ! c'est convenu, etc.

TOINON, *essayant encore.*

Si, vraiment, la porte s'ouvre ; sortez, madame... ah ! un jeune homme !

TOUTES.

Un militaire !

SCÈNE IX.

LES MÊMES ; D'AUBIGNY, le bras en écharpe.

D'AUBIGNY, *entrant brusquement.*

Eh bien ! que me veut-on ? mon supplice est-il prêt ?... Dieu ! Babet.

BABET, *courant à lui.*

Monsieur d'Aubigny !

TOINON.

C'est son autre.

JUSTINE.

Est-ce que M. François l'aurait aussi invité à souper ?

TOINON.

Il serait bon enfant, par exemple !

D'AUBIGNY.

Je ne sais encore si je veille ! me retrouver auprès de vous et de ces demoiselles, moi, emprisonné, arrêté.

BABET.

Que dites-vous ?

D'AUBIGNY.

Que surpris et désarmé au moment où je tentais d'enlever le jeune roi...

BABET.

Vous, monsieur?

D'AUBIGNY.

Rien ne peut me sauver; je le sais, et je me résigne à mon sort; mais la duchesse; mais ses amis, qui ignorent que Porto-Carrero vient d'être arrêté, que le coup est manqué, et qui vont se compromettre, s'exposer. Ah! si je pouvais seulement les prévenir.

BABET.

Qui vous en empêche?

D'AUBIGNY.

Et comment sortir de ces lieux?... comment échapper à mes ennemis?

BABET.

Rien de plus facile, en nous adressant à M. François...

TOINON.

Son bon ami, qui nous a amenées ici.

D'AUBIGNY.

M. François, mon adversaire d'hier au soir!

BABET, vivement.

Ah! cela n'y fait rien, il vous sauvera, j'en réponds; il vous conduira hors de ce palais, il le connaît si bien.

D'AUBIGNY.

Trop bien peut-être! et, puisqu'il vous y a conduite, il y a ici quelque piège, quelque trahison qui vous menace.

AIR : Quand l'Amour naquit à Cythère.

Pour une fille jeune et belle,
Savez-vous bien qu'à tous les yeux,
C'est être déjà criminelle
Que de paraître dans ces lieux...

Dans ce palais il n'est personne
Qui de régner n'obtienne la faveur...
Mais pour un jour... et c'est une couronne
Qu'il faut payer de son honneur!

BABET.

Quelle idée! lui, M. François! vous ne le connaissez pas.

D'AUBIGNY.

Non, mais plutôt mourir que de lui rien devoir.

TOINON.

Eh bien! M. Prudhomme...

BABET.

Il est si bon enfant; il vous rendra ce service.

TOINON.

Il le faudra bien, moi, d'abord, je l'exige. Et lui qui avait promis de revenir si vite...

SCÈNE X.

Les Mêmes; DUBOIS, VERDIER.

TOINON, se retournant.

C'est bien heureux, le voilà. Arrivez donc, monsieur.

DUBOIS.

Ne vous impatientez pas, mes amours, tout marche à souhait, et le souper est servi.

TOINON.

Quelle bonne nouvelle! Mais nous, pendant ce temps, (Montrant la porte à gauche.) nous nous sommes occupées du dessert, et voilà un jeune homme...

DUBOIS, apercevant d'Aubigny.

Dieu! le prisonnier, qu'elles ont délivré!

BABET.

Nous le protégeons d'abord.

TOINON.

Et vous, mon bon monsieur Prudhomme, il faudrait, tout de suite, tout de suite, pour des raisons inutiles à vous expliquer... (Aux autres) car ce pauvre Prudhomme ne se doute pas de la conséquence... il faudrait le faire sortir en secret de ce palais, dont vous connaissez si bien les êtres.

DUBOIS.

Comment donc, avec le plus grand plaisir; dès que ces demoiselles me le commandent, je vous réponds qu'avant peu il sera en lieu sûr.

BABET, à d'Aubigny.

Vous voyez !

TOINON.

Quand je vous le disais !

DUBOIS.

Vous, mes petits anges, passez vite dans la salle à manger. (A Verdier, qui est derrière.) Verdier, conduisez ces demoiselles.

(Toutes les jeunes filles entrent avec Verdier dans l'appartement à droite. Babet, qui est restée la dernière, regarde d'Aubigny comme pour lui dire adieu; elle reste auprès de la porte.)

DUBOIS, à d'Aubigny.

Vous, mon gentilhomme, suivez-moi.

D'AUBIGNY.

Je vous remercie, monsieur, de vos bons offices; mais, quoi qu'il puisse m'arriver en restant dans ces lieux, je ne quitte pas Babet, je dois veiller sur elle.

DUBOIS.

Et moi sur vous... (Appelant.) Holà! quelqu'un... (La porte du fond s'ouvre; deux gardes du corps paraissent.) Emparez-vous de monsieur, au nom du roi.

BABET.

Qu'est-ce que cela veut dire ?

DUBOIS.

Conduisez-le dans la chambre du conseil. (A d'Aubigny.) Vous savez, monsieur, que toute résistance serait inutile.

BABET.

Oh ciel ! M. Prudhomme ! il leur commande à tous !...

D'AUBIGNY, à Babet.

Quand je vous disais qu'il y avait trahison; Babet, méfiez-vous d'eux tous; c'est pour vous perdre qu'ils vous ont entraînée en ces lieux, et le Régent, et son infâme ministre.

BABET, éperdue.

Comment !

DUBOIS, faisant signe aux gardes.

Obéissez.

AIR : La voix de la patrie. (*Wallace*.)

DUBOIS.

D'une telle insolence
Il faut la préserver.
Venez, la résistance
Ne saurait vous sauver.

LES GARDES.

D'une telle insolence
Il faut la préserver.
Sortez, la résistance
Ne saurait vous sauver.

BABET.

Oh ciel !

D'AUBIGNY, entraîné.

Tout se prépare
Pour vous perdre aujourd'hui,
Puisque l'on vous sépare
De votre seul ami.

Ensemble.

DUBOIS.

D'une telle insolence, etc.

LES GARDES.

D'une telle insolence, etc.

BABET.

De cette violence
Comment le préserver ?
Hélas ! ma résistance
Ne saurait le sauver.

D'AUBIGNY.

D'une telle insolence
Je dois la préserver.
Hélas ! ma résistance
Ne pourra la sauver.

(D'Aubigny sort, entouré par les gardes.)

SCÈNE XI.

BABET, DUBOIS.

DUBOIS.

Non, mademoiselle Babet, non, ne le croyez pas, nul danger ne vous menace; au contraire, les honneurs, les richesses vous attendent.

BABET.

Que voulez-vous dire ?

DUBOIS.

Que tout dépend de vous; et n'allez pas, par de vains scrupules, manquer la plus belle destinée qui jamais se soit offerte.

BABET.

Je ne vous comprends pas; mais pourquoi ce changement dans vos discours, dans vos manières ? pourquoi tout le monde ici semble-t-il vous obéir ?

DUBOIS.

Ce n'est pas moi, c'est vous qui commandez, et quand

tout reconnaîtra vos lois, rappelez-vous seulement que cette puissance, c'est à moi que vous la devez.

BABET, regardant autour d'elle.

Et M. François, pourquoi ne revient-il pas? où est-il?

DUBOIS.

Il n'y a plus de M. François, son règne est fini, un autre commence.

BABET.

Il est donc vrai, on nous a séparés, on m'enlève à lui, et pour quel motif? Je ne veux pas rester ici, je veux sortir, je suivrai ces demoiselles...

DUBOIS.

Impossible, la porte est fermée en dedans.

BABET, courant à la porte à droite.

Cela ne se peut...

DUBOIS.

Je l'ai ordonné.

BABET, avec désespoir.

O mon Dieu!

DUBOIS.

Mais écoutez-moi...

BABET.

Ne m'approchez pas, monsieur, ne m'approchez pas, ou je ne sais de quoi je suis capable.

(Elle se jette sur le canapé.)

DUBOIS.

Calmez-vous, Babet, calmez-vous, je me retire; aussi bien d'autres soins me réclament, et je laisse à une voix plus persuasive que la mienne le bonheur de vous rassurer. Adieu; pensez à ce que je vous ai dit...

(Il sort par le fond.)

SCENE XII.

BABET, seule, se levant.

D'Aubigny avait raison ; on m'a entraînée dans un piège, un piège infernal ; mais je me tuerai plutôt... On vient, on monte un escalier ; c'est fait de moi, je suis perdue... non ! je suis sauvée...

(Courant au Régent, qui entre par la porte à gauche, et se jetant à son cou.)

SCÈNE XIII.

BABET, LE RÉGENT.

BABET.
François, ah ! mon ami ! je vous revois, je vous retrouve...

LE RÉGENT.
Babet, qu'avez-vous ?

BABET.
Secourez-moi ! protégez-moi !

LE RÉGENT.
Et contre qui ?

BABET.
Contre le Régent.

LE RÉGENT, à part.
O ciel !

BABET.
Contre son ministre, qui m'a, dit-on, livrée, vendue ! Oh ! non, ce n'est pas possible, je suis près de vous, dans vos bras, je suis tranquille, je ne crains rien !

LE RÉGENT.

Oui, Babet, oui, vous serez défendue, protégée par mon amour, nous ne nous quitterons plus.

BABET.

A la bonne heure! je suis à toi, à toi seul, n'est-ce pas? ils n'ont pas le droit de nous séparer; viens, partons, quittons ce palais, je ne peux pas y rester, j'y mourrais, allons-nous-en.

LE RÉGENT.

Et si tu savais quels devoirs m'y retiennent...

BABET.

Renonces-y, renonce à ta place, nous n'en avons pas besoin pour nous aimer.

LE RÉGENT.

Oui, tu as raison, et s'il ne tenait qu'à moi... mais crois-tu qu'on te laissera quitter ces lieux? crois-tu que celui que tu redoutes puisse se résoudre à te perdre?

BABET.

Oui, je l'espère, oui, j'en suis sûre; c'est un noble prince, c'est un homme d'honneur, et me retenir en ce palais par la force ou par la ruse serait trop indigne de lui. (Au Régent, qui se dégage de ses bras et fait quelques pas.) Eh bien! tu t'éloignes de moi; viens plutôt, ne me quitte pas, j'irai me jeter à ses pieds, et quelque méchant qu'il soit, il ne voudra pas des pleurs et du déshonneur d'une pauvre fille. Mon Dieu! cette honte que je repousse, il y en a tant qui l'ambitionnent! et ce serait pour lui un regret, un remords éternel. Il comprendra cela, n'est-il pas vrai?

LE RÉGENT.

Oui, sans doute, et son cœur le lui reproche déjà; mais si tu savais comme moi à quel point il t'aime...

BABET.

Qui te l'a dit?

LE RÉGENT.

Je ne puis en douter. Et s'il t'offrait tout ce qu'il possède et d'honneurs et de fortune, s'il te disait qu'il ne veut plus vivre que pour toi?...

BABET, avec délire.

Je lui répondrais que je t'aime, que tu es mon amant, mon mari; que, dans quelque rang que tu sois placé, je te préfère à tout.

LE RÉGENT.

Est-il possible!

BABET.

Mais que lui, qui veut me tromper et me séduire, je l'abhorre, je le déteste; et, tout prince qu'il est, je le...

LE RÉGENT.

N'achève pas. Si tu connaissais ses tourments, si tu savais ce qu'il souffre, tu aurais pitié de lui.

BABET.

Que dis-tu?

LE RÉGENT.

Qu'il n'est point tel qu'on te l'a représenté, qu'il est sensible et généreux, et loin de vouloir contraindre ta tendresse...

BABET, étonnée.

C'est toi qui le défends!

LE RÉGENT.

Il est si malheureux! pardonne-lui, Babet, pardonne-lui.

BABET.

O ciel! tu demandes grâce pour lui?

LE RÉGENT.

Oui, grâce et pitié; mais non pour lui seul...

BABET.

Qu'est-ce que ça signifie?

LE RÉGENT, se jetant à ses pieds.

Que je suis aussi coupable, et que lui et moi...

BABET, le regardant avec anxiété et désespoir.

Ah! tais-toi, tais-toi, ce n'est pas possible... je ne puis croire... je me trompe... ma raison s'égare, n'est-il pas vrai?...

SCÈNE XIV.

LES MÊMES; DUBOIS, tenant des papiers à la main et courant vivement au Régent.

DUBOIS.

Monseigneur!...

BABET, poussant un cri d'horreur.

Ah!...

(Elle s'élance vers la porte du fond et disparaît.)

LE RÉGENT, courant à la porte.

Babet... où va-t-elle?... Courons...

DUBOIS, le retenant.

Non, Monseigneur; non, vous ne la suivrez pas, vous m'écouterez.

LE RÉGENT, se débattant.

Laisse-moi tranquille.

DUBOIS, le tenant toujours.

Je ne vous laisserai pas.

LE RÉGENT, avec désespoir.

Elle me délaisse, elle me fuit.

DUBOIS.

Mon Dieu! elle reviendra, tandis que l'occasion perdue ne revient pas; et quand il s'agit de votre gloire, de votre salut, de celui de l'État...

LE RÉGENT.

Je veux du moins savoir ce qu'elle est devenue, que l'on suive ses pas... Holà! quelqu'un! Verdier!... (Verdier paraît à la porte.) Une jeune fille sort d'ici, courez après elle, qu'on ne la quitte pas, qu'on me la ramène; je veux la revoir, je le veux! (Redescendant le théâtre.) La pauvre enfant!...

DUBOIS, à part.

Au diable les amours!

LE RÉGENT, revenant à Dubois.

Eh bien! voyons, je suis calme, je t'écoute; parle donc! qu'y a-t-il?

DUBOIS, froidement.

Presque rien! j'ai arrêté Cellamare, et saisi ses papiers.

LE RÉGENT.

Arrêter un ambassadeur!

DUBOIS.

Un ambassadeur qui conspire! Il ne s'agissait rien moins que de vous enlever la régence...

LE RÉGENT, avec impatience.

C'est bien!

DUBOIS.

De la donner au roi d'Espagne.

LE RÉGENT, de même.

C'est bien, l'abbé! c'est bien.

DUBOIS.

Eh non! morbleu! ce n'est pas bien; mais nous y mettrons bon ordre; j'ai là le nom de tous les conjurés...

LE RÉGENT, écoutant vers le fond.

Tais-toi; j'ai cru entendre... Eh! mon Dieu! non, personne; elle ne revient pas.

DUBOIS.

Je ne comprends pas l'inquiétude de Monseigneur; je

vous promets qu'avant un quart d'heure elle sera de retour.

LE RÉGENT, avec joie et se rapprochant de lui.

Tu crois ?...

DUBOIS, lui présentant la plume.

J'en suis sûr... deux ou trois signatures à donner.

LE RÉGENT, allant auprès de la table.

Qu'est-ce que c'est ?

DUBOIS.

La duchesse du Maine et son mari qu'il nous faut décidément arrêter. (Geste de refus du Régent. Dubois reprend vivement.) Et puis cette petite Babet qui meurt d'envie de vous pardonner, résistera d'abord...

LE RÉGENT, avec joie.

Vraiment !

DUBOIS.

C'est dans l'ordre; elle ne peut pas faire autrement. Signez, Monseigneur.

LE RÉGENT, en signant.

Mais si tu avais vu son effroi, quand elle a su qui j'étais !

DUBOIS.

Parbleu ! l'étonnement, la surprise... (Lui donnant un autre papier.) Nous comprenons aussi là-dedans notre ami Malezieux, Polignac, Laval, le duc de Richelieu. (Se frottant les mains.) Tous mes ennemis !

LE RÉGENT.

Tant de monde ! Dubois...

DUBOIS.

Qui sait même ?... une joie déguisée. On n'apprend pas que celui qu'on aime est un duc, un prince, un Régent, sans que la tête ne vous tourne.

LE RÉGENT, avec joie.

Dis-tu vrai ?

DUBOIS.

Je le parierais. (Lui donnant un autre papier.) Plus que celui-là ; c'est le dernier.

LE RÉGENT, avec impatience.

Mais ce n'est pas un ordre. (Regardant le papier.) Une lettre à Sa Sainteté, un chapeau de cardinal ?

DUBOIS.

Que vous lui demandez pour moi ; j'espère que je ne l'ai pas volé.

LE RÉGENT.

Et il ose croire que le pape pourra jamais consentir !

DUBOIS.

Cela ne vous regarde pas, ni moi non plus. Ce qu'il fera sera bien fait ; il est infaillible : ce n'est pas comme nous, Monseigneur.

LE RÉGENT, jetant les papiers de côté.

Par exemple ! ah ! cette fois je ne me trompe pas, une voiture... c'est Babet qu'on me ramène, courons !

SCÈNE XV.

Les Mêmes ; D'AUBIGNY.

(Au moment où le Régent va sortir par la porte du fond, d'Aubigny entre escorté par les gardes.)

LE RÉGENT.

Dieu ! que vois-je !

DUBOIS.

Le prisonnier que vous devez interroger, et qu'on vous amène.

LE RÉGENT, avec colère et impatience.

Dubois !

DUBOIS.

Celui qui a voulu enlever le jeune roi; (Lui donnant une lettre.) qui l'avait même promis à la duchesse du Maine, ainsi que cette lettre le prouve, et vous ne pouvez tarder...

LE RÉGENT, à part, et se contenant à peine.

C'en est trop! (S'avançant vers le prisonnier.) Ciel! d'Aubigny!

D'AUBIGNY, le regardant, et stupéfait.

Que vois-je!

DUBOIS, montrant le prince.

Le Régent, qui me charge de vous interroger.

(Il passe entre le Régent et d'Aubigny.)

D'AUBIGNY.

Et qui êtes-vous?

DUBOIS.

L'abbé Dubois.

D'AUBIGNY.

J'aurais dû m'en douter, et je suis ravi de vous connaître.

DUBOIS.

Il n'y a pas de quoi : du reste, je le suppose, la connaissance ne sera pas longue.

D'AUBIGNY.

Oui, je sais le sort qui m'attend, et ne demande point de grâce; mais je demande, au Régent de France, justice.

DUBOIS.

Contre qui?

D'AUBIGNY.

Contre vous, qui n'avez pas craint de contribuer lâchement à l'enlèvement d'une jeune fille.

DUBOIS.

Mademoiselle Babet? ça ne me regarde plus.

LE RÉGENT.

Rassurez-vous, monsieur, sa jeunesse et sa vertu ont été

respectées; elle a trouvé ici des protecteurs, et elle vous dira elle-même...

SCÈNE XVI.
Les Mêmes; VERDIER.

VERDIER.

Ah! Monseigneur! cette jeune fille...

LE RÉGENT.

Babet! ne l'as-tu pas suivie? ne l'as-tu pas ramenée?

VERDIER.

Oui, Monseigneur. Nous courions sur ses pas, et c'est au moment même où elle s'élançait du haut du parapet, que nous avons pu l'atteindre et la retenir.

LE RÉGENT.

Ah! quel bonheur!

VERDIER.

Mais elle est tombée sans connaissance dans nos bras, et la voici; on la ramène.

LE RÉGENT, l'apercevant.

Babet! Babet! c'est elle!

D'AUBIGNY, avec colère.

Et c'est ainsi que vous la protégiez!

LE RÉGENT.

Ah! monsieur! épargnez-moi, mon malheur vous donne trop d'avantage.

SCÈNE XVII.
D'AUBIGNY, LE RÉGENT, BABET.

(Deux femmes de chambre du palais la soutiennent et l'aident à marcher. Elle tombe sur un fauteuil auprès de la table, presque sans mouvement et comme anéantie. Le Régent fait signe aux deux femmes, à Verdier et à Dubois de s'éloigner. Ils sortent. D'Aubigny est debout de l'autre côté du théâtre.)

BABET, après un long silence.

Ah! que je souffre ! (Portant la main à sa tête.) Là ! (Puis à son cœur.) Là !... Et pourtant, mon Dieu, vous connaissez mon innocence.

(Elle baisse les yeux et aperçoit le Régent auprès d'elle.)

LE RÉGENT.

Babet, un seul regard !

BABET, lui faisant signe de la main.

Qui que vous soyez, taisez-vous, cette voix-là me fait mal ! elle me rappelle... (Promenant ses regards de tous côtés.) Ah! je croyais avoir quitté ces lieux pour jamais ! et m'y voilà encore une fois entourée de pièges, sans ami. (Apercevant d'Aubigny, et courant à lui.) Non, non, grâce au ciel, je m'abusais, en voilà un qui ne me trompera pas.

LE RÉGENT.

Et moi qui t'aimais tant !

BABET, froidement.

Moi, je ne vous aime plus; vous n'êtes plus rien pour moi qu'un prince, que le Régent. (Montrant d'Aubigny.) Voilà mon seul appui sur la terre, le seul à qui je me confie. Ordonnez qu'on nous laisse sortir de ce palais.

(Elle s'éloigne.)

LE RÉGENT.

Ah! je le vois, tout est fini. Je la perds pour jamais ! (A d'Aubigny.) Vous son appui, son protecteur, emmenez-la dans votre province ; partez, vous êtes libre. Partez, car malgré moi je sens !... Dieu ! c'est Dubois ! (Il se hâte d'essuyer ses yeux, et prend un air riant.) Eh bien ! qu'y a-t-il ?

SCÈNE XVIII.

Les Mêmes; DUBOIS, TOINON et toutes les Jeunes Filles.

DUBOIS, entrant par la droite avec toutes les jeunes filles.

Il y a, Monseigneur, que le souper est servi, et que tous vos amis vous attendent.

TOINON.

Des seigneurs bien aimables.

DUBOIS.

Avec qui ces demoiselles ont déjà fait connaissance, car il n'y a pas d'incognito. Quant aux affaires, n'y pensez plus, demain, tout sera terminé; il ne reste plus à prononcer que sur monsieur.

(Montrant d'Aubigny.)

LE RÉGENT.

A qui j'ai rendu la liberté!

D'AUBIGNY.

Moi, Monseigneur, qui ai conspiré contre vous, et qui, coupable d'un crime dont vous avez les preuves...

LE RÉGENT, déchirant la lettre de d'Aubigny.

Je n'en ai plus; vous êtes innocent, partez tous deux.

DUBOIS.

Y pensez-vous ?

LE RÉGENT.

Il nous quitte; il s'éloigne avec mademoiselle.

TOINON, à Dubois.

Comment! elle revient à l'autre!

DUBOIS.

Elle ne sera pas du souper.

TOINON, à part.

Est-elle bête!

LE RÉGENT.

Pauvre Babet! celle-là seule m'aimait.

DUBOIS.

Qu'est-ce que cela? Un soupir! je vous dénonce à ces messieurs, à tous les roués de la cour, et nous allons rire.

LE RÉGENT, s'efforçant à rire.

As-tu perdu la tête? et me crois-tu capable?... (Aux jeunes filles.) Allons, mesdemoiselles, allons, l'abbé, à table; je veux griser un prince de l'église... une orgie, des chansons, du champagne, du bruit, cela étourdit.

DUBOIS, à part.

A la bonne heure! je le reconnais.

TOINON, à Dubois.

Et moi, que vous deviez épouser...

DUBOIS.

Impossible, ma petite, je vais être cardinal.

LE CHOEUR, dans la coulisse.

AIR de la Tentation.

Qu'en ce lieu la Folie
Au plaisir nous convie,
Qu'ici chacun oublie
Les grandeurs et la cour;
Et que, jusqu'à l'aurore,
Ce nectar que j'adore,
Près de nous fixe encore
Les plaisirs et l'amour!

(Le Régent, Dubois et les jeunes filles sortent par la porte à droite. Babet, appuyée sur le bras de d'Aubigny, sort avec lui par le fond.)

TABLE

	Pages.
CAMILLA, OU LA SŒUR ET LE FRÈRE.	1
LE VOYAGE DANS L'APPARTEMENT, OU L'INFLUENCE DES LOCALITÉS	75
LES MALHEURS D'UN AMANT HEUREUX.	127
LE GARDIEN.	213
LE MOULIN DE JAVELLE.	295

Paris. Soc. d'imp. PAUL DUPONT, 41, rue J.-J.-Rousseau (Cl.) 502.3.83.

www.ingramcontent.com/pod-product-compliance
Lightning Source LLC
Chambersburg PA
CBHW050436170426
43201CB00008B/692